즐겁게 충전되는 영어 자신감

Junior
LISTENING
TUTOR

입문

주니어 리스닝튜터 **입문**

지은이 NE능률 영어교육연구소

연구원 한정은, 조은영, 김은정, 박예지, 양빈나, 조유람

영문 교열 Peter Morton, MyAn Le, Lewis Hugh Hosie

표지 · 내지 디자인 디자인샐러드

표지 일러스트 Theo

내지 일러스트 박응식, 김동훈

맥편집 이정임

영업 한기영, 이경구, 박인규, 정철교, 하진수, 김남준, 이우현

마케팅 박혜선, 남경진, 이지원, 김여진

NE능률이
미래를
창조합니다.

건강한 배움의 고객가치를 제공하겠다는 꿈을 실현하기 위해
42년 동안 열심히 달려왔습니다.

앞으로도 끊임없는 연구와 노력을 통해
당연한 것을 멈추지 않고

고객, 기업, 직원 모두가 함께 성장하는 NE능률이 되겠습니다.

NE 능
      률
NE ㄹ

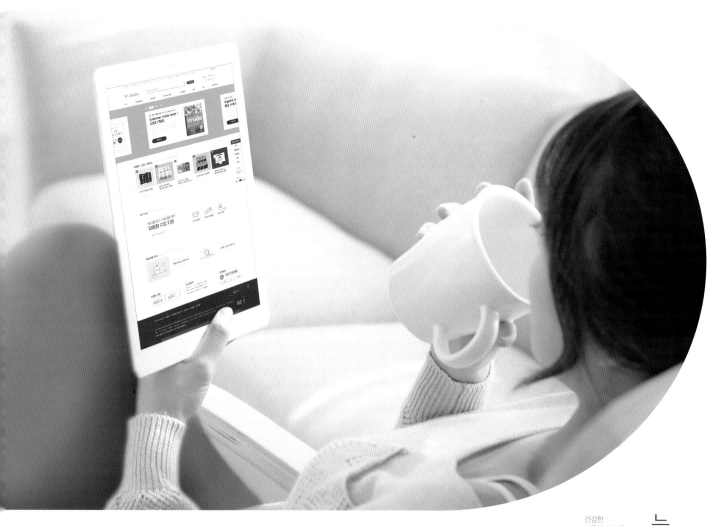

**Action may not always bring happiness,
but there is no happiness without action.**

Benjamin Disraeli

About the Book

Part 1

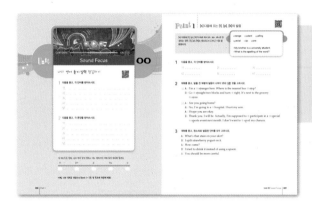

Sound Focus

본격적인 주제별 듣기 학습에 앞서, 발음 학습 코너를 제공합니다. 영어 발음의 중요 원칙들을 설명하고, 간단한 문제를 통해 발음의 원리를 익힐 수 있도록 구성하였습니다.

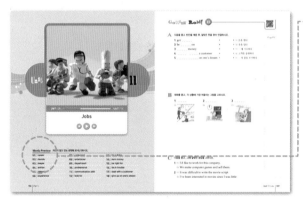

Words Preview

본격적인 학습 전 단계로, 주제와 관련된 핵심 표현들을 한곳에 모아 제시하였습니다. 어떤 어휘와 표현을 알고 모르는지 확인하여 앞으로의 학습을 준비합시다.

Getting Ready

주제와 관련된 핵심 표현들로 만든 간단한 듣기 문제들을 제시하였습니다. 문제를 풀어보며 표현을 익히고, 동시에 듣기 적응력도 키워 봅시다.

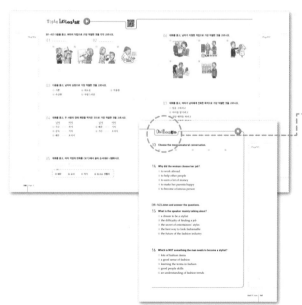

Topic Listening

단원의 주제와 관련된 다양한 문제를 수록하였습니다. 재미있는 내용의 대화와 담화를 들으며 문제를 풀면 어느새 듣기 능력이 향상되고, 듣기능력평가에 대한 준비가 됩니다.

Challenge

영어 지시문으로 구성된 4개의 문항이 출제됩니다. 조금 더 어려운 문제를 통해 듣기 실력을 한층 더 업그레이드해 봅시다.

Dictation

대화와 담화를 다시 한 번 들으며 받아쓰기를 해 볼 수 있도록 내용 전문을 수록하였습니다. 빈칸을 채우며 정확하고 자세하게 듣는 능력을 높여 봅시다. 정답에 대한 단서는 회색으로, 함정은 연두색으로 표시되어 있으며, 문제를 푸는 방법을 알려주는 문제팁이 제공됩니다.

| Smart Learning |

QR코드를 스캔하면 해당 코너의 MP3 파일을 바로 들을 수 있습니다. 첫 번째 QR코드를 스캔하면 전체 문제가 미국식 발음으로 제공되고, 두 번째 QR코드를 스캔하면 1~4번 문제가 영국식 발음으로 제공됩니다.

Review Test

각 단원에서 배운 중요한 어휘와 표현들을 다양한 문제를 통해 다시 한 번 익혀보세요.

주제별 표현 정리 Topic Words & Phrases

해당 주제에 대해서 알아두면 듣기 실력 향상에 도움이 되는 어휘, 표현, 문장을 한데 모았습니다. 단원을 마무리하며 암기해 봅시다.

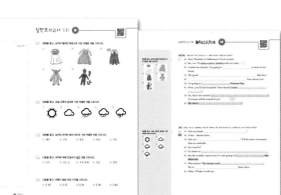

실전모의고사 & Dictation

시·도 교육청 주관 영어듣기능력평가와 같이 20문항으로 구성된 모의고사 3회분이 제공됩니다. 시험을 보는 기분으로 문제를 풀어 봅시다. 또한, Dictation에서는 다양한 듣기 평가 유형에 대처할 수 있는 유형팁을 제공합니다.

Contents

Part 1

Part 2

Scheduler

듣기는 매일 꾸준한 학습이 중요합니다! 아래 계획표를 참고하여 나만의 계획표를 작성해 봅시다.

두 달 시험 대비 학습 Plan 예

하루 학습 시간:
오후 7시 ~ 7시 30분
시작일 3월 2일

	월	화	수	목	금
1주	Unit 00	Unit 00	Unit 01 문제 풀이	Unit 01 Dictation 학습	Unit 01 주제별 표현 암기
2주	Unit 02 문제 풀이	Unit 02 Dictation 학습	Unit 02 주제별 표현 암기	Unit 03 문제 풀이	Unit 03 Dictation 학습
3주	Unit 03 주제별 표현 암기	Unit 04 문제 풀이	Unit 04 Dictation 학습	Unit 04 주제별 표현 암기	Unit 05 문제 풀이
4주	Unit 05 Dictation 학습	Unit 05 주제별 표현 암기	Unit 06 문제 풀이	Unit 06 Dictation 학습	Unit 06 주제별 표현 암기
5주	Unit 07 문제 풀이	Unit 07 Dictation 학습	Unit 07 주제별 표현 암기	Unit 08 문제 풀이	Unit 08 Dictation 학습
6주	Unit 08 주제별 표현 암기	Unit 09 문제 풀이	Unit 09 Dictation 학습	Unit 09 주제별 표현 암기	Unit 10 문제 풀이
7주	Unit 10 Dictation 학습	Unit 10 주제별 표현 암기	Unit 11 문제 풀이	Unit 11 Dictation 학습	Unit 11 주제별 표현 암기
8주	Unit 12 문제 풀이	Unit 12 Dictation 학습	Unit 12 주제별 표현 암기	실전모의고사 1회 문제 풀이	실전모의고사 1회 Dictation
9주	실전모의고사 2회 문제 풀이	실전모의고사 2회 Dictation	실전모의고사 3회 문제 풀이	실전모의고사 3회 Dictation	

나만의 학습 Plan

하루 학습 시간
오전/오후
__시 __분~__시 __분

시작일 __월__일

	월	화	수	목	금
1주					
2주					
3주					
4주					
5주					
6주					
7주					
8주					
9주					

PART 1

Friendship means understanding, not agreement.
It means forgiveness, not forgetting.
It means the memories last, even if contact is lost.

Sound Focus

나의 영어 듣기 실력 점검하기

1 다음을 듣고, 각 단어를 받아쓰시오.

1) _____

2) _____

3) _____

4) _____

5) _____

2 다음을 듣고, 각 문장을 받아쓰시오.

1) _____

2) _____

3) _____

4) _____

5) _____

위 테스트를 통해, 나의 영어 듣기 실력은 어느 정도인지 아래 표에 표시해 봅시다.

하	중하	중	중상	상

이제, 나의 실력을 알았으니 Point 1~7을 잘 들으며 학습해 봐요!

Point 1 | [s] 다음에 오는 [t], [p], [k]의 발음

[s] 다음에 [t], [p], [k]가 바로 와서 st-, sp-, sk-로 연결되는 경우, [t], [p], [k]는 된소리 [ㄸ], [ㅃ], [ㄲ]로 발음됩니다.

> strange   student   spelling
>
> special   skip   store
>
> ---
>
> • My brother is a university **st**udent.
> • What is the **sp**elling of the word?

1 다음을 듣고, 각 단어를 받아쓰시오.

1) _____ 2) _____ 3) _____

4) _____ 5) _____ 6) _____

2 대화를 듣고, 밑줄 친 부분의 발음이 나머지 넷과 <u>다른</u> 것을 고르시오.

1) A : I'm a ① <u>s</u>tranger here. Where is the nearest bus ② <u>s</u>top?

   B : Go ③ <u>s</u>traight two blocks and turn ④ right. It's next to the grocery ⑤ <u>s</u>tore.

2) A : Are you going home?

   B : No, I'm going to a ① ho<u>sp</u>ital. I hurt my arm.

   A : I hope you are okay.

   B : Thank you. I will be. Actually, I'm supposed to ② <u>p</u>articipate in a ③ <u>sp</u>ecial ④ <u>sp</u>orts event next month. I don't want to ⑤ <u>sp</u>oil my chances.

3 대화를 듣고, 된소리로 발음된 단어를 모두 고르시오.

A : What's that stain on your skirt?

B : I spilt strawberry yogurt on it.

A : How come?

B : I tried to drink it instead of using a spoon.

A : You should be more careful.

Point 2 | [r]처럼 들리는 [t]

[t]가 모음(a, e, i, o, u) 사이에 올 때는 [r]처럼 발음되기도 합니다. 특히, 미국 영어에서 이런 현상이 자주 일어납니다.

better   water

later   matter

• I'm thirsty. I want some water.
• My house needs a new heater.

1 대화를 듣고, 빈칸에 알맞은 말을 쓰시오.

1) A : I have a cold.

   B : I hope you get _____ soon.

2) A : What's the _____ with you?

   B : I had a car accident.

3) A : Where shall we meet tomorrow?

   B : Let's meet in front of the _____ .

4) A : It's so hot, isn't it?

   B : Why don't you take off your _____ ?

5) A : Do you have a table available?

   B : I'm sorry, but we're full. Would you like to put your name on the _____ list?

2 대화를 듣고, [t]가 [r]처럼 발음된 부분을 모두 고르시오.

A : What are you doing? The kitchen is filled with the smell of butter.

B : I'm making spaghetti and some cookies.

A : What are you making them for?

B : This Saturday is my daughter's birthday. I'm holding a party for her today. You can come if you want.

A : Great. I'd love to. Then I think I should prepare some flowers for her. Do you know how to get to the flower shop?

B : You know Han's Bakery, right? The flower shop is across from it.

A : Oh, I see. I'll get it and come back later this afternoon.

Point 3 | [n]처럼 들리는 nt와 nd

nt나 nd가 강모음과 약모음 사이에 오면, 각 [t], [d] 소리는 [n] 소리에 동화되어 부드러운 [n]만 발음되는 경향이 있습니다. 또한, 단어가 nd나 nt로 끝날 때, 끝소리 [d]와 [t]는 탈락되거나 약하게 발음됩니다.

advantage   ground

twenty   end

- You don't understand me at all.
- This is my second time to be here.

1 다음을 듣고, 밑줄 친 부분의 소리가 탈락되거나 약하게 발음되지 <u>않은</u> 것을 고르시오.

① arou<u>nd</u>   ② sta<u>nd</u>   ③ sa<u>nd</u>wich

④ i<u>nt</u>erview   ⑤ i<u>nt</u>eresting

2 다음을 듣고, 빈칸에 알맞은 말을 쓰시오.

1) Jake, _____ up please.

2) This year, I turn _____ years old.

3) I can search for the recipe on the _____.

4) I have a toothache. I need to see a(n) _____.

5) I'm looking for a tourist information _____.

6) There was a long line at the checkout _____.

7) The police finally discovered the _____ of the thief.

3 다음을 듣고, 위의 동화 현상이 일어나는 부분을 표시(○)하시오.

1) I wanted to be alone.

2) I got a painting from a famous painter.

3) There is an international airport in this city.

4) Please drop me off in front of the subway station.

5) I'm going to move to a new house at the end of this month.

Point 4 | [n], [l] 앞의 [t], [d] 발음

[t]와 [d]가 [n]이나 [l] 앞에 올 경우에는 본래의 소리가 제대로 나지 않고, 들리지 않을 정도로 아주 약하게 발음될 때가 많습니다.

> button   loudly
>
> sudden   total
>
> - What's the title of the movie?
> - My car stopped in the middle of the road.

1 대화를 듣고, 빈칸에 알맞은 말을 쓰시오.

1) A : How was your game?

   B : I won a gold _____ .

2) A : When is the departure time?

   B : My flight leaves in _____ one hour.

3) A : Could you push the _____ for the elevator?

   B : Okay, sure.

4) A : Nothing is more _____ than health.

   B : I can't agree with you more.

5) A : Have you heard from him _____?

   B : No, I haven't.

6) A : I'm getting married this Sunday.

   B : You are _____ , right?

2 다음을 듣고, 괄호 안에 알맞은 말을 고르시오.

1) The (total / taller) is $25.

2) People are talking so (lonely / loudly).

3) I was shocked by his (certain / sudden) death.

4) Jeffrey always talks (keenly / kindly) to others.

5) This word is (most / mostly) used in Australia.

Point 5 | 단축형 발음

구어체에서는 be동사나 do, will, should, can, had better와 같은 조동사가 주어와 함께 축약되거나, 다음에 오는 부정어 not과 함께 축약되는 경우가 많습니다. 중요한 내용을 전달하는 말이 아니기 때문에 단축시켜 약하고 빠르게 발음하는 경향이 있습니다.

it**'s**   isn**'t**

would**n't**   you**'ve**

....

- **I'm** looking for a blouse and shirt.
- **You'd** better take care of your health.

1 대화를 듣고, 괄호 안에 알맞은 말을 고르시오.

1) A : (When / When'd) be the best for you?
   B : How about next Saturday?

2) A : Can you help me move these boxes?
   B : Sure. Wow, (they / they're) so heavy. They (won't / will) move at all.

3) A : (How / How's) the weather today?
   B : (It / It's) very sunny and warm.

4) A : (He / He's) a very smart boy, (is / isn't) he?
   B : Yes, he is.

2 대화를 듣고, 괄호 안에 알맞은 말을 고르시오.

A : (What is / What's) the matter with you, Paul? You (do not / don't) look good.
B : (I am / I'm) afraid I have a bad cold. I have a sore throat and fever.
A : (I am / I'm) sorry to hear that. I think (you had / you'd) better go to a doctor.
B : Okay. (I will / I'll).
A : And you should wear warmer clothes. (It is / It's) going to snow tomorrow.
B : Thanks for your concern.

Point 6 | 억양에 따라 뜻이 달라지는 문장

같은 말이라도 화자의 감정이나 의도에 따라 억양이 달라집니다. 구두점이 있을 경우 파악이 더 쉽겠지만, 듣기에서는 억양에 따른 말의 의도를 잘 파악해야 합니다. 특히, 부가의문문에서 끝을 올릴 경우는 의문을 나타낼 때, 내릴 경우는 동의를 구할 때 쓰입니다.

> You already ate lunch. ↘
> (점심 먹은 것을 단순히 알게 되었을 때)
> You already ate lunch? ↗
> (점심 먹은 것에 대한 놀람 또는 반감)
> He's dating Amy, isn't he? ↗ (의문)
> He's dating Amy, isn't he? ↘ (동의)

1 대화를 듣고, 괄호 안에 억양을 표시한 후, 밑줄 친 문장을 해석하시오.

1) A : <u>Excuse me.</u> (　　) May I join you?
   B : <u>Excuse me?</u> (　　)

2) A : You look upset. What's the matter with you?
   B : Someone ate my cookies. Did you eat my cookies?
   A : <u>I didn't eat your cookies.</u> (　　)
   B : <u>You're saying you didn't eat my cookies.</u> (　　) Then who ate them?

3) A : Could you show me the way to the nearest subway station?
   B : <u>Sorry?</u> (　　)
   A : I'd like to know how to get to the nearest subway station.
   B : <u>Sorry.</u> (　　) I'm new here, too.

4) A : Do you know why Sam didn't come to the club meeting?
   B : <u>He was sick yesterday.</u> (　　) That's why he couldn't go.
   A : <u>He was sick yesterday?</u> (　　) He's sick whenever we have a club meeting.
   B : Don't misunderstand him. It's true he was sick yesterday.

Point 7 | 우리식으로 굳어버린 영어의 올바른 발음

우리식으로 굳어버린 잘못된 영어 발음은 의사소통에 지장을 줄 수 있습니다. 잘못된 발음으로 굳어진 외래어나 우리말에 없는 [f], [r], [v], [th] 발음에 특히 유의해야 합니다.

> profile 우리식 [프로필]
>
> vitamin 우리식 [비타민]
>
> allergy 우리식 [알레르기]
>
> amateur 우리식 [아마추어]

1 다음을 듣고, 각 단어를 바르게 읽은 것을 고르시오.

1) gas
   a.　　　　　　　b.

2) item
   a.　　　　　　　b.

3) Rome
   a.　　　　　　　b.

4) buffet
   a.　　　　　　　b.

2 다음을 듣고, 들려 주는 단어를 고르시오.

1) mad / math

2) mouse / mouth

3) feel / peel

4) lobby / robber

5) label / level

6) biking / Viking

7) laser / leisure

8) message / massage

3 다음을 듣고, 빈칸에 알맞은 말을 쓰시오.

1) Would you send me a(n) _____?

2) I'd like a(n) _____ and _____ _____.

3) What's your favorite _____ _____?

4) It's hot. Please turn on the _____ _____.

5) I bought a new _____ _____ yesterday.

6) I usually take a(n) _____ before having _____.

7) Samantha is tall enough to become a(n) _____.

8) I don't remember where I put the _____ _____.

9) Brad took the stairs instead of taking a(n) _____.

10) Would you recommend some nice _____ for me?

Unit 01

UNIT : 00 ——————————————— UNIT : 02

Family & Neighborhood

Words Preview   자신이 알고 있는 표현에 표시(✓)하시오.

01 ☐ visit	07 ☐ only child	13 ☐ next door
02 ☐ invite	08 ☐ housewarming party	14 ☐ across from
03 ☐ cousin	09 ☐ next to	15 ☐ on one's way to
04 ☐ neighbor	10 ☐ grow up	16 ☐ have a big family
05 ☐ resemble	11 ☐ move in	17 ☐ in one's neighborhood
06 ☐ housewife	12 ☐ look like	18 ☐ celebrate one's birthday

Getting Ready ⏸

A 다음을 듣고 빈칸을 채운 후, 알맞은 뜻을 찾아 연결하시오.

1 _____ from • • ⓐ 대가족이다

2 _____ a plan • • ⓑ 계획을 세우다

3 _____ a(n) _____ family • • ⓒ 어머니를 닮다

4 _____ _____ one's mother • • ⓓ …의 맞은편에

5 _____ _____ in a small town • • ⓔ 작은 마을에서 자라다

memo

B 대화를 듣고, 각 상황에 가장 어울리는 그림을 고르시오.

1 _____

ⓐ

2 _____

ⓑ

3 _____

ⓒ

C 다음을 듣고, 그에 알맞은 응답을 고르시오.

1 ⓐ I have two younger sisters.

  ⓑ My older brother is 18 years old.

2 ⓐ I like my kind neighbors most.

  ⓑ I just moved to this neighborhood.

Topic Listening

01 다음을 듣고, 설명하고 있는 장소로 가장 적절한 곳을 고르시오.

①

②

③

④

⑤

02 다음을 듣고, 여자에 대해 언급되지 <u>않은</u> 것을 고르시오.

① 나이   ② 학교   ③ 가족 관계

④ 취미   ⑤ 사는 도시

03 대화를 듣고, 남자의 고향으로 가장 적절한 곳을 고르시오.

①

②

③

④

⑤

04 대화를 듣고, 여자의 심정으로 가장 적절한 것을 고르시오.

① 행복한   ② 아쉬운   ③ 무서운

④ 감사하는   ⑤ 걱정되는

[05~06] 대화를 듣고, 각 사람의 취미로 가장 적절한 것을 〈보기〉에서 고르시오.

05 Ian: _____

06 Nicole: _____

┤ 보기 ├
ⓐ hiking   ⓑ fishing
ⓒ exercising   ⓓ reading books

07 대화를 듣고, 남자의 가족 관계도로 가장 적절한 것을 고르시오.

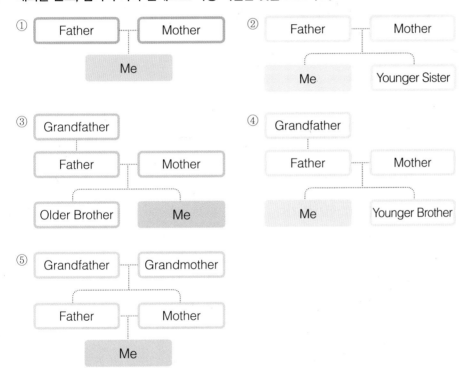

08 대화를 듣고, 여자가 남자를 방문한 목적으로 가장 적절한 것을 고르시오.

① 도움을 요청하려고   ② 작별 인사를 하려고
③ 케이크를 판매하려고   ④ 새로 이사와 인사하려고
⑤ 남자와 약속을 잡으려고

memo

09 다음을 듣고, 그 내용과 일치하지 <u>않는</u> 것을 고르시오.

10 대화를 듣고, 남자가 이번 주 일요일에 할 일로 가장 적절한 것을 고르시오.

① 축구 연습을 한다.　　　　　② 이웃에 떡을 돌린다.
③ 엄마와 외식을 한다.　　　　　④ 이웃과 저녁 식사를 한다.
⑤ 새로운 집으로 이사를 간다.

11 대화를 듣고, 여자가 여름방학에 할 일로 언급되지 <u>않은</u> 것을 고르시오.

① 캠핑　　　　　② 농장일 돕기　　　　　③ 오렌지 먹기
④ 개와 놀기　　　　　⑤ 해변 가기

12 대화를 듣고, 남자의 삼촌 부부가 신혼여행에서 돌아오는 날짜를 고르시오.

① 10월 4일　　　　　② 10월 5일　　　　　③ 10월 9일
④ 10월 14일　　　　　⑤ 10월 15일

13 **Choose the best response for the woman.**

①   ②   ③   ④   ⑤

14 **What did the woman ask the man NOT to do?**

① put trash bags outside
② play loud music at night
③ ring her doorbell at night
④ take a shower late at night
⑤ have a party with many friends

[15~16] Listen and answer the questions.

15 **What is the speaker mainly talking about?**

① a family trip to Busan
② Korean food for a special day
③ the grandmother's birthday party
④ a family gathering on Parents' Day
⑤ popular presents for parents' birthday

16 **What did the man do for his grandmother according to the talk?**

① danced and sang
② gave her a present
③ read a thank-you letter
④ bought lunch for the family
⑤ baked a birthday cake for her

Dictation

미국식 발음   영국식 발음

다음을 듣고, 설명하고 있는 장소로 가장 적절한 곳을 고르시오.

①
②
③
④
⑤

01 M : This is one of my favorite places _____ _____ _____.
Some people visit this place to walk or jog _____ _____
_____. I usually go there with my dog _____ _____. On
sunny days, people just _____
and read books or _____.

단서

다음을 듣고, 여자에 대해 언급되지 <u>않은</u> 것을 고르시오.

① 나이   ② 학교
③ 가족 관계   ④ 취미
⑤ 사는 도시

02 W : Hi. My name is Janet McCaroll. I'm from America, and I'm _____
_____ _____. I go to Greenwood Middle School. I have a
father, mother, and a brother _____ _____ _____. My
father is _____ _____ _____, and my mother is a
housewife. Mike, my brother, is a dancer. I _____ _____
_____ _____ _____ _____. I have
many DVDs at home.

대화를 듣고, 남자의 고향으로 가장 적절한 곳을 고르시오.

①
②
③
④
⑤

03 W : Dad, what are you doing?
M : I'm _____ _____ _____ _____ _____.
W : Wow, you're making _____ _____ _____
on the beach.
M : Yes, I grew up in a small town _____.
W : So did you swim in the sea a lot?
M : Yes. I liked to catch crabs _____, too.
W : That sounds wonderful!
M : Also, when I woke up, I could _____ _____ _____
_____ from the sea.

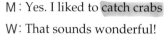

beach, sea 등 직접적인 단서가 여러 번 노출되고 바닷가에서 할 수 있는 여러 활동들이 언급된다.

04 M : Hailey, _____ _____ _____, is our guest tonight.
    _____ _____ _____, Hailey.

W : Thank you, James.

M : As we all know, you _____ _____ _____ _____
    _____.

W : Yes. My sister is a singer, my father is a movie director, and my mother is an
    author.

M : Wow! I'm sure you're _____ _____ them.

W : I am, but sometimes it's a problem. [함정]

M : Why?

W : We're all _____ _____. We don't even have time to _____
    _____ _____.

M : I'm _____ _____ _____ _____.

가족과 함께 밥 먹을 시간도 없다면 어떤 느낌일까?

대화를 듣고, 여자의 심정으로 가장 적절한 것을 고르시오.
① 행복한   ② 아쉬운   ③ 무서운
④ 감사하는   ⑤ 걱정되는

05~06

M : Julie, will you _____ _____ with me this weekend?

W : I'd like to, but I already _____ _____ _____
    _____ _____ with Ian on Saturday.

M : Ian? Who is he?

W : He is _____ _____ _____. He goes fishing every
    weekend.

M : I see. _____ _____ _____ then?

W : Sunday is great, but can my sister Nicole join us?

M : Of course.

W : Thanks. Nicole usually reads books at home _____ _____
    _____. I want her to _____ _____ and
    _____ _____ _____.

M : Wow, you're a good sister.

묻고 있는 인물의 이름이 언급된 다음의 내용을 주의 깊게 듣자.

대화를 듣고, 각 사람의 취미로 가장 적절한 것을 〈보기〉에서 고르시오.

05 Ian: _____

06 Nicole: _____

┤ 보기 ├
ⓐ hiking
ⓑ fishing
ⓒ exercising
ⓓ reading books

대화를 듣고, 남자의 가족 관계도로 알맞은 것을 고르시오.

07 M: Scarlett, _____ _____ _____ _____ _____
    in your family?

W: There are three people in my family: my parents and me.

M: Don't you _____ _____ _____ _____ ?

W: No, I'm _____ _____ _____ . But I want to _____
    _____ _____ _____ . How about you?

M: I _____ _____ _____ _____ . I live with my
    grandfather, my parents, and my brother.

W: How old is your brother?

M: He's 16. He's two years _____ _____ _____ .

남자와 여자의 가족 구성원을 구분하여 듣자.

대화를 듣고, 여자가 남자를 방문한 목적으로 가장 적절한 것을 고르시오.

① 도움을 요청하려고
② 작별 인사를 하려고
③ 케이크를 판매하려고
④ 새로 이사와 인사하려고
⑤ 남자와 약속을 잡으려고

08 W: Hi, I'm Anna. I just _____ _____ _____ _____ .
    Nice to meet you.

M: Nice to meet you, too. I'm Minsu. Thank you for the cake.

W: You're welcome. It's good to _____ _____ and _____
    _____ _____ .

M: I agree. _____ _____ _____ _____
    in Korea, Anna?

W: For three years. But I can't speak Korean very well.

M: If you _____ _____ _____ , just ask.

W: That's very kind of you. Thank you.

다음을 듣고, 그 내용과 일치하지 <u>않는</u> 것을 고르시오.

09 W: I moved to this neighborhood three weeks ago. Now I really _____
    _____ _____ . There is a nice bakery _____
    _____ _____ . So, sometimes I buy fresh bread _____
    _____ _____ _____ _____ . Also, there is a big
    shopping mall and a movie theater _____ _____
    _____ . Unfortunately, there's no park in my neighborhood. But it's
    okay because there is one not too far away.

미리 그림을 살펴보고, 그림의 내용과 일치하는지 비교하며 듣자.

10 M : Mom, _____ _____ . I'm very hungry.

W : I'm _____ _____ now. Eat some of the rice cake on the table first.

M : _____ _____ _____ _____ _____ _____ ?

W : It's _____ _____ _____ _____ _____ , Ms. Smith.

M : I haven't met her yet.

W : I'll _____ _____ _____ this Sunday. You can _____ _____ _____ then.

M : Well, I have soccer practice on Sunday, but I can change it.

W : All right. I'm going to make spaghetti. _____ _____ _____ _____ ?

M : Of course, Mom.

대화를 듣고, 남자가 이번 주 일요일에 할 일로 가장 적절한 것을 고르시오.

① 축구 연습을 한다.
② 이웃에 떡을 돌린다.
③ 엄마와 외식을 한다.
④ 이웃과 저녁 식사를 한다.
⑤ 새로운 집으로 이사를 간다.

11 M : What are you going to do this summer vacation, Sophia?

W : I'm going to _____ _____ _____ . He _____ _____ _____ _____ in California. I'll help him with farm work.

M : Oh, what does he grow on his farm?

W : _____ _____ _____ _____ . I always eat fresh oranges when I go there.

M : Great! _____ _____ _____ _____ _____ _____ ?

W : He has a lot of dogs. So I'll _____ _____ _____ _____ , too.

M : I see. But it'll be boring _____ _____ _____ _____ .

W : Actually, I have a cousin there named Emma. We'll go to the beach together!

M : That's great. You'll _____ _____ there.

단서가 분산되어 있으므로 대화를 처음부터 주의 깊게 들으며 선택지에 즉시 표시하자.

대화를 듣고, 여자가 여름방학에 할 일로 언급되지 않은 것을 고르시오.

① 캠핑   ② 농장일 돕기
③ 오렌지 먹기   ④ 개와 놀기
⑤ 해변 가기

12 W : Aaron, what are you looking for _____ _____ _____ ?

M : I'm _____ _____ _____ _____ for uncle Max and aunt Mila's housewarming party.

W : Are they _____ _____ _____ _____ _____ this Saturday, _____ _____ ?

M : No, they are coming back the next day, Sunday.

W : All right. _____ _____ _____ _____ ? I forgot.

M : It's _____ _____ .

W : All right. Then I _____ _____ _____ _____ a present, too.

날짜, 요일은 메모하며 듣자. 언급된 날짜를 그대로 정답으로 선택하지 않도록 주의하자.

대화를 듣고, 남자의 삼촌 부부가 신혼여행에서 돌아오는 날짜를 고르시오.

① 10월 4일   ② 10월 5일
③ 10월 9일   ④ 10월 14일
⑤ 10월 15일

Choose the best response for the woman.

①   ②   ③   ④   ⑤

13   M : Who does Elizabeth _____ _____ most in her family?

      W : _____

      ① She loves her family.

      ② She isn't short at all.

      ③ She _____ _____ _____ _____.

      ④ Her puppy looks a lot like her.

      ⑤ She _____ _____ _____ today.

      같은 표현을 이용한 선택지에 현혹되지 말자.

What did the woman ask the man NOT to do?

① put trash bags outside
② play loud music at night
③ ring her doorbell at night
④ take a shower late at night
⑤ have a party with many friends

14   *(doorbell rings)*

      M : Who is it?

      W : Hello, Mr. Turner. It's Ms. Mills. _____ _____ _____ _____ _____ for a minute?

      M : Hello, Ms. Mills. _____ _____ _____ ?

      W : Well, did you _____ _____ _____ last night?

      M : Oh, yes. I had a birthday party yesterday, so I _____ _____ _____. Why do you ask?

      W : I'm _____ _____ _____ _____, but the music from your house was _____ _____. I couldn't sleep at all.

      M : Really? I didn't know that.

      W : I love to listen to music, but you _____ _____ _____ _____ _____ at night.

      M : I'm sorry. It won't happen again.

15~16

M : Today was _____ _____ _____ , so my
family went to Busan to visit my grandparents. We arrived around noon. We
met them at a Korean restaurant with my uncle's family. We all _____
_____ _____ . The food was _____ _____ . After
lunch, we visited my grandparents' home and _____ _____
_____ _____ . My parents _____ _____
_____ _____ and I _____ _____ _____
_____ in front of the whole family. Then my cousin danced for her.
He was _____ _____ . My grandmother was very happy, and
we were happy for her, too.

15 주제는 앞부분에 언급되는 경우가 많다.
16 문제에서 누가 한 일을 묻고 있는가?

15 **What is the speaker
mainly talking about?**
① a family trip to Busan
② Korean food for a special
day
③ the grandmother's
birthday party
④ a family gathering on
Parents' Day
⑤ popular presents for
parents' birthday

16 **What did the man do for
his grandmother
according to the talk?**
① danced and sang
② gave her a present
③ read a thank-you letter
④ bought lunch for the family
⑤ baked a birthday cake for
her

A 다음 각 단어에 해당하는 의미를 〈보기〉에서 고르시오.

1 huge _____ **2** invite _____ **3** happen _____ **4** prepare _____

5 arrive _____ **6** cousin _____ **7** present _____ **8** childhood _____

┤ 보기 ├
ⓐ very large in size

ⓑ to come to a certain place

ⓒ to make or get something ready

ⓓ to occur, to be done without plan

ⓔ the time when someone is a child

ⓕ a child of someone's uncle or aunt

ⓖ to ask someone to come someplace

ⓗ something that someone gives to another in a special situation

B 다음 각 질문에 대한 응답으로 가장 적절한 것을 고르시오.

1 What did you do for your father's birthday?

ⓐ I gave him a present.

ⓑ My father's birthday is June 17th.

2 What is your favorite place in your neighborhood?

ⓐ I really enjoy living here.

ⓑ The library is my favorite place in my neighborhood.

C 다음 우리말과 일치하도록 빈칸에 알맞은 표현을 쓰시오.

1 Jenny _____ _____ _____ a lot.
(Jenny는 그녀의 아버지를 많이 닮았다.)

2 I _____ _____ _____ _____ two days ago.
(나는 이틀 전에 이 동네로 이사했다.)

3 There is a new shopping mall _____ _____ _____ _____ .
(우리 집 맞은 편에는 새로 생긴 쇼핑몰이 있다.)

Topic words & Phrases

A

가족, 이웃 · 동네에 대한 표현

가족

parents 부모님
grandparents 조부모님
wife 아내
husband 남편
only child 외동
brothers and sisters[siblings]
형제자매

aunt 이모, 고모, 숙모 등
uncle 삼촌, 큰아버지, 작은 아버지 등
cousin 사촌
resemble 닮다
look like …처럼 보이다, 닮다
have a big family 대가족이다

이웃 · 동네

neighbor 이웃
next door 옆집에
upstairs 위층으로[에서]
downstairs 아래층으로[에서]
neighborhood 동네
park 공원
bakery 제과점
library 도서관
fire station 소방소
shopping mall 쇼핑몰
grocery store 식료품점

downtown 시내
move in …로 이사 오다
move to …로 이사 가다
next to …의 옆에
across from …의 건너편에
at the corner 모퉁이에
on one's way to …로 가는 길에
in one's neighborhood …의 동네에
visit 방문하다
invite 초대하다
housewarming party 집들이

B

가족, 이웃 · 동네에 대해 이야기하기

〈가족에 대해 묻고 답하기〉

How many people are there in your family? 너의 가족은 몇 명이니?

There are three people in my family.
우리 가족은 세 명이야.

Do you have any brothers or sisters? 형제나 자매가 있니?

I have one older sister.
나는 언니가 한 명 있어.

〈동네에 대해 말하기〉

I moved to this neighborhood last week. 나는 지난주에 이 동네로 이사했어.

There is a post office next to my school. 우리 학교 옆에 우체국이 있어.

The park is my favorite place in my neighborhood. 공원이 우리 동네에서 내가 가장 좋아하는 장소야.

UNIT : 01

UNIT : 03

Everyday Life

Words Preview 자신이 알고 있는 표현에 표시(✓)하시오.

01☐ traffic jam	07☐ take care of	13☐ send a package
02☐ public transportation	08☐ water plants	14☐ surf the Internet
03☐ check out	09☐ set the table	15☐ open an account
04☐ feed a dog	10☐ book a room	16☐ clean one's room
05☐ win a prize	11☐ go to a movie	17☐ eat between meals
06☐ take part in	12☐ go on a picnic	18☐ share the housework

A 다음을 듣고 빈칸을 채운 후, 알맞은 뜻을 찾아 연결하시오.

1 _____ a room　•
2 _____ _____ in　•
3 _____ _____ of　•
4 win _____ _____　•
5 _____ one's _____　•

• ⓐ …을 돌보다
• ⓑ …에 참가하다
• ⓒ 방을 예약하다
• ⓓ 상[상품]을 타다
• ⓔ …의 방을 청소하다

B 다음을 듣고, 각 문장이 묘사하고 있는 그림을 고르시오.

1 _____　2 _____　3 _____　4 _____

C 다음을 듣고, 그에 알맞은 응답을 고르시오.

1 ⓐ I'll see you this weekend then.
　ⓑ I usually play soccer with my friends.

2 ⓐ I go jogging every morning.
　ⓑ You should exercise three times a week.

Topic Listening

[01~02] 대화를 듣고, 두 사람이 대화하는 장소로 가장 적절한 곳을 〈보기〉에서 각각 고르시오.

01 _____

02 _____

┌ 보기 ┤
ⓐ 약국　　　　　ⓑ 세탁소
ⓒ 우체국　　　　ⓓ 미용실

03 다음을 듣고, 각 인물과 하는 일을 알맞게 연결하시오.

1) 엄마 •　　　　　　• ⓐ 식사 준비

2) 누나 •　　　　　　• ⓑ 설거지하기

3) 나 •　　　　　　　• ⓒ 집안 청소하기

4) 아빠 •　　　　　　• ⓓ 화초에 물주기

04 대화를 듣고, 토요일 날씨로 가장 적절한 것을 고르시오.

① 　　② 　　③

④ 　　⑤

05 대화를 듣고, 여자가 받은 상품으로 가장 적절한 것을 고르시오.

① 노트북　　　　② 자동차　　　　③ 냉장고

④ 텔레비전　　　⑤ 백화점 상품권

06 다음을 듣고, 남자가 오늘 한 일을 순서대로 나열하시오.

_____ → _____ → _____

ⓐ  ⓑ  ⓒ

07 다음을 듣고, 여자의 심정으로 가장 적절한 것을 고르시오.

① bored   ② scared   ③ excited
④ worried   ⑤ surprised

08 대화를 듣고, 남자가 주말에 하는 일이 <u>아닌</u> 것을 고르시오.

①  ②  ③

④  ⑤

09 대화를 듣고, 여자가 은행을 방문한 목적으로 가장 적절한 것을 고르시오.

① 적금을 들기 위해   ② 현금 카드를 발급받기 위해

③ 두고 온 신분증을 찾기 위해   ④ 계좌를 추가로 개설하기 위해

⑤ 인터넷 뱅킹 서비스를 신청하기 위해

10 대화를 듣고, 남자의 기분이 좋아진 이유로 가장 적절한 것을 고르시오.

① 용돈을 받아서   ② 게임에서 이겨서

③ 내일 놀이공원에 가서   ④ 청소 중 돈을 발견해서

⑤ 엄마에게 칭찬을 받아서

11 대화를 듣고, 여자가 지불한 금액을 고르시오.

① $10   ② $12   ③ $15   ④ $18   ⑤ $20

12 대화를 듣고, 남자가 대화 직후에 할 일로 가장 적절한 것을 고르시오.

① 팝콘 구입하기   ② 영화표 구입하기

③ 멤버십 카드 발급받기   ④ 현재 상영 영화 확인하기

⑤ 스마트폰 앱 다운로드하기

Challenge

13 **What time will the man give the woman a wake-up call?**

① 6:30　　② 7:00　　③ 7:30　　④ 8:00　　⑤ 10:00

14 **What are the speakers most likely going to do tomorrow?**

① watch TV
② play tennis
③ read books
④ go to a gym
⑤ go swimming

[15~16] Listen and answer the questions.

15 **What are the speakers mainly talking about?**

① the danger of driving a car
② good ways to study foreign languages
③ problems with the lack of parking spaces
④ things to think about when you buy a car
⑤ good points about using public transportation

16 **Which is NOT correct according to the conversation?**

① The man was late for the meeting.
② The woman uses public transportation to go to work.
③ The man couldn't park his car in the company's parking lot.
④ The woman studies Spanish on the subway.
⑤ The woman thinks using public transportation is cheaper.

Dictation

미국식 발음 영국식 발음

대화를 듣고, 두 사람이 대화하는 장소로 가장 적절한 곳을 〈보기〉에서 각각 고르시오.

01 _____

02 _____

┌─ 보기 ├─
ⓐ 약국   ⓑ 세탁소
ⓒ 우체국   ⓓ 미용실
└──────────────────┘

01 W: Hello. I'd like to _____ to Spain, please.

M: Okay, please _____ _____ _____ here. We   [단서]

_____ _____ _____ _____ first.

W: All right.

M: It's 5 kg. Do you want to send it _____ or

_____ ?

W: Express mail, please.

M: That will be _____ . It'll take _____ _____ _____ .

put the package, weigh, mail에서 장소를 유추해 보자.

02 M: Hello. Come on in.

W: Hi. I'm afraid I _____ _____ _____ . My white dress

_____ _____ after you dry-cleaned it.

M: Oh, no. Sorry about that. I'll dry-clean it again and _____ _____

_____ .

W: Please hurry. I need to wear it this Saturday _____ _____

_____ _____ .

M: Okay. I'll _____ _____ _____ .

반복되는 표현인 dry-clean에서 장소를 유추해 보자.

다음을 듣고, 각 인물과 하는 일을 알맞게 연결하시오.

1) 엄마 •   • ⓐ 식사 준비
2) 누나 •   • ⓑ 설거지하기
3) 나 •   • ⓒ 집안 청소하기
4) 아빠 •   • ⓓ 화초에 물주기

03 M: My family _____ _____ _____ . My mother prepares our

meals every day. My sister sets the table and then _____ _____

_____ after we eat. I _____ _____ _____ our dog.

I feed him twice a day. I think that's why he likes me the most. Also, I

_____ _____ _____ _____ in my house. And my

father _____ _____ _____ every weekend.

04 W: I love this _____, _____ _____ _____. It's not
hot, and it's not cold either.

M: Yeah. It's perfect weather _____ _____ _____ _____
_____.

W: I'm planning to go to the lake with my friends on Saturday. I hope the
weather will be nice.

M: Didn't you hear? We're going to _____ _____ _____ _____
and strong winds.

W: Oops.... Then _____ _____ we can't go.

M: How about going on Sunday? The weather _____ _____
_____ , but _____ _____ _____ _____. 함정

W: Okay. We'll do that.

토요일과 일요일의 날씨가 모두 언급되고 있으므로 혼동하지 말자.

05 M: Mom, you _____ _____! Do you have good news?

W: I went to the department store to buy a laptop today. There was _____
_____ _____ for shoppers, so I _____ _____
_____ it.

M: Did you _____ _____ _____ _____?

W: Yes! I won third prize.

M: That's great! _____ _____ _____ _____?

W: First prize was a car, second was a TV, and third was a refrigerator.

M: Wow, that's nice! Ours _____ _____ _____.

W: You're right. We _____ _____ _____
_____.

엄마는 몇 등 상을 탔는가?

06 M: Today was my birthday. My father took me _____ _____
_____ _____. I was really excited because there was a photo
event for fans. My father _____ _____ _____ of me and
my favorite player. Then we watched the game _____ _____
_____. It was very fun. _____ _____ _____ _____, we
went to the bookstore and my father _____ _____
_____ _____ _____. It was a wonderful day.

시간의 흐름을 알 수 있는 then, after 등의 표현에 주의하며 듣자.

다음을 듣고, 여자의 심정으로 가장 적절한 것을 고르시오.

① bored   ② scared
③ excited   ④ worried
⑤ surprised

07 W: I'm a 14-year-old ＿＿＿＿＿＿ ＿＿＿＿＿＿ ＿＿＿＿＿＿. My daily life is ＿＿＿＿＿＿ ＿＿＿＿＿＿ ＿＿＿＿＿＿. I get up at 7:00 a.m. and ＿＿＿＿＿＿ ＿＿＿＿＿＿ ＿＿＿＿＿＿. I take classes and have lunch with friends at 12:30. Soon, afternoon classes begin. I usually come home around 4:00 p.m. and ＿＿＿＿＿＿ ＿＿＿＿＿＿ ＿＿＿＿＿＿. Then I have to go to a math academy. Yes, I ＿＿＿＿＿＿ ＿＿＿＿＿＿! At night, after doing my homework, I can ＿＿＿＿＿＿ ＿＿＿＿＿＿ ＿＿＿＿＿＿ for a short time, but I have to ＿＿＿＿＿＿ ＿＿＿＿＿＿ by 11:00 p.m. Is there any way I can make my life ＿＿＿＿＿＿ ＿＿＿＿＿＿?

always the same, make my life more exciting에서 느낄 수 있는 것은?

대화를 듣고, 남자가 주말에 하는 일이 아닌 것을 고르시오.

①
②
③
④
⑤

08 W: Greg, how do you ＿＿＿＿＿＿ ＿＿＿＿＿＿ ＿＿＿＿＿＿?

M: I don't do ＿＿＿＿＿＿ ＿＿＿＿＿＿. I play basketball and sometimes ＿＿＿＿＿＿ ＿＿＿＿＿＿ ＿＿＿＿＿＿ with my friends. How about you?

W: I usually ＿＿＿＿＿＿ ＿＿＿＿＿＿ at the park and read books.

M: That sounds nice. Maybe I'll try that. What else do you do?

W: I ＿＿＿＿＿＿ ＿＿＿＿＿＿ ＿＿＿＿＿＿. I promised to take care of him ＿＿＿＿＿＿ ＿＿＿＿＿＿.

M: Me too. I wash my dog on Sundays. It's ＿＿＿＿＿＿ ＿＿＿＿＿＿. Also, I help my mom clean the house.

W: That's so ＿＿＿＿＿＿ ＿＿＿＿＿＿ ＿＿＿＿＿＿!

각 그림을 나타내는 표현을 먼저 생각해 보자.

대화를 듣고, 여자가 은행을 방문한 목적으로 가장 적절한 것을 고르시오.

① 적금을 들기 위해
② 현금 카드를 발급받기 위해
③ 두고 온 신분증을 찾기 위해
④ 계좌를 추가로 개설하기 위해
⑤ 인터넷 뱅킹 서비스를 신청하기 위해

09 M: Good afternoon. ＿＿＿＿＿＿ ＿＿＿＿＿＿ ＿＿＿＿＿＿?

W: Yes, I'd like to use your Internet banking service.

M: Do you ＿＿＿＿＿＿ ＿＿＿＿＿＿ ＿＿＿＿＿＿ with our bank? You need one to use our Internet banking service.

W: No, I don't, but I'd like to ＿＿＿＿＿＿ ＿＿＿＿＿＿.

M: Okay. Can I ＿＿＿＿＿＿ ＿＿＿＿＿＿ ＿＿＿＿＿＿ ＿＿＿＿＿＿, please?

W: ＿＿＿＿＿＿ ＿＿＿＿＿＿ ＿＿＿＿＿＿.

M: Thank you. Now please ＿＿＿＿＿＿ ＿＿＿＿＿＿ ＿＿＿＿＿＿ ＿＿＿＿＿＿.

W: All right. *(pause)* Here it is.

M: Thank you. ＿＿＿＿＿＿ ＿＿＿＿＿＿ ＿＿＿＿＿＿. You can use the service now.

여자의 첫 번째 말을 들었다면 쉽게 답을 선택할 수 있다.

10
W: Anthony, when will you _____ _____ _____?

M: Mom, I'm _____ _____ _____ now. Can I do it tomorrow?

W: No, you said that yesterday. If you don't start now, I _____ _____ _____ _____ to the amusement park tomorrow.

M: But, Mom…. Okay, I'll do it now.

W: Good. Don't forget to _____ _____ _____ _____, too.

M: Okay. (pause) Wow! Mom, look at this! I _____ _____ _____ under my bed.

W: See? That's what happens when you _____ _____ _____ _____.

대화를 듣고, 남자의 기분이 좋아진 이유로 가장 적절한 것을 고르시오.
① 용돈을 받아서
② 게임에서 이겨서
③ 내일 놀이공원에 가서
④ 청소 중 돈을 발견해서
⑤ 엄마에게 칭찬을 받아서

11 (doorbell rings)

W: Who is it?

M: Pizza delivery.

W: Thank you. _____ _____ _____ _____?

M: You ordered a supreme pizza, so it's $15.

W: Here's your money. Oh, wait! You brought me a pepperoni pizza, not a supreme pizza.

M: Oh, _____ _____ _____ _____ _____. I'm really sorry. If you wait, I'll _____ _____ _____ _____ _____.

W: No, I'll just take this pizza. I don't want to _____ _____. How much is this pepperoni pizza?

M: It's $12. You gave me $15, so _____ _____ _____—$3. Sorry again.

숫자를 계산해서 정답을 선택해야 하므로 언급되는 숫자 정보들을 메모하며 듣자.

대화를 듣고, 여자가 지불한 금액을 고르시오.
① $10   ② $12   ③ $15
④ $18   ⑤ $20

대화를 듣고, 남자가 대화 직후에 할 일로 가장 적절한 것을 고르시오.

① 팝콘 구입하기
② 영화표 구입하기
③ 멤버십 카드 발급받기
④ 현재 상영 영화 확인하기
⑤ 스마트폰 앱 다운로드하기

12 M : Excuse me. I don't know _____ _____ _____ this ticket machine.

W : First, select the movie and time. Then _____ _____ _____ _____.

M : The movie is *Hulk* and I want the 7:30 p.m. show _____ _____.

W : Now _____ _____ _____ _____ here.

M : Okay. *(pause)* _____ _____ _____ _____! Thank you.

W : Do you have our smartphone app? If you download it now, you can _____ _____ _____.

M : Really? Okay, I'll do that right away!

정답의 단서는 뒷부분에 언급되므로 마지막까지 집중하며 듣자.

What time will the man give the woman a wake-up call?

① 6:30   ② 7:00   ③ 7:30
④ 8:00   ⑤ 10:00

13 M : Welcome to Glory Hotel. How can I help you?

W : I _____ _____ _____ for three days. My name is Helena Smith.

M : Please wait a second. *(typing sound)* _____ _____ _____ _____. Here is your key.

W : Thanks. And I'd like a wake-up call tomorrow morning at _____.

M : No problem. Anything else?

W : Where can I have breakfast?

M : We _____ _____ on the 21st floor _____ _____ _____ _____.

W : Okay, Hmm... I'm sorry but can you _____ _____ _____ _____ 30 minutes earlier?

M : Sure. I'll _____ _____ _____ at 7 o'clock.

여자의 말을 놓쳤더라도 남자의 마지막 말을 들었다면 정답을 찾을 수 있다.

14 M : Chloe, what do you do _____ _____?

W : I go to the library _____ _____ _____ _____.
How about you?

M : I usually play tennis or soccer.

W : Wow! That's a lot of exercise. Don't you _____ _____?

M : No, I don't. Actually, I _____ _____ _____ after
exercising. Do you _____ _____ _____?

W : Sometimes I _____ _____ _____ _____. But it's
boring.

M : Why don't you _____ _____ with me tomorrow? It'll be fun.

W : That sounds great. I'd love to.

내일 할 일을 묻고 있으므로 대화에서 tomorrow라는 단어가 언급되는 문장에 중요 정보가 있다.

**What are the speakers most
likely going to do tomorrow?**
① watch TV
② play tennis
③ read books
④ go to a gym
⑤ go swimming

15~16

W : Jake, you were _____ _____ _____ _____! What
happened?

M : I drive to work. There was _____ _____ this morning.

W : Ah, that's why I use the subway. I can _____ _____ _____
_____ _____ as there is never a traffic jam.

M : Yeah. And the company's parking lot was full! I won't have to worry about
parking if I use the subway or bus.

W : That's _____ _____ _____ _____ _____.
Also, I can read books on the subway or bus.

M : You are right. Tom from the marketing team said he studies Spanish on the
subway.

W : Cool! Besides, riding the subway or bus is _____ _____
_____ driving your car.

M : I'll _____ _____ _____ tomorrow!

15 **What are the speakers
mainly talking about?**
① the danger of driving a car
② good ways to study foreign
languages
③ problems with the lack of
parking spaces
④ things to think about when
you buy a car
⑤ good points about using
public transportation

16 **Which is NOT correct
according to the
conversation?**
① The man was late for the
meeting.
② The woman uses public
transportation to go to work.
③ The man couldn't park his
car in the company's
parking lot.
④ The woman studies
Spanish on the subway.
⑤ The woman thinks using
public transportation is
cheaper.

Review Test

A 다음 각 단어에 해당하는 의미를 〈보기〉에서 고르시오.

1 adopt _____   **2** feed _____   **3** mistake _____   **4** spend _____

5 plan _____   **6** weigh _____   **7** delivery _____   **8** competition _____

┤ 보기 ├
ⓐ to use time while doing something
ⓑ to give food to an animal or person
ⓒ to measure how heavy something is
ⓓ something that has been done incorrectly
ⓔ to take a child or animal into someone's family
ⓕ to think about and decide how to do something
ⓖ an event where two or more people try to win a prize
ⓗ taking something to someone's house or another place

B 다음 각 문장에 대한 응답으로 가장 적절한 것을 고르시오.

1 What do you do after school?
  ⓐ I go to the gym to exercise.
  ⓑ I always feel hungry after school.

2 I'd like to open a bank account.
  ⓐ May I see your ID card?
  ⓑ Internet banking is very convenient.

C 다음 우리말과 일치하도록 빈칸에 알맞은 표현을 쓰시오.

1 My parents _____ _____ _____ .
(나의 부모님께서는 집안일을 분담하신다.)

2 I like to _____ _____ _____ with flowers.
(나는 꽃과 함께 상을 차리는 것을 좋아한다.)

3 I _____ _____ _____ before I go to my piano lesson.
(나는 피아노 레슨에 가기 전에 간식을 먹는다.)

4 Could you please _____ _____ _____ _____ first?
(이 서류를 먼저 작성해 주시겠습니까?)

Topic words & Phrases

wash a dog

set the table

feed a dog

water plants

watch television

go jogging

A

일상생활에 대한 표현

집 안

kitchen 부엌
bedroom 침실
bathroom 욕실
living room 거실
sleep in 늦잠을 자다
go to bed 잠자리에 들다
do the laundry 빨래하다
set the table 상을 차리다
wash the dishes 설거지를 하다
water plants 식물에 물을 주다
feed a dog 개에게 먹이를 주다

wash a dog 개를 목욕시키다
clean one's room …의 방을 청소하다
share the housework
집안일을 분담하다
take a nap 낮잠을 자다
have breakfast 아침을 먹다
order pizza 피자를 주문하다
surf the Internet 인터넷 서핑을 하다
watch television 텔레비전을 보다
do one's homework 숙제를 하다
have free time 자유시간을 갖다

집 밖

traffic jam 교통 체증
dry-clean 드라이클리닝하다
eat out 외식하다
book a ticket 표를 예약하다
exercise 운동하다
play soccer 축구하다
go jogging 조깅하러 가다

go to a gym 헬스클럽에 가다
send a package 소포를 보내다
get a haircut 머리를 자르다
open an account 계좌를 개설하다
walk to school 학교에 걸어가다
hang out with …와 시간을 보내다
take a walk 산책하다

B

일상생활에 대해 이야기하기

〈일상생활에 대해 묻고 답하기〉

Why were you late today?
오늘 왜 늦었니?

There was a traffic jam this morning.
오늘 아침 교통 체증이 있었어.

What do you usually do after school?
방과 후에 보통 무엇을 하니?

I go to the library to do my homework.
숙제하러 도서관에 가.

〈일상생활에 대해 말하기〉

I sleep in on weekends.
나는 주말에는 늦잠을 자.

I surf the Internet in my free time.
나는 자유시간에 인터넷 서핑을 해.

My family eats out twice a month.
우리 가족은 한 달에 두 번 외식해.

Unit 03

UNIT : 02 ———— UNIT : 04

School Life

Words Preview 자신이 알고 있는 표현에 표시(✓)하시오.

01☐ rule	07☐ principal	13☐ school cafeteria
02☐ grade	08☐ textbook	14☐ school president
03☐ paper	09☐ classmate	15☐ during class
04☐ report	10☐ school club	16☐ stay up
05☐ absent	11☐ report card	17☐ take a break
06☐ subject	12☐ bulletin board	18☐ prepare for class

A 다음을 듣고 빈칸을 채운 후, 알맞은 뜻을 찾아 연결하시오.

1 _____ up   •   • ⓐ 책을 대출하다

2 _____ a report   •   • ⓑ 보고서를 쓰다

3 take _____ _____ •   • ⓒ 수업을 준비하다

4 _____ _____ class • • ⓓ 쉬는 시간을 갖다

5 _____ _____ a book • • ⓔ 자지 않고 깨어 있다

memo

B 다음을 듣고, 각 문장이 묘사하고 있는 그림을 고르시오.

1 _____   2 _____   3 _____   4 _____

ⓐ    ⓑ    ⓒ    ⓓ

C 다음을 듣고, 그에 알맞은 응답을 고르시오.

1 ⓐ This homework is very important for my grade.

  ⓑ Yes. We need to write a report about Ernest Hemingway.

2 ⓐ The debate club sounds good to me.

  ⓑ The school newspaper club is on the fifth floor.

Topic Listening

01 대화를 듣고, 남자가 가장 좋아하는 과목을 고르시오.

① math   ② English   ③ music

④ science   ⑤ history

02 대화를 듣고, 새 학교에 대한 여자의 의견으로 적절한 것에 표시(✓)하시오.

	Good	Bad
1) Teachers		
2) Classmates		
3) Location		

[03~04] 대화를 듣고, 각 사람이 가입할 동아리로 적절한 것을 고르시오.

03 Jason: _____   04 Kayla: _____

ⓐ   ⓑ    ⓒ    ⓓ

05 다음은 남자의 시간표이다. 대화를 듣고, 오늘의 요일로 가장 적절한 것을 고르시오.

	① **Mon**	② **Tue**	③ **Wed**	④ **Thu**	⑤ **Fri**
1	Math	Music	Science	English	History
2	English	Social Studies	Art	Music	Music
3	Science	History	Math	Science	Math
4	P.E.	Science	Social Studies	History	P.E.

06 다음을 듣고, 무엇에 대한 내용인지 가장 적절한 것을 고르시오.

① 일기예보   ② 축제 취소 알림

③ 행사 참여 권유   ④ 수업 실습 안내

⑤ 수업시간표 변경 공지

07 대화를 듣고, 남자의 심정으로 가장 적절한 것을 고르시오.

① 지루한   ② 긴장한   ③ 안타까운

④ 당황한   ⑤ 실망한

08 대화를 듣고, 토요일 대구의 날씨로 가장 적절한 것을 고르시오.

mⓔm◯

09 다음을 듣고, 여자의 성적표를 완성하시오.

Report Card

Subject	Grade
Art	A
English	1) _____
Math	2) _____

10 대화를 듣고, 남자가 여자에게 부탁한 일로 가장 적절한 것을 고르시오.

① 청소 도와주기　　　　　　　② 집에 함께 가기
③ 책 대출해 주기　　　　　　　④ 도서관에 같이 가기
⑤ 역사 숙제 도와주기

11 대화를 듣고, 두 사람의 관계로 가장 적절한 것을 고르시오.

① 반 친구　　　　　　　　　　② 학생 – 교사
③ 아들 – 어머니　　　　　　　④ 학부모 – 교사
⑤ 학생 – 스쿨버스 운전사

12 다음을 듣고, 여자가 쉬는 시간에 하는 일로 언급되지 <u>않은</u> 것을 고르시오.

①　　　　　　　　　　②　　　　　　　　　　③

④　　　　　　　　　　⑤

memo

13 **Choose the most unnatural conversation.**

①   ②   ③   ④   ⑤

14 **Which is NOT correct according to the conversation?**

Homework to Do

① Subject : English

② Type : group project

③ Homework : write a report about a writer

④ Pages : 2 to 5

⑤ Due date : tomorrow

[15~16] Listen and answer the questions.

15 **What are the speakers mainly talking about?**

① how a school president is selected

② what jobs the school president does

③ why they want to be the school president

④ who they will choose for the school president

⑤ why voting for the school president is important

16 **Which is NOT correct according to the conversation?**

① Aria is hard-working.

② The woman likes what Aria promised to do.

③ Aria promised to improve the cafeteria's lunch menu.

④ Kevin promised a new swimming pool.

⑤ The man decided to vote for Kevin.

Dictation

대화를 듣고, 남자가 가장 좋아하는 과목을 고르시오.

① math   ② English
③ music   ④ science
⑤ history

01

W: Junho, _____ ?

M: Oh, Hanna. I'm writing my _____ _____ . It's difficult.

W: Oh, but you _____ _____ _____ _____ . Isn't it your favorite subject?

M: I like science, but it's not my favorite. Mr. Kim teaches my favorite subject.

W: You mean your English teacher? _____ _____ _____ . [단서]   [함정]

M: Oh, no. I meant my history teacher, Mr. Kim.

W: Yeah. His class is _____ _____ .

대화를 듣고, 새 학교에 대한 여자의 의견으로 적절한 것에 표시(✓)하시오.

	Good	Bad
1] Teachers		
2] Classmates		
3] Location		

02

M: Camila, _____ _____ _____ _____ your new school?

W: Well, the teachers are kind and their classes are interesting.

M: Good. _____ _____ _____ _____ ?

W: They are very nice to me. _____ _____ _____ _____ _____ .

M: I'm glad to hear that.

W: But it's _____ _____ _____ from my house. It takes 30 minutes _____ _____ _____ by bus, so I have to _____ _____ _____ .

kind, nice, far의 뜻을 다시 한 번 생각해 보자.

대화를 듣고, 각 사람이 가입할 동아리로 적절한 것을 고르시오.

03 Jason: _____

04 Kayla: _____

ⓐ ⓑ ⓒ ⓓ

03~04

M: Kayla, which school club do you want to join?

W: The movie club _____ _____ , but _____ _____ _____ . What about you, Jason?

M: I will join the guitar club. I always wanted to learn _____ _____ _____ _____ .

W: Really? Not the soccer club? You love soccer!

M: I can _____ _____ with my friends. Hey, _____ _____ _____ the drawing club?

W: The drawing club?

M: Yes. I heard you can learn from famous artists _____ _____ _____ !

W: Wow, that's great! I will _____ _____ then!

05 W: Jaeho, _____ today?

    M: Yes, I do. Why?

    W: I want to _____ _____ _____.

    M: I see. When is your English class?

    W: It's _____ _____ _____.

    M: Okay. I'll _____ _____ _____ at lunchtime.

    W: Thanks. _____ _____ _____ do you have today?

    M: Music, science, and history.

    W: Can I borrow your science textbook, too? I _____ _____ _____ _____.

    M: No problem.

'What other classes do you have today?'에 대한 남자의 대답을 들었는가?

다음은 남자의 시간표이다. 대화를 듣고, 오늘의 요일로 가장 적절한 것을 고르시오.

	① Mon	② Tue	③ Wed	④ Thu	⑤ Fri
1	Math	Music	Science	English	History
2	English	Social Studies	Art	Music	Music
3	Science	History	Math	Science	Math
4	P.E.	Science	Social Studies	History	P.E.

06 M: Hello, students. There's been _____ _____ _____ in the schedule. The school festival _____ _____ _____ _____ _____ tomorrow, but we have decided to cancel it _____ _____ _____ _____. According to the weather report, there will be _____ _____ tomorrow. So classes will be held _____ _____ tomorrow morning. I'm sorry for the change.

다음을 듣고, 무엇에 대한 내용인지 가장 적절한 것을 고르시오.
① 일기예보　　　② 축제 취소 알림
③ 행사 참여 권유　④ 수업 실습 안내
⑤ 수업시간표 변경 공지

07 W: Where are you going, Nathaniel?

    M: I'm going to meet Evan. We are going to _____ _____ _____.

    W: Oh, you _____ _____ _____ _____ already? I envy you.

    M: What do you mean? Wait…. What's today's date?

    W: It's October 4th. And it's _____ _____.

    M: Oh! I _____ _____!

    W: How could you forget that?

    M: Oh, no! What should I do? This paper is _____ _____ _____ _____ _____.

'Oh! I totally forgot!', 'Oh, no! What should I do?' 등의 표현은 어떤 기분일 때 하는 말인가?

대화를 듣고, 남자의 심정으로 가장 적절한 것을 고르시오.
① 지루한　　　② 긴장한
③ 안타까운　　④ 당황한
⑤ 실망한

▶ **Dictation**

대화를 듣고, 토요일 대구의 날씨로 가장 적절한 것을 고르시오.

① ② ③ ④ ⑤

08 W: Jake! Our school baseball team _____ _____ _____ !

M: Yes, I heard. Now they are _____ _____ _____ !

W: It's on Saturday, right? Wait. The weather report says it will rain _____ _____ here in Seoul!

M: _____ _____ . Our school team will go to Daegu for the final match.

W: Will Daegu _____ _____ on Saturday?

M: _____ _____ _____ there, but I heard it won't rain on Saturday. It'll _____ _____ .

W: Ah, sunny weather will be _____ _____ . I hope our school _____ _____ _____ !

대구와 토요일이 언급되는 부분을 주의하여 들어야 한다.

다음을 듣고, 여자의 성적표를 완성하시오.

Report Card

Subject	Grade
Art	A
English	1)
Math	2)

09 W: _____ _____ _____ _____ today. It was very disappointing. I _____ _____ _____ on the art test, so I got an A. But even though I _____ _____ _____ and studied for the English test, I only got a C. And I got a B in math even though it's my favorite subject. _____ _____ _____ _____ ? *(Sigh)*

과목에 해당하는 성적이 언급되면 바로 적으면서 듣자.

대화를 듣고, 남자가 여자에게 부탁한 일로 가장 적절한 것을 고르시오.

① 청소 도와주기
② 집에 함께 가기
③ 책 대출해 주기
④ 도서관에 같이 가기
⑤ 역사 숙제 도와주기

10 W: Owen, what are you doing?

M: I'm _____ _____ _____ . I talked too much _____ _____ , so my teacher told me to do it.

W: That's too bad.

M: Yeah…. _____ _____ _____ _____ ?

W: No, I'm _____ _____ _____ . I have to do my history homework.

M: You mean _____ _____ _____ about the Goryeo Dynasty? I have to do that, too. Amelia, could you _____ _____ *Secret Story of Goryeo* for me?

W: Sure, _____ _____ _____ tomorrow for you.

11 M : Can I _____ _____ _____ _____ _____ ?

W : No. You _____ _____ _____ .

M : But I didn't use it during class.

W : No, Oliver. It rang during class and _____ .
You should _____ _____ _____ _____ before class begins.

M : I didn't know it was on. I'll check _____ _____ .

W : I'm sorry, but _____ _____ _____ . I'll keep it today and
_____ _____ _____ _____ tomorrow.

M : Okay, Ms. Brown.

대화의 상황을 머릿속으로 그려보자.

대화를 듣고, 두 사람의 관계로 가장 적절한 것을 고르시오.
① 반 친구   ② 학생 – 교사
③ 아들 – 어머니   ④ 학부모 – 교사
⑤ 학생 – 스쿨버스 운전사

12 W : We take a ten-minute break _____ _____ . Is it long enough?
No, I don't think so. I do many things _____ _____ _____ .
I use the restroom or _____ _____ _____ _____
_____ . I check my homework or read a textbook. I also _____
_____ _____ _____ and have fun. And _____
_____ _____ , I go to the school cafeteria to _____
_____ _____ . A 10-minute break is too short for me.

미리 그림의 내용을 살펴본 후, 들으면서 확인하자.

대화를 듣고, 여자가 쉬는 시간에 하는 일로 언급되지 않은 것을 고르시오.
① ②
③ ④
⑤

Choose the most unnatural conversation.

① ② ③ ④ ⑤

13

① W : Did you check _____ _____ _____ _____ ?

   M : No. Is there _____ _____ ?

② W : Where is the computer lab?

   M : It's on the second floor.

③ W : _____ _____ _____ _____ _____

   _____ ?

   M : This bus doesn't go to school.

④ W : _____ _____ _____ _____ ?

   M : Math is my favorite.

⑤ W : When is the school festival?

   M : It's _____ _____ !

Which is NOT correct according to the conversation?

Homework to Do

① Subject: English
② Type: Group Project
③ Homework: Write a report about a writer.
④ Pages: 2 to 5
⑤ Due date: Tomorrow

14 *(telephone rings)*

M : Hello?

W: Hi, Ryan. This is Sarah. I _____ _____ from school today
_____ _____ _____ _____ . Do we have any
homework?

M : That's too bad. And yes, we need to _____ _____ _____
about one writer from our English textbook.

W: Okay. Should I do it _____ _____ ?

M : No, it's _____ _____ _____ . Mike and Helena are your
group members. And it should be _____ _____ two pages but
_____ _____ five.

W: Is it due tomorrow?

M : No, but it's _____ _____ _____ , so you need to finish it
by Friday.

W: I see. Thanks.

표를 먼저 읽고 주의해서 들을 내용이 무엇일지 미리 생각하자.

15~16

M: Who do you think will be _____?

W: I'm not sure. Both Kevin and Aria _____ _____ _____.

M: Right. Kevin is friendly, and Aria is very hard-working. What do you think?

W: I like Aria's promises. She said that she will improve _____ _____ _____ _____ _____.

M: Yes, that's good. Many students would like that. What are Kevin's promises?

W: Kevin promised to ask the principal to _____ _____ _____ _____ _____.

M: A swimming pool? Wow, that's a great idea.

W: Yes, but _____ _____ _____ _____?

M: Well, he will _____ _____ _____. It's really _____ _____!

15 첫 마디부터 주의 깊게 듣자. 놓쳤다면 대화 속 인물들의 promises의 내용이 무엇을 뜻하는지 종합하자.

15 **What are the speakers mainly talking about?**

① how a school president is selected
② what jobs the school president does
③ why they want to be the school president
④ who they will choose for the school president
⑤ why voting for the school president is important

16 **Which is NOT correct according to the conversation?**

① Aria is hard-working.
② The woman likes what Aria promised to do.
③ Aria promised to improve the cafeteria's lunch menu.
④ Kevin promised a new swimming pool.
⑤ The man decided to vote for Kevin.

A 다음 각 단어에 해당하는 의미를 〈보기〉에서 고르시오.

1 grade _____   **2** break _____   **3** absent _____   **4** promise _____

5 improve _____   **6** bother _____   **7** subject _____   **8** borrow _____

┤ 보기 ├

ⓐ a short period of rest

ⓑ to worry or upset someone

ⓒ to make something better than before

ⓓ a mark that shows how good a student's work is

ⓔ to say that someone will do something for certain

ⓕ area of knowledge which someone studies at school

ⓖ not being in a certain place where someone should be

ⓗ to take and use something for a period of time before returning it

B 다음 각 질문에 대한 응답으로 가장 적절한 것을 고르시오.

1 What classes do you have after lunch?

　ⓐ No, it's due this week.

　ⓑ I have history, math, and art class.

2 Who do you think will be the new school president?

　ⓐ I think Susan will be the new president.

　ⓑ You should vote for the school president.

C 다음 우리말과 일치하도록 빈칸에 알맞은 표현을 쓰시오.

1 You should turn your phone off _____ _____ _____.
(너는 수업이 시작되기 전에 네 전화기를 꺼야 해.)

2 I _____ _____ _____ and studied for the math test.
(나는 늦게까지 자지 않고 수학 시험 공부를 했어.)

3 _____ _____ _____ because of a bad headache yesterday.
(나는 어제 심한 두통 때문에 결석했어.)

Topic words & Phrases

A 학교 생활에 대한 표현

수업
textbook 교과서
subject 과목
paper 과제물, 보고서
classroom 교실
during class 수업 중에

pop quiz (예고 없이 보는) 쪽지 시험
presentation 발표, 프레젠테이션
take notes 필기하다
take a break 쉬는 시간을 갖다
absent 결석한

공부
grade 성적
report card 성적표
prepare for class 수업을 준비하다
stay up 자지 않고 깨어 있다

check out a book 책을 대출하다
return a book 책을 반납하다
do one's homework 숙제를 하다
write a report 보고서를 쓰다

학교 생활
rule 규칙
principal 교장
vice principal 교감
school president 학생회장
classmate 반 친구
school club 학교 동아리
bulletin board 게시판

class newspaper 학급 신문
school festival 학교 축제
student ID card 학생증
school uniform 교복
school auditorium 학교 강당
school cafeteria
학교 매점, 학교 식당

B 학교 생활에 대해 묻고 답하기

What is your favorite subject?
가장 좋아하는 과목이 무엇이니?

I like English (the) most. 영어를 가장 좋아해.

How can I check out a book?
책을 대출하려면 어떻게 해야 하나요?

Please show me your student ID card.
학생증을 보여주세요.

When is the school festival?
학교 축제는 언제야?

It's next Tuesday. 다음 주 화요일이야.

What classes do you have today?
오늘 어떤 수업이 있니?

I have history, English, and math class.
역사와 영어, 수학 수업이 있어.

When is the homework due?
숙제는 언제까지니?

It's due next class. 다음 수업시간까지야.

How do you get to school?
너는 어떻게 학교에 가니?

I take the bus. 나는 버스를 타.

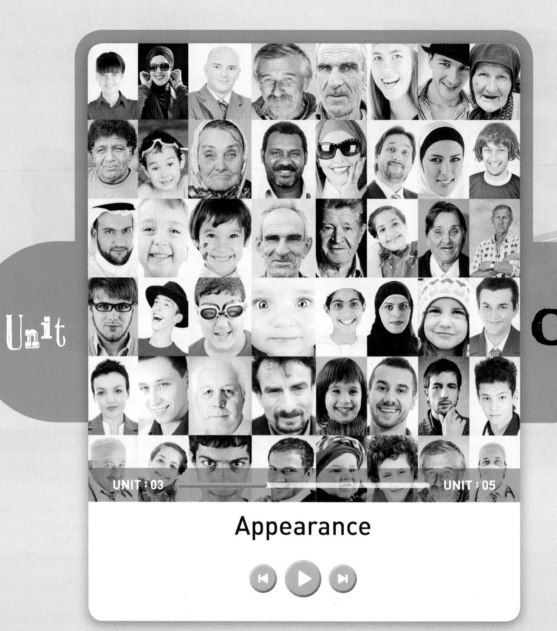

Unit 04

UNIT : 03   UNIT : 05

Appearance

Words Preview   자신이 알고 있는 표현에 표시(✓)하시오.

01 ☐ slim	07 ☐ handsome	13 ☐ go on a diet
02 ☐ thin	08 ☐ curly hair	14 ☐ have pimples
03 ☐ blond	09 ☐ sensitive skin	15 ☐ be perfect for
04 ☐ striped	10 ☐ fashion sense	16 ☐ color one's hair
05 ☐ pattern	11 ☐ wear glasses	17 ☐ fit (someone) well
06 ☐ necklace	12 ☐ lose weight	18 ☐ change one's clothes

A 다음을 듣고 빈칸을 채운 후, 알맞은 뜻을 찾아 연결하시오.

1 lose _____ •   • ⓐ 살을 빼다
2 have _____ •   • ⓑ 여드름이 나다
3 _____ _____ a diet •   • ⓒ 옷을 갈아입다
4 _____ one's _____ •   • ⓓ 다이어트를 하다
5 _____ one's _____ •   • ⓔ 머리를 염색하다

B 다음 각 사람을 묘사하는 문장을 듣고 그림과 일치하면 T, 일치하지 않으면 F에 표시(✓)하시오.

1

    T   F
1) ☐ | ☐
2) ☐ | ☐
3) ☐ | ☐

2

    T   F
1) ☐ | ☐
2) ☐ | ☐
3) ☐ | ☐

C 다음을 듣고, 그에 알맞은 응답을 고르시오.

1 ⓐ You can change your clothes there.
  ⓑ You look much better in the white dress.

2 ⓐ The interviewer is wearing a big necklace.
  ⓑ Why don't you wear your new black dress?

01 대화를 듣고, 그림에서 남자의 엄마를 고르시오.

① ② ③ ④ ⑤

02 대화를 듣고, 대화가 이루어지고 있는 장소로 가장 적절한 곳을 고르시오.

① 안경점   ② 미용실   ③ 옷 가게

④ 사진관   ⑤ 피부 관리실

03 다음을 듣고, 찾고 있는 아이를 고르시오.

①    ②    ③

④    ⑤

04 다음을 듣고, 여자의 조언이 아닌 것을 고르시오.

① 밝은 색상의 상의를 입어라.   ② 큰 무늬가 있는 상의를 입어라.

③ 넉넉한 사이즈의 상의를 입어라.   ④ 어두운 색의 바지를 입어라.

⑤ 바지와 같은 색의 신발을 신어라.

05 대화를 듣고, 여자가 입을 옷을 고르시오.

①

②

③

④

⑤

[06~07] 대화를 듣고, 두 사람의 교복 착용에 대한 의견을 〈보기〉에서 각각 고르시오.

06 여자: _____

07 남자: _____

┌ 보기 ┐
ⓐ 동질감을 느낄 수 있어서 좋다.
ⓑ 자신의 개성을 표현할 수 없어서 싫다.
ⓒ 매일 옷을 고르지 않아도 되어서 좋다.

08 대화를 듣고, 도둑의 인상착의와 일치하지 <u>않는</u> 것을 고르시오.

WANTED
① Thin
② About 180 cm tall
③ Short, blond hair
④ Dark skin
⑤ Black T-shirt, jeans

09 대화를 듣고, 그림에서 Jack을 고르시오.

10 대화를 듣고, 무엇에 대해 이야기하고 있는지 가장 적절한 것을 고르시오.

① 올바른 수면 습관　　　　　　② 여드름이 나는 이유
③ 피부 타입별 세안법　　　　　　④ 여드름을 줄이는 방법
⑤ 건강한 식습관의 중요성

11 대화를 듣고, 남자가 대화 직후에 할 일로 가장 적절한 것을 고르시오.

① 쇼핑을 간다.　　　　　　　② 데이트하러 간다.
③ 블로그를 개설한다.　　　　　④ 패션 잡지를 읽는다.
⑤ 패션 블로그에 방문한다.

12 다음을 듣고, 그 내용과 일치하면 T, 일치하지 않으면 F를 쓰시오.

1) M-Face 17은 십 대 소년들을 위한 화장품이다.　　_____

2) 지성 피부인 사람은 녹색 세트를 사용하면 된다.　　_____

3) 이번 주말까지 매장에 방문하면 샘플을 받을 수 있다.　　_____

13 **Choose the best response for the man.**

①   ②   ③   ④   ⑤

14 **Which hairstyle will the woman choose?**

①    ②   ③

④    ⑤

[15~16] Listen and answer the questions.

15 **What is the speaker mainly talking about?**

① tips for losing weight
② the advantages of dieting
③ the beauty of a slim body
④ the danger of extreme dieting
⑤ the ways to consider oneself beautiful

16 **What is the mood of the talk?**

① hopeful   ② negative
③ peaceful   ④ exciting
⑤ mysterious

대화를 듣고, 그림에서 남자의 엄마를 고르시오.

01 M : Mom, what are you doing?

W : I'm _____ _____ _____ _____ _____. Do you want to see them?

단서

M : Sure. Wow, who is this girl? She has _____.

함정 ▷ W : You mean the girl with blond hair? That's Nora. She was my roommate.

M : No, I mean the short girl. She _____ _____ _____, _____ _____ and is _____ _____ _____.

W : Oh, that's me.

M : Really? _____ _____!

신체 특징, 머리 모양 등을 묘사하는 표현에 주의하여 듣자.

대화를 듣고, 대화가 이루어지고 있는 장소로 가장 적절한 곳을 고르시오.

① 안경점   ② 미용실
③ 옷 가게   ④ 사진관
⑤ 피부 관리실

02 M : Okay, please sit down. _____ _____ _____ _____ do you want?

W : Here's a picture of Jessica. Could you _____ just like hers?

M : Okay. Do you want me to _____, too?

W : Yes. I'd like it to be light brown.

M : Light brown? Okay.

W : I _____ my new hairstyle.

M : Haha, I'll _____ _____ _____.

머리 모양에 관련된 표현이 반복되고 있다.

다음을 듣고, 찾고 있는 아이를 고르시오.

03 M : Hello, shoppers. May I _____ _____, please? We are _____ _____ _____ _____ _____, Nancy Rogers. She is about 120 cm tall. She is wearing a striped shirt with a yellow skirt. Also, she is _____ _____ _____ _____ with dots on it. If you see her, please come to the security office _____ _____ _____ _____.

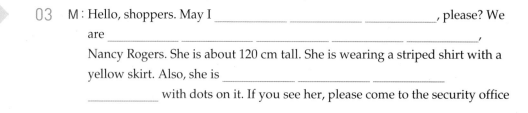

04 W: Welcome to *Ella's Styling Show*. If you're short and _____ _____, don't worry. Here are some tips to _____ _____ _____. First, wear T-shirts _____ _____ _____, such as yellow or red. If they have large patterns, that's even better. But remember, they should _____ _____ _____. Also, it's better to wear dark-colored pants and shoes of _____ _____ _____. This will make your legs _____ _____.

다음을 듣고, 여자의 조언이 아닌 것을 고르시오.

① 밝은 색상의 상의를 입어라.
② 큰 무늬가 있는 상의를 입어라.
③ 넉넉한 사이즈의 상의를 입어라.
④ 어두운 색의 바지를 입어라.
⑤ 바지와 같은 색의 신발을 신어라.

05 W: Parker, I _____ _____ _____ _____ today. But I don't know _____ _____ _____.

M: Well, I think girls _____ _____ when they wear T-shirts and jeans. But most of my friends _____ _____ _____.

W: Really? How about this black skirt then?

M: It's too dark. _____ _____ _____ wear this pink dress?

W: Hmm…. I'm not sure.

M: Trust me. Just wear a necklace, and you'll _____ _____.

W: Okay. _____ _____ _____ _____.

'Why don't you…?'는 제안할 때 사용되는 표현으로 그에 대한 반응을 잘 듣자.

대화를 듣고, 여자가 입을 옷을 고르시오.

①   ②

③   ④

⑤

06~07

M: Do students _____ _____ _____ in your country?

W: Yes, we do. But I don't like it.

M: Why not?

W: We're _____ _____, but school uniforms make us _____ _____ _____.

M: I understand, but there is _____ _____ _____.

W: Really? What is it?

M: We don't have to think about what to wear every morning. It _____ _____ _____.

W: Hmm…. That _____ _____. But I want to wear clothes to _____ _____ _____ _____. That's more important to me.

남자와 여자의 의견을 구분하여 메모하며 듣자.

대화를 듣고, 두 사람의 교복 착용에 대한 의견을 〈보기〉에서 각각 고르시오.

06 여자: _____

07 남자: _____

┤ 보기 ├
ⓐ 동질감을 느낄 수 있어서 좋다.
ⓑ 자신의 개성을 표현할 수 없어서 싫다.
ⓒ 매일 옷을 고르지 않아도 되어서 좋다.

대화를 듣고, 도둑의 인상착의와 일치하지 <u>않는</u> 것을 고르시오.

WANTED
① Thin
② About 180 cm tall
③ Short, blond hair
④ Dark skin
⑤ Black T-shirt, jeans

08 M : Hello. I am Detective Wilson. I heard you _____ _____ _____ last night.

W : Yes, I did.

M : _____ _____ _____ _____ _____ ?

W : He was very tall and thin.

M : _____ _____ _____ _____ ?

W : He was about 180 cm tall. Also, he had _____ , _____ and dark skin.

M : I see. _____ _____ ?

W : He was wearing a black T-shirt and jeans.

M : Thank you _____ _____ _____ . I'll do my best _____ _____ _____ .

도둑의 모습을 설명하는 여자의 말에 집중하자.

대화를 듣고, 그림에서 Jack을 고르시오.

09 W : Justin, do you know that tall, _____ _____ ?

M : Who? Do you mean the boy _____ _____ ?

W : No, _____ _____ _____ . I mean the boy in the red cap.

M : The one _____ _____ _____ _____ ? That's Max.

W : No, he is on the basketball court!

M : Hmm…. You mean the boy _____ _____ ?

W : No. He's _____ now.

M : Oh, that's Jack! Yeah…. He is handsome. You like every handsome boy.

W : You're right. Anyway, I'm going to go _____ _____ to him.

복장 및 동작을 묘사하는 표현과 위치를 나타내는 표현에 유의하여 듣는다.

대화를 듣고, 무엇에 대해 이야기하고 있는지 가장 적절한 것을 고르시오.
① 올바른 수면 습관
② 여드름이 나는 이유
③ 피부 타입별 세안법
④ 여드름을 줄이는 방법
⑤ 건강한 식습관의 중요성

10 W : Brian, you _____ _____ . What's wrong?

M : I have a lot of pimples. I'm _____ _____ because of them.

W : How about using a special soap for pimples? My brother uses one, and _____ _____ !

M : Really? _____ _____ _____ _____ .

W : Also, _____ _____ is important. And it's not good to eat fried or oily food.

M : Like hamburgers and doughnuts? But I love them!

W : They can cause more pimples. Try to eat them _____ _____ .

M : Okay. I'll _____ _____ _____ .

pimples만 듣고 성급하게 선택지를 고르면 안 된다.

11 W: Rob, _____ _____ _____. What's the matter?

M: I _____ _____ _____ this Saturday. But I have no
fashion sense.

W: Hmm…. How about reading some fashion magazines?

M: I tried. But all the clothes in the magazines are _____ _____.
And some are _____ _____ _____ _____.

W: Why don't you visit some fashion blogs? Many bloggers are _____
_____ _____ _____, and they can give you useful tips
_____ _____ _____ _____ well and cheaply!

M: That's a great idea! I'll _____ _____ _____ now!

대화를 듣고, 남자가 대화 직후에 할 일
로 가장 적절한 것을 고르시오.
① 쇼핑을 간다.
② 데이트하러 간다.
③ 블로그를 개설한다.
④ 패션 잡지를 읽는다.
⑤ 패션 블로그에 방문한다.

12 M: Boys, do you think there are too many skincare products only for girls?
Wouldn't you like to have something _____ _____
_____? Then try M-Face 17! It's _____ _____ _____
for teenage boys. Just _____ _____ _____ _____
of M-Face 17 for your skin. If your skin is dry, buy the yellow set. If you have
oily skin, choose the blue set. And the green set is perfect _____
_____ _____. If you stop by one of our stores, you can
_____ _____ _____ _____ of M-Face 17. This
event will _____ _____ _____ _____.

선택지를 먼저 읽고, 어떤 내용을 주의 깊게 들어야 하는지 미리 파악하자.

다음을 듣고, 그 내용과 일치하면 T, 일
치하지 않으면 F를 쓰시오.

1) M-Face 17은 십 대 소년들을 위한
화장품이다.   _____

2) 지성 피부인 사람은 녹색 세트를 사
용하면 된다.   _____

3) 이번 주말까지 매장에 방문하면 샘플
을 받을 수 있다.   _____

Choose the best response for the man.

① ② ③ ④ ⑤

13 W: Which color _____ _____ _____ _____ ?

M: _____

① You look great!

② You _____ _____ in the red coat.

③ You don't have to _____ _____ _____ .

④ Green doesn't _____ _____ _____ .

⑤ We have it in white, black, and green.

Which hairstyle will the woman choose?

①   ②

③   ④

⑤

14 M: Amelia, what are you doing with your smartphone?

W: I'm going to _____ _____ _____ _____

_____ this Saturday. So I'm using an application to _____

_____ _____ .

M: Does it show how you'll look _____ _____ _____ ?

W: Yes. Look, this is me with long, straight hair. _____ _____

_____ _____ ?

M: Well…. Why don't you try a different style?

W: Okay. How about this? This is me _____ _____ , _____

_____ .

M: That _____ _____ _____ _____ ! You look very

pretty.

W: I like it, too. I think I'll _____ _____ _____ _____

this way.

15~16

W: Are you happy _____ _____ _____? Many of you are probably thinking, "No, I'm overweight. I need to _____ _____ _____." But why do we _____ _____ _____ even if we're not overweight? We believe we must _____ _____ _____ _____ _____. Because of this, some people go on extreme diets. But it can _____ _____ _____ _____. Also, they could look worse later. That's because it could cause their body and skin to _____ _____ _____ _____. Extreme diets are _____ _____ _____ _____ _____ in our society.

15 마지막 문장을 놓치지 않고 들었다면 정답을 수월하게 선택할 수 있다.
16 일부 단어보다는 전체 내용을 통해 분위기를 파악하자.

15 **What is the speaker mainly talking about?**
① tips for losing weight
② the advantages of dieting
③ the beauty of a slim body
④ the danger of extreme dieting
⑤ the ways to consider oneself beautiful

16 **What is the mood of the talk?**
① hopeful   ② negative
③ peaceful   ④ exciting
⑤ mysterious

Review Test

A 다음 각 단어에 해당하는 의미를 〈보기〉에서 고르시오.

1 blond _____　**2** dress _____　**3** product _____　**4** stressed _____

5 follow _____　**6** attention _____　**7** sensitive _____　**8** extreme _____

┤ 보기 ├

ⓐ to put clothes on oneself

ⓑ to do as suggested or told

ⓒ a thing that is made and sold

ⓓ with light yellow or golden hair

ⓔ easily changed, harmed by outside effect

ⓕ nervous or worried because of something

ⓖ very great in degree; beyond what is normal

ⓗ the act of carefully thinking about, listening to, or watching someone or something

B 다음 각 질문에 대한 응답으로 가장 적절한 것을 고르시오.

1 What does your dog look like?

　ⓐ He has big brown ears and a long tail.

　ⓑ I will take my dog to the pet shop tomorrow.

2 What kind of hairstyle do you want?

　ⓐ I'm bored with my hairstyle.

　ⓑ I want to color my hair dark brown.

C 다음 우리말과 일치하도록 빈칸에 알맞은 표현을 쓰시오.

1 Where can I _____ _____ _____ ?

(어디서 제 옷을 갈아입을 수 있나요?)

2 Tom is wearing _____ _____ _____ .

(Tom은 줄무늬 셔츠를 입고 있어.)

3 I need to _____ _____ _____ . I have back pain.

(나는 살을 좀 뺄 필요가 있어. 허리가 아프거든.)

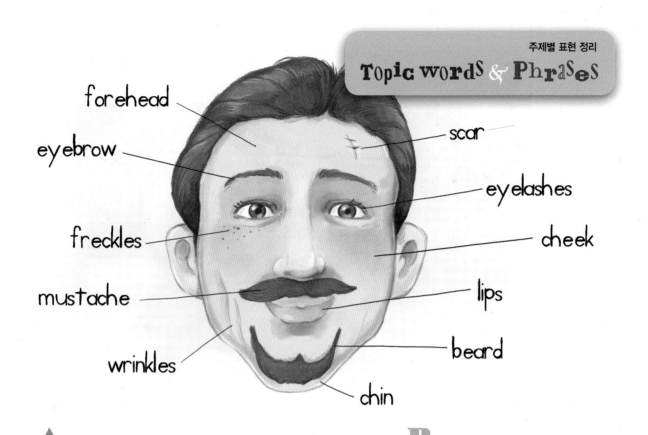

forehead
eyebrow
scar
eyelashes
freckles
cheek
mustache
lips
beard
wrinkles
chin

A

외모 묘사에 대한 표현

생김새

slim 날씬한	pimple 여드름
thin 마른	freckle 주근깨
tall 키가 큰	dry[oily/sensitive] skin
short 키가 작은	건성[지성/민감성] 피부
blond 금발인	mustache 콧수염
bald 대머리의	beard 턱수염
ponytail 뒤로 하나로 묶은 머리	wrinkle 주름살
pigtail 땋은 머리	eyebrow 눈썹
straight hair 생머리	eyelash 속눈썹
curly hair 곱슬머리	cheek 뺨
forehead 이마	chin 턱
scar 흉터	lip 입술

옷차림

jacket 재킷	striped 줄무늬의
pants 바지	checkered 체크무늬의
shorts 반바지	polka dotted 물방울 무늬의
skirt 스커트, 치마	wear glasses 안경을 쓰다
dress 원피스	wear a necklace 목걸이를 하다
headband 머리띠	

동작

sit straight 똑바로 앉다	dribble a ball 공을 드리블하다
fold one's arms 팔짱을 끼다	sit on a bench 벤치에 앉다
cross one's legs 다리를 꼬다	

B

외모에 대해 이야기하기

〈외모에 대해 묻고 답하기〉

What does your mother look like?
너의 엄마는 어떻게 생겼니?

She is tall and thin.
어머니는 키가 크고 마르셨어.

How do you want to change your hair?
머리를 어떻게 바꾸고 싶으세요?

I want to cut and color it.
머리를 자르고 염색하고 싶어요.

〈외모에 대해 말하기〉

This blue dress fits you well.
그 파란 원피스가 네게 잘 맞는구나.

The red cap looks good on you.
그 빨간 모자가 네게 잘 어울려.

Jack has thick eyebrows and a mustache.
Jack은 눈썹이 짙고 콧수염이 있어.

I think I'm overweight. I need to go on a diet.
나는 비만인 것 같아. 다이어트를 할 필요가 있어.

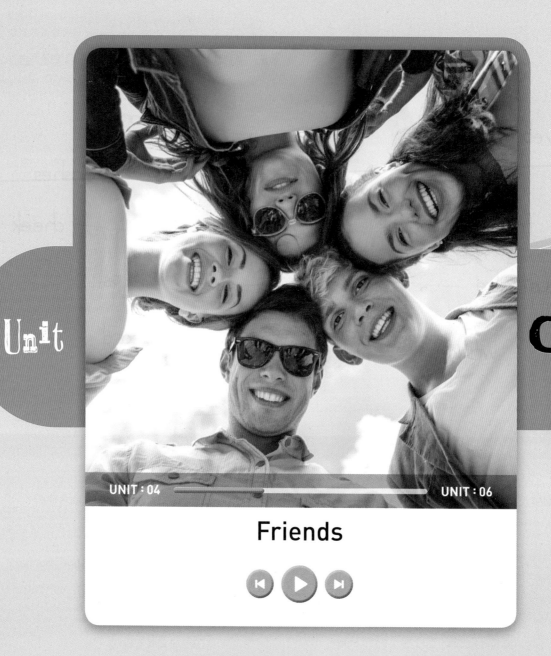

UNIT : 04 UNIT : 06

Friends

Words Preview 자신이 알고 있는 표현에 표시(✓)하시오.

01☐ shy	07☐ introduce	13☐ make friends
02☐ agree	08☐ friendship	14☐ get along well
03☐ laugh	09☐ point of view	15☐ be interested in
04☐ active	10☐ common interest	16☐ have a fight with
05☐ advice	11☐ run into	17☐ have a sense of humor
06☐ popular	12☐ be good at	18☐ have (something) in common

A 다음을 듣고 빈칸을 채운 후, 알맞은 뜻을 찾아 연결하시오.

1 _____ into   •   • ⓐ …와 싸우다

2 _____ friends   •   • ⓑ 친구를 사귀다

3 _____ _____ in   •   • ⓒ 사이좋게 지내다

4 _____ _____ well   •   • ⓓ …을 우연히 만나다

5 _____ _____ _____ with •   • ⓔ …에 관심[흥미]이 있다

memo

B 대화를 듣고, 각 상황에 가장 어울리는 그림을 고르시오.

1 _____   2 _____   3 _____

C 다음을 듣고, 그에 알맞은 응답을 고르시오.

1 ⓐ He is very kind and active.

  ⓑ My best friend and I were in the same club.

2 ⓐ I hope I can get along well with my friends.

  ⓑ Say hello first and say something nice about them.

Topic Listening

01 대화를 듣고, 두 사람이 Hannah를 위해 준비할 선물로 가장 적절한 것을 고르시오.

①    ②    ③

④    ⑤

[02~03] 다음을 듣고, 두 사람에게 친구로 가장 잘 어울리는 사람을 각각 고르시오.

02 남자: _____   03 여자: _____

	Andrew	**Grace**	**Justin**
Favorite activity	Going to movies	Going camping	Listening to music
Hobby	Drawing pictures	Playing soccer	Reading books
Dream job	A painter	A cheerleader	A writer

04 대화를 듣고, 남자가 이번 일요일에 할 일로 가장 적절한 것을 고르시오.

① 공항에 간다.   ② 해외 여행을 떠난다.
③ 여자와 테니스를 친다.   ④ K-pop 콘서트에 간다.
⑤ 온라인 팬클럽에 가입한다.

05 다음을 듣고, Emily의 장래 희망으로 가장 적절한 것을 고르시오.

① cook　　　　　② singer　　　　　③ designer
④ movie director　　⑤ flight attendant

m e m()

06 대화를 듣고, 남자가 여자에게 부탁한 일로 가장 적절한 것을 고르시오.

① 약 사다 주기　　　　　② 누나 찾아 주기
③ 수프 만들어 주기　　　④ 함께 저녁 식사하기
⑤ 병원에 데려다 주기

07 다음을 듣고, 민재에 대한 남자의 마음으로 가장 적절한 것을 고르시오.

① 속상함　　　　② 고마움　　　　③ 미안함
④ 그리움　　　　⑤ 안타까움

08 대화를 듣고, 얻을 수 있는 교훈으로 가장 적절한 것을 고르시오.

① 독서를 생활화해라.　　　② 항상 말을 조심해라.
③ 먼저 선행을 베풀어라.　　④ 겉모습으로 판단하지 마라.
⑤ 다른 사람을 쉽게 믿지 마라.

[09~10] 대화를 듣고, 여자가 보낼 문자 메시지로 가장 적절한 것을 각각 고르시오.

09 _____   10 _____

ⓐ Sorry to hear that. Cheer up!

ⓑ Can I introduce my friend to you?

ⓒ It won't happen again! I'm sorry.

ⓓ Let's play basketball today!

11 대화를 듣고, 무엇에 대해 이야기하고 있는지 가장 적절한 것을 고르시오.

① Luke의 좌우명
② Luke의 생활 습관
③ Luke가 인기 있는 이유
④ Luke가 많이 웃는 이유
⑤ Luke가 친구를 사귀는 방법

12 대화를 듣고, 남자의 마지막 말에 대한 여자의 응답으로 가장 적절한 것을 고르시오.

① I'm free on Monday.
② He was very handsome.
③ You can go there with me.
④ Why don't we meet at six o'clock?
⑤ Yes. We'll meet again this Saturday.

13 **Choose the best response for the man.**

①   ②   ③   ④   ⑤

14 **What is the man's advice for the woman?**

① Find a common interest.
② Listen carefully to others.
③ Find what people like most.
④ Say hello first and talk a lot.
⑤ Say nice things about others.

[15~16] Listen and answer the questions.

15 **What are the speakers mainly talking about?**

① Is there true friendship?
② How can we make good friends?
③ Can men and women be friends?
④ Why are men and women different?
⑤ What is the difference between love and friendship?

16 **What is the woman's opinion?**

① Having many friends makes you happy.
② Male friends can give really good advice.
③ Falling in love destroys many friendships.
④ Female friends understand each other better.
⑤ Women and men have different points of view.

memo

미국식 발음   영국식 발음

대화를 듣고, 두 사람이 Hannah를 위해 준비할 선물로 가장 적절한 것을 고르시오.

①   ② (teddy bear)

③   ④ (necklace)

⑤

01   W: I can't believe Hannah is _____ _____ _____ _____ _____ soon.

M: Me neither. Why don't we _____ _____ _____ _____ 〔함정〕 _____ like a doll or a book?

W: That's a good idea. But I don't think those things are _____ _____.

M: That's true. Do you _____ _____ _____ _____?

W: What about a necklace?

M: Well, that could be _____ _____.

W: What about _____ _____ _____ _____? 〔단서〕

M: That's great. Hannah will love it.

다음을 듣고, 두 사람에게 친구로 가장 잘 어울리는 사람을 각각 고르시오.

02 남자: _____

03 여자: _____

	Andrew	**Grace**	**Justin**
Favorite activity	Going to movies	Going camping	Listening to music
Hobby	Drawing pictures	Playing soccer	Reading books
Dream job	A painter	A cheerleader	A writer

02   M: People say I'm _____ _____. I like _____ _____ _____ _____ sports. I'm _____ _____ _____ _____ who is a lot like me.

03   W: I'm very _____ _____ _____. I like reading books or listening to classical music. I want a friend who _____ _____ _____.

04 W: Junho, why don't we play tennis together this Sunday?

M: Sorry, but _____ _____ _____. I'm going to the airport.

W: Are you _____ _____?

M: No. My American friend Ben is _____ _____.

W: Oh, you have _____ _____ _____ _____ _____! How did you meet him?

M: We met through an online K-pop fan club. He's coming here to go to a K-pop concert with me.

W: _____ _____ _____ _____! I hope you have a great time with him.

여자의 제안을 거절하는 이유가 곧 정답의 단서이다.

대화를 듣고, 남자가 이번 일요일에 할 일로 가장 적절한 것을 고르시오.
① 공항에 간다.
② 해외 여행을 떠난다.
③ 여자와 테니스를 친다.
④ K-pop 콘서트에 간다.
⑤ 온라인 팬클럽에 가입한다.

05 W: My best friend is Emily. We met _____ _____ _____ _____ _____. Both of us are interested in movies. We usually _____ _____ _____ _____ together _____ _____. Also, we both like Mexican food, so we often go to Mexican restaurants. Emily _____ _____ _____ _____, but I'm not. Also, Emily's dream is _____ _____ _____, while I want to be a designer. I hope our friendship _____ _____ _____.

장래 희망을 언급할 때까지 집중하며 듣자.

다음을 듣고, Emily의 장래 희망으로 가장 적절한 것을 고르시오.
① cook
② singer
③ designer
④ movie director
⑤ flight attendant

06 M: Hello? (cough) Jane, this is Max.

W: Hi. Are you okay? You _____ _____.

M: I feel terrible. I think I _____ _____ _____ _____.

W: Oh, that's too bad.

M: My parents are _____ _____ now and my sister didn't answer the phone. Jane, can you _____ _____ _____?

W: Sure, but you should _____ _____ _____ _____. Did you eat something?

M: Yeah. I ate soup and I will go to the hospital tomorrow. Thank you very much.

W: Hey, _____ _____ _____ _____?

남자의 현재 상황은 어떠한가?

대화를 듣고, 남자가 여자에게 부탁한 일로 가장 적절한 것을 고르시오.
① 약 사다 주기
② 누나 찾아 주기
③ 수프 만들어 주기
④ 함께 저녁 식사하기
⑤ 병원에 데려다 주기

다음을 듣고, 민재에 대한 남자의 마음으로 가장 적절한 것을 고르시오.

① 속상함 ② 고마움
③ 미안함 ④ 그리움
⑤ 안타까움

07 M : I want to talk about _____ _____ _____ Minjae. I
_____ _____ _____ at school when I came to Korea
three years ago. Nobody talked to me because I couldn't speak Korean. But
Minjae _____ _____ _____ _____ and said "hi"
first. After that, he _____ _____ _____ _____.
And we spent lots of time together playing badminton and singing songs.
Although we're living in different towns now, we still _____
_____ _____.

came over to me and said "hi" first, helped me, spend lots of time together 등의 표현으로 남자의 마음을 유추해 보자.

대화를 듣고, 얻을 수 있는 교훈으로 가장 적절한 것을 고르시오.

① 독서를 생활화해라.
② 항상 말을 조심해라.
③ 먼저 선행을 베풀어라.
④ 겉모습으로 판단하지 마라.
⑤ 다른 사람을 쉽게 믿지 마라.

08 M : Some people are dancing in the street. Let's _____ _____
_____.

W : Okay. Wow, I _____ _____ _____ _____!

M : What is it?

W : That's Noah. He's _____ _____. Look at him over there! He is
really good at dancing!

M : Why are you _____ _____?

W : I thought he was _____ _____ _____. He looks like a
person who just _____ _____ _____ _____.

M : You can't judge a book _____ _____ _____.

W : You're right.

judge a book by its cover의 뜻을 알고 있는가?

대화를 듣고, 여자가 보낼 문자 메시지로 가장 적절한 것을 각각 고르시오.

09 _____

10 _____

ⓐ Sorry to hear that. Cheer up!
ⓑ Can I introduce my friend to you?
ⓒ It won't happen again! I'm sorry.
ⓓ Let's play basketball today!

09 M : Why did you _____ _____ _____ _____
_____? Where's Jeff?

W : I _____ _____ _____ _____ with him today.

M : What happened?

W : I _____ _____ _____, so he waited for me for an hour.
When I arrived, he was _____ _____ _____, and then he
_____ _____.

M : Why didn't you call him to say you're sorry?

W : He didn't answer when I called. I think I should _____ _____
_____ _____ now.

왜 fight, angry, sorry 등의 표현이 언급되는지 상황을 파악하며 듣자.

10 M : Layla, do you know Edgar?

W : You mean Edgar Wilson? Yes, he is _____ _____ _____ .

M : What is he like?

W : He is very active. He _____ _____ _____ _____ _____ at school.

M : Oh, could you _____ ?

W : Sure. But can I _____ _____ _____ ?

M : I want to play basketball with him. I heard he is a really good player.

W : All right. _____ _____ _____ .

11 M : Estelle, what do you think about Luke?

W : Luke? Why do you ask?

M : He is _____ . I want to have _____ _____ like him.

W : Well, first of all, he is very funny. He _____ _____ _____ a lot.

M : I agree that he has a good sense of humor.

W : Also, he is _____ _____ . He enjoys _____ _____ _____ .

M : Does he?

W : Yes. When Colin _____ _____ _____ , Luke helped him every day.

M : I see. Now I get it.

남자가 Luke에 대해 질문한 이유를 잘 듣자.

대화를 듣고, 무엇에 대해 이야기하고 있는지 가장 적절한 것을 고르시오.
① Luke의 좌우명
② Luke의 생활 습관
③ Luke가 인기 있는 이유
④ Luke가 많이 웃는 이유
⑤ Luke가 친구를 사귀는 방법

대화를 듣고, 남자의 마지막 말에 대한 여자의 응답으로 가장 적절한 것을 고르시오.

① I'm free on Monday.
② He was very handsome.
③ You can go there with me.
④ Why don't we meet at six o'clock?
⑤ Yes. We'll meet again this Saturday.

12 W: You know what? I had coffee with my first boyfriend yesterday. I _____ _____ _____ for a long time.

M: Really? _____ _____? Did you _____ _____ _____ on the street?

W: No. I used the Finding Friends website.

M: Ah, I know that site. Wasn't it _____ _____ _____ _____?

W: No. I just typed in his name, the name of his school, and _____ _____ _____ _____.

M: Oh, I see. Will you _____ _____ _____?

W: _____

여자가 어제 겪은 일은 무엇인가?

Choose the best response for the man.

 ① ② ③ ④ ⑤

13 W: How long have you been friends?

M: _____

① We were in the same class.

② We know _____ _____ very well.

③ We've known each other for three years.

④ We have _____ _____ _____ _____.

⑤ We _____ _____ _____ _____ together.

'How long…?'은 기간을 묻는 표현이다.

14

M : You _____ _____ . What's the problem, Emily?

W : It's hard for me _____ _____ _____ _____ at school.

M : Don't worry. It's _____ _____ _____ _____ .

W : Really? Can you _____ _____ _____ _____ ?

M : Of course. When you meet new people, _____ _____ _____ that you're interested in them. For example, _____ _____ their hairstyle, clothes, or something like that.

W : Like, "Are those shoes new?"

M : That's good. But, the best way is _____ _____ about them, like, "You look stylish today." If you say that, it will _____ _____ _____ _____ _____ .

W : Ah, I see. I'll try.

조언을 부탁하는 여자의 말 'Can you give me some advice?' 이후에 집중하자.

What is the man's advice for the woman?

① Find a common interest.

② Listen carefully to others.

③ Find what people like most.

④ Say hello first and talk a lot.

⑤ Say nice things about others.

15~16

M : Hi, I'm Harris. It sometimes seems that men and women _____ _____ _____ at first. But in many cases one person _____ _____ _____ . After that, the man and woman can't be just friends anymore. So, I think it is difficult for men and women _____ _____ .

W : Hi, I'm Claire. I _____ _____ _____ Harris. I think men and women can be friends. Not everyone falls in love with their friends. I have some male friends, and they can often _____ _____ _____ than my female friends. They give me _____ _____ _____ _____ _____ , especially when I have some problems with my boyfriend. We can _____ _____ _____ like this. That's the good point of men and women _____ _____ .

15 What are the speakers mainly talking about?

① Is there true friendship?

② How can we make good friends?

③ Can men and women be friends?

④ Why are men and women different?

⑤ What is the difference between love and friendship?

16 What is the woman's opinion?

① Having many friends makes you happy.

② Male friends can give really good advice.

③ Falling in love destroys many friendships.

④ Female friends understand each other better.

⑤ Women and men have different points of view.

A 다음 각 단어에 해당하는 의미를 〈보기〉에서 고르시오.

1 shy _____　　**2** active _____　　**3** popular _____　　**4** common _____

5 agree _____　　**6** judge _____　　**7** graduate _____　　**8** introduce _____

┤ 보기 ├──

ⓐ to finish school successfully

ⓑ liked or supported by many people

ⓒ shared or used by two or more people

ⓓ to make someone meet another person

ⓔ taking part in many things or moving a lot

ⓕ uncomfortable and nervous with other people

ⓖ to have the same opinion about something as someone else

ⓗ to decide or have an opinion about someone or something after thinking carefully

B 다음 각 질문에 대한 응답으로 가장 적절한 것을 고르시오.

1 How did you meet your best friend?

　ⓐ We've been friends for seven years.

　ⓑ We met at a summer English camp.

2 Do you and your best friend have common interests?

　ⓐ We always get along well.

　ⓑ Yes, both of us are interested in music.

C 다음 우리말과 일치하도록 빈칸에 알맞은 표현을 쓰시오.

1 Tommy has a great _____ _____ _____ .
(Tommy는 뛰어난 유머 감각을 가지고 있다.)

2 David and I _____ a lot of time _____ _____ the guitar.
(David와 나는 기타를 함께 치며 많은 시간을 보냈다.)

3 I _____ _____ _____ _____ _____ my classmate.
(나는 내 반 친구와 크게 싸웠다.)

Topic words & Phrases

have common interest

active

get along well

shy

have a fight with

popular

A

친구에 대한 표현

친구 · 우정

shy 수줍음이 많은
active 활동적인
caring 보살피는, 배려하는
sociable 사교적인
sincere 진실된, 진정한
warm-hearted 마음이 따뜻한
humorous 재미있는, 웃긴
popular 인기 있는
friendship 우정
peer 또래
relationship 관계

best friend 가장 친한 친구
male friend (성별이) 남자인 친구
female friend (성별이) 여자인 친구
common interest 공통 관심사
care about
…에 관심을 가지다, 마음을 쓰다
have a lot in common
공통점이 많다
have a sense of humor
유머 감각이 있다

관계 유지

miss 그리워하다
say hello 인사하다
hang out 함께 시간을 보내다
say I'm sorry 사과하다
give advice 조언을 하다
make friends 친구를 사귀다
keep in touch 연락하고 지내다
help each other 서로 돕다

become friends 친구가 되다
have a fight with …와 싸우다
have many friends 친구가 많다
get along well with
…와 사이 좋게 지내다
spend time together
함께 시간을 보내다

B

친구 · 우정에 대해 묻고 답하기

How long have you been friends?
너희들은 얼마나 오래 친구로 지냈니?

We've known each other for ten years.
우리는 서로 10년 동안 알고 지냈어.

How did you meet Jessica?
너는 Jessica를 어떻게 만났니?

I met her in the school club.
나는 그녀를 학교 동아리에서 만났어.

What do you usually do with your friends? 친구들과 주로 뭐하니?

We spend time together singing and dancing.
같이 노래를 부르거나 춤추면서 시간을 보내.

Thank you so much for helping me!
도와줘서 아주 고마워!

What are friends for? 친구 좋다는 게 뭐야.

UNIT : 05   UNIT : 07

Shopping

◀◀ ▶ ▶▶

Words Preview   자신이 알고 있는 표현에 표시(✓)하시오.

01 ☐ order	07 ☐ exchange	13 ☐ have a sale
02 ☐ receive	08 ☐ brand-new	14 ☐ pay in cash
03 ☐ change	09 ☐ fitting room	15 ☐ look around
04 ☐ section	10 ☐ department store	16 ☐ look good on
05 ☐ delivery	11 ☐ for free	17 ☐ try (something) on
06 ☐ discount	12 ☐ a pair of	18 ☐ make an online payment

Getting Ready ⑪

A 다음을 듣고 빈칸을 채운 후, 알맞은 뜻을 찾아 연결하시오.

1 _____ _____ of • • ⓐ 세일하다

2 look _____ _____ • • ⓑ 한 쌍의 …

3 have _____ _____ • • ⓒ …을 입어 보다

4 make an _____ _____ • • ⓓ 온라인 결제를 하다

5 _____ (something) _____ • • ⓔ …에게 잘 어울리다

B 다음을 듣고, 각 문장에 가장 어울리는 그림을 고르시오.

1 _____   2 _____   3 _____   4 _____

ⓐ    ⓑ    ⓒ    ⓓ

C 다음을 듣고, 그에 알맞은 응답을 고르시오.

1 ⓐ You should try this green one.

　 ⓑ Our fitting room is on the second floor.

2 ⓐ It's $47 in total.

　 ⓑ I'd like to pay in cash.

Topic Listening

01 대화를 듣고, 여자가 구입한 물건을 고르시오.

①   ②   ③

④   ⑤

02 대화를 듣고, 두 사람이 대화 직후에 할 일로 가장 적절한 것을 고르시오.

① 저녁을 먹는다.   ② 구매 목록을 작성한다.
③ 고른 옷을 입어 본다.   ④ 흰색 티셔츠를 구입한다.
⑤ 다른 상점을 둘러보러 간다.

03 대화를 듣고, 남자가 입어 볼 옷을 모두 고르시오.

04 대화를 듣고, 각 쇼핑몰에 대한 설명으로 적절한 것을 <보기>에서 고르시오.

1) Eaton Mall	2) Victoria's Mall

┤ 보기 ├
ⓐ 지금 세일 중이다.
ⓑ 가까운 곳에 위치해 있다.
ⓒ 다양한 상점이 입점해 있다.

05 대화를 듣고, 여자가 가게를 방문한 목적으로 가장 적절한 것을 고르시오.

① 블라우스를 환불 받으려고
② 블라우스의 색상을 바꾸려고
③ 주문한 블라우스를 찾으려고
④ 블라우스의 사이즈를 바꾸려고
⑤ 블라우스를 스커트로 바꾸려고

[06~07] 대화를 듣고, 여자가 지불할 금액을 쓰고, 지불 수단을 〈보기〉에서 각각 고르시오.

06 금액: $ _____

　　지불수단: _____

07 금액: $ _____

　　지불수단: _____

┤ 보기 ├

ⓐ COUPON ★★★ **Free Doughnuts** *Lorem ipsum*

ⓑ CREDIT CARD 4275 3156 0372 5493 01/19 FIRSTNAME LASTNAME

ⓒ

08 대화를 듣고, 남자가 책을 배송받을 날짜를 고르시오.

① 3월 16일　　　② 3월 17일　　　③ 3월 18일
④ 3월 19일　　　⑤ 3월 20일

mem0

09 대화를 듣고, 여자의 주문 내역과 일치하는 것에 표시(O)하시오.

Buy More Home Shopping – Order Report

Item: A bed
Color: 1) White / Beige / Brown
Size: 2) Single / Double / Queen
Payment: 3) Credit card / Online payment

10 다음을 듣고, 남자가 받을 생일선물로 가장 적절한 것을 고르시오.

①  ②   ③

④  ⑤

11 대화를 듣고, 여자가 지불할 금액을 고르시오.

① $62   ② $72   ③ $80   ④ $90   ⑤ $100

12 다음을 듣고, 무엇에 대한 내용인지 가장 적절한 것을 고르시오.

① 과소비의 문제점   ② 쇼핑 중독의 원인
③ 충동구매를 줄이는 방법   ④ 쇼핑 목록을 작성하는 법
⑤ 계획적인 소비의 중요성

13 **Choose the most unnatural conversation.**

①   ②   ③   ④   ⑤

14 **Which is NOT correct about the advertisement according to the talk?**

> ### Special Events for Valentine's Day!
>
> - Where: ① Elsanna Department Store
> - When you buy a ring: ② free earrings
> - Chocolate in a heart-shaped box: ③ $15 each
> - Special discount: ④ 7% off perfume
>
> *The last day of the event is ⑤ Feb. 14th.*

[15~16] Listen and answer the questions.

15 **What are the speakers mainly talking about?**

① how often they shop online
② why things are cheaper online
③ where to buy a smartphone case
④ things to think about when shopping
⑤ good and bad points of online shopping

16 **Which is NOT correct according to the conversation?**

① The man bought a smartphone case online.
② The man thinks online shopping is convenient.
③ The woman doesn't like walking around stores.
④ The man says buying things online is cheaper.
⑤ The woman received the wrong item from an online mall.

Dictation

대화를 듣고, 여자가 구입한 물건을 고르시오.

① ②

③ ④

⑤

01 M : Hi, Stella. Did you finish your _____ _____?

W : Not yet. I bought _____ for my sister. 단서

M : What did you buy _____ _____ _____?

W : I wanted to buy a wallet for my dad and a sweater for my mom, but they were _____ _____.

M : How about gloves? I bought gloves for my dad. And a scarf might

_____ _____ _____.

W : Hmm... I will _____ _____ _____.

다양한 물건이 언급되므로 문제에서 묻는 바를 먼저 확인하자.

대화를 듣고, 두 사람이 대화 직후에 할 일로 가장 적절한 것을 고르시오.

① 저녁을 먹는다.
② 구매 목록을 작성한다
③ 고른 옷들을 입어 본다.
④ 흰색 티셔츠를 구입한다.
⑤ 다른 상점을 둘러보러 간다.

02 M : Lily, I like this white T-shirt. I'm going to buy it.

W : Oh, it's nice. But this is _____ _____ _____ _____. Let's _____ _____ some other shops.

M : Come on, we don't have to _____ _____ _____.

W : You might find nicer clothes at other shops. It's _____ to buy things _____ _____ _____.

M : I know _____ _____ _____. But it's already _____ _____. I'm hungry.

W : Then what about going to _____ _____? After that, let's _____.

M : Okay, but just one! 함정

'Then what about...?'은 또 다른 제안을 할 때 주로 쓰이는 표현이다.

03 W: _____ _____ _____ _____ _____. Isn't it nice?

M: Yeah, it _____ _____. But I have too many checkered clothes already.

W: Then how about that denim shirt next to it?

M: Oh, I like it. Maybe I should _____ _____ _____ with those white pants.

W: I don't think _____ _____ _____ _____. Why don't you try the denim shirt and the black pants?

M: All right. Then would you tell me _____ _____ _____ _____ _____?

W: No problem!

여러 종류의 옷이 언급되므로 입어 볼 옷과 그렇지 않은 옷을 잘 구분하자.

대화를 듣고, 남자가 입어 볼 옷을 모두 고르시오.

04 M: Hey, Mia! Why don't we _____ _____ _____?

W: Sure, I'd love to. Where are we going?

M: What about Eaton Mall? It's _____ _____, and there are _____ _____ _____ _____.

W: But isn't that mall _____ _____? There are always lots of people.

M: _____ _____. Then where should we go?

W: How about Victoria's Mall? I heard they're _____ _____ _____ now.

M: Really? That's good. Let's go there.

대화를 듣고, 각 쇼핑몰에 대한 설명으로 적절한 것을 〈보기〉에서 고르시오.

| 1] Eaton Mall | 2] Victoria's Mall |

┤보기├
ⓐ 지금 세일 중이다.
ⓑ 가까운 곳에 위치해 있다.
ⓒ 다양한 상점이 입점해 있다.

05 M: Can I help you?

W: Hi, I bought this ivory blouse here yesterday. I want to _____ _____ _____ _____ _____.

M: I see. Is there a problem with it?

W: No, the blouse itself is okay. But it doesn't _____ _____ _____. Can I _____ _____ _____ _____?

M: Of course. (pause) Here you are. Our _____ _____ is over there.

W: Thank you.

교환 이유를 묻는 남자의 물음에 여자가 뭐라고 대답했는가?

대화를 듣고, 여자가 가게를 방문한 목적으로 가장 적절한 것을 고르시오.
① 블라우스를 환불 받으려고
② 블라우스의 색상을 바꾸려고
③ 주문한 블라우스를 찾으려고
④ 블라우스의 사이즈를 바꾸려고
⑤ 블라우스를 스커트로 바꾸려고

대화를 듣고, 여자가 지불할 금액을 쓰고,
지불 수단을 〈보기〉에서 각각 고르시오.

06 금액: $_____
   지불수단: _____

07 금액: $_____
   지불수단: _____

┌─ 보기 ─────────┐
│ ⓐ COUPON ⓑ CREDIT CARD │
│   Free Doughnuts   │
│   │
│ ⓒ   │
└──────────────────┘

06 M : Are you _____ _____?

W : I want to _____ _____ _____ for my boyfriend.

M : How about this one? It's very popular these days.

W : _____ _____ _____ _____?

M : It was $60, but it's _____ _____ _____.

W : Then, I can save $6. _____ _____ _____. Do you take credit cards?

M : Sure.

'I can save $6.'라고 했으므로 원래 금액에서 뺄셈을 하자.

07 M : What can I do for you?

W : I _____ _____ _____ for free doughnuts. I want to use it today.

M : Sure. You can choose two doughnuts _____ _____.

W : Then, I'll take two chocolate doughnuts.

M : _____ _____?

W : Um, I want a hot coffee, too. _____ _____ _____ _____?

M : It's $3.

W : Okay. I'll _____ _____ _____.

대화의 마지막에 지불할 금액과 수단이 언급되므로 끝까지 집중하자.

대화를 듣고, 남자가 책을 배송받을 날짜
를 고르시오.

① 3월 16일   ② 3월 17일
③ 3월 18일   ④ 3월 19일
⑤ 3월 20일

08 (telephone rings)

W : Elliot Bookstore. How may I help you?

M : Hello. I bought some books _____ _____ _____ _____ three days ago. But I _____ _____ _____ _____.

W : Oh, I am really sorry. Could you _____ _____ _____ _____, please?

M : Adam Hudson.

W : Okay... I found that _____ _____ _____ _____ yesterday, March 18th. You will _____ _____ _____ _____.

M : That's great. I'll wait for them.

W : Okay. And, _____ _____, we're very sorry.

문제에서 묻는 것은 배송받을 날짜이므로 대화에서 언급된 배송된 날짜와 헷갈리지 말자.

09 *(telephone rings)*

M : Buy More Home Shopping. ＿＿＿＿＿ ＿＿＿＿＿ ＿＿＿＿＿
＿＿＿＿＿?

W : Yes, I want to buy the bed that's ＿＿＿＿＿ ＿＿＿＿＿ ＿＿＿＿＿
＿＿＿＿＿.

M : Okay. What color do you want? You can ＿＿＿＿＿ ＿＿＿＿＿ white,
beige, or brown.

W : I want the brown one.

M : All right. And we have single, double, and queen-size beds. ＿＿＿＿＿
＿＿＿＿＿ ＿＿＿＿＿ ＿＿＿＿＿ ＿＿＿＿＿?

W : Hmm... I think the queen-size one is ＿＿＿＿＿ ＿＿＿＿＿
＿＿＿＿＿ ＿＿＿＿＿. I'll take a double.

M : Okay. Are you going to ＿＿＿＿＿ ＿＿＿＿＿ ＿＿＿＿＿
＿＿＿＿＿ or make an online payment?

W : I'll use my credit card.

남자의 각 질문에 대한 여자의 응답에 주의하여 듣자.

대화를 듣고, 여자의 주문 내역과 일치하
는 것에 표시(O)하시오.

Buy More Home Shopping – Order Report

Item: A bed
Color: 1) White / Beige / Brown
Size: 2) Single / Double / Queen
Payment: 3) Credit card / Online payment

10 W : Your ＿＿＿＿＿ ＿＿＿＿＿ ＿＿＿＿＿! What do you want
＿＿＿＿＿ ＿＿＿＿＿ ＿＿＿＿＿?

M : Mom, can you buy me the sneakers in this magazine?

W : You already have too many shoes. What about some brand-new jeans?

M : No, my jeans are fine. Mom… I know ＿＿＿＿＿ ＿＿＿＿＿, but can I
have a tablet?

W : A tablet? No. You'll ＿＿＿＿＿ ＿＿＿＿＿ ＿＿＿＿＿ ＿＿＿＿＿
with it.

M : No, I won't! It will ＿＿＿＿＿ ＿＿＿＿＿ ＿＿＿＿＿.

W : Do you promise? Okay, then I will ＿＿＿＿＿ ＿＿＿＿＿
＿＿＿＿＿. But remember, it's also your Christmas present.

마지막에 여자가 남자에게 사주겠다고 한 것(it)은 무엇인가?

다음을 듣고, 남자가 받을 생일선물로 가
장 적절한 것을 고르시오.

①   ②

③   ④

⑤

대화를 듣고, 여자가 지불할 금액을 고르시오.

① $62 ② $72 ③ $80
④ $90 ⑤ $100

11

M: _____ _____ _____ _____ for you?

W: I want to buy a suitcase.

M: _____ _____ this black one? It's _____

now.

W: Oh, that's nice. But do you have it _____ _____ _____?

M: Yes, we also have it in red and purple.

W: Then, I'll take a red one. _____ _____ _____ _____?

M: It's $80. But _____, it's also discounted

10%.

W: I will _____ _____ _____. Here's $100.

M: Thank you. Here's _____ _____.

계산하여 답을 구해야 하므로 메모하며 듣자.

다음을 듣고, 무엇에 대한 내용인지 가장 적절한 것을 고르시오.

① 과소비의 문제점
② 쇼핑 중독의 원인
③ 충동구매를 줄이는 방법
④ 쇼핑 목록을 작성하는 법
⑤ 계획적인 소비의 중요성

12

M: When you _____ _____, do you buy _____

_____? Then follow my advice. First, _____

_____ the products that you really need, and try to buy only the items

_____ _____ _____. Second, take some time before

buying _____ _____. About 30 minutes to an hour is best.

Lastly, do not go shopping often. Do other things like _____

_____ or _____ _____. Then you'll _____

_____ extra things.

buy more than planned만 듣고 섣불리 답을 고르지 말자.

Choose the most unnatural
conversation.

①   ②   ③   ④   ⑤

13

① W: _____ _____ _____ _____ _____?

  M: Sure, the dressing room is over there.

② W: How do I look in this jacket?

  M: That color _____ _____ _____ _____.

③ W: How do you want to pay?

  M: It's too expensive.

④ W: _____ _____ do you wear?

  M: I wear _____ _____ _____.

⑤ W: Where is the children's clothes section?

  M: _____ _____ to the _____ floor.

'How do you want to pay?'는 결제방법을 묻는 표현이다.

14   W: Happy Valentine's Day! Elsanna's Department Store _____

_____ _____ _____ _____ for couples. If you

_____ _____ _____, you'll get a free pair of earrings.

We also sell _____ _____ _____ for $12. The chocolate

box _____ _____ _____ a heart. How sweet! In

addition, all the perfume in our shop is 7% off. This event _____

_____ _____ _____ _____ at 8 p.m. Show your

love with a gift from our shops!

Which is NOT correct about the advertisement according to the talk?

Special Events for Valentine's Day!
- Where: ① Elsanna Department Store
- When you buy a ring: ② free earrings
- Chocolate in a heart-shaped box: ③ $15 each
- Special discount: ④ 7% off perfume
The last day of the event is ⑤ Feb. 14th.

15~16

W: What's in that box? Did you _____ _____ _____?

M: Yeah. I bought a smartphone case.

W: Do you usually buy things _____ _____ _____?

M: Yes. _____ _____. You can find many different items

_____ _____ _____ _____. I hate _____

_____ _____.

W: That's true. But we can't see the products _____ _____ and

they are sometimes different from the pictures.

M: Yeah. But there is _____ _____ _____. Things are

_____ _____. Also, I can _____ _____

_____ online.

W: Well, there is _____ _____ _____ _____, too.

Once, I ordered a white skirt, but they sent me a blue skirt!

15 키워드인 buy something online, buy things on the Internet에서 주제를 추론할 수 있다.

16 남자와 여자의 의견을 서로 혼동하지 말자.

15 **What are the speakers mainly talking about?**

① how often they shop online
② why things are cheaper online
③ where to buy a smartphone case
④ things to think about when shopping
⑤ good and bad points of online shopping

16 **Which is NOT correct according to the conversation?**

① The man bought a smartphone case online.
② The man thinks online shopping is convenient.
③ The woman doesn't like walking around stores.
④ The man says buying things online is cheaper.
⑤ The woman received the wrong item from an online mall.

A 다음 각 단어에 해당하는 의미를 〈보기〉에서 고르시오.

1 fit _____   **2** change _____   **3** cost _____   **4** receive _____

5 pay _____   **6** compare _____   **7** discount _____   **8** exchange _____

┤ 보기 ├
ⓐ to get something from someone

ⓑ to reduce the price of a product or service

ⓒ to give money to someone for goods or services

ⓓ to require a certain amount of money to be bought

ⓔ to be the right size or shape for someone or something

ⓕ to consider how things or people are different and similar

ⓖ to bring something back to a store and get something else instead

ⓗ the money that is returned when a customer gives more money than a product's price.

B 다음 각 질문에 대한 응답으로 가장 적절한 것을 고르시오.

1 Do you have this blue dress in another color?

ⓐ Yes, this blue one is extra large.

ⓑ Yes, we also have it in black and white.

2 How much does it cost?

ⓐ I have a free coupon.

ⓑ It was $80, but it's 15% off this week.

C 다음 우리말과 일치하도록 빈칸에 알맞은 표현을 쓰시오.

1 I'm _____ _____ a wallet for men.
(저는 남성용 지갑을 찾고 있어요.)

2 You can get a pair of socks _____ _____.
(무료로 양말 한 켤레를 얻으실 수 있어요.)

3 The green jacket _____ _____ _____ you.
(그 초록색 재킷이 당신에게 잘 어울려요.)

4 Simpson's is now _____ _____ _____, so you can get 80% off for

some brands. (Simpson's는 지금 세일 중이니, 일부 브랜드에 대해서는 80% 할인을 받으실 수 있습니다.)

A
쇼핑에 대한 표현

매장

clerk 점원	brand-new 새로운, 신품의
tailor 재단사	fitting[dressing] room 탈의실
cashier 계산원	department store 백화점
checkout 계산대	discount 할인, 할인하다
receipt 영수증	have a sale 세일하다
shopper 쇼핑객	for free 무료로
customer 손님, 고객	price tag 가격표
new arrival 신상품	

구매

shop 쇼핑하다	get a discount 할인을 받다
change 거스름돈	try (something) on
shopping list 구입 품목 목록	…을 입어[신어] 보다
purchase 구매, 구매하다	compare prices 가격을 비교하다
refund 환불, 환불하다	pay in cash 현금으로 지불하다
exchange 교환하다	pay by credit card
look around 둘러보다	신용카드로 지불하다
go shopping 쇼핑하러 가다	make an online payment
window shopping	온라인 결제를 하다
윈도쇼핑, 아이쇼핑	

B
쇼핑에 대해 이야기하기

〈옷 가게에서 묻고 답하기〉

May I help you? 도와드릴까요?
Yes, I'm looking for a white shirt.
네, 저는 흰색 셔츠를 찾고 있어요.

Can I try this on? 이것을 입어볼 수 있나요?
Sure, our fitting room is over there.
물론이죠, 탈의실은 저쪽입니다.

Do you have it in another color?
이것 다른 색상으로도 있나요?

Yes. You can choose from white, black, and brown.
네, 흰색, 검은색, 갈색 중에 고르실 수 있어요.

〈쇼핑할 때 요구하기〉

I want to get a refund. 환불 받고 싶어요.
I found some spots. 얼룩을 찾았어요.
Please show me a larger[smaller] size.
더 큰[작은] 사이즈를 보여주세요.

I'd like to exchange this for another one.
이것을 다른 것으로 교환하고 싶어요.

Is it on sale now? 그건 지금 세일 중인가요?

How much of a discount can you give?
얼마만큼 할인해 주실 수 있나요?

Unit

07

UNIT : 06

UNIT : 08

Entertainment

Words Preview 자신이 알고 있는 표현에 표시(✓)하시오.

01☐ on	07☐ preview	13☐ miss the show
02☐ live	08☐ episode	14☐ play the main role
03☐ host	09☐ storyline	15☐ make a comeback
04☐ rerun	10☐ character	16☐ change the channel
05☐ stand	11☐ remote control	17☐ appear on the show
06☐ express	12☐ audience member	18☐ download a program

A 다음을 듣고 빈칸을 채운 후, 알맞은 뜻을 찾아 연결하시오.

1 _____ a program · · ⓐ 컴백하다
2 _____ a comeback · · ⓑ 주연을 맡다
3 _____ the channel · · ⓒ 채널을 바꾸다
4 _____ the TV _____ · · ⓓ TV 편성표를 확인하다
5 play _____ _____ _____ · · ⓔ 프로그램을 다운로드하다

memo

B 다음을 듣고, 아래 편성표와 일치하면 T, 일치하지 않으면 F에 표시(✓)하시오.

	CNA	JBS	KTN
7:00 p.m.	- Cartoon - *Jamie the Lion*	- Baseball Game - Unicorns vs. Black Bears	- Talk Show - *The Liam Butler Show*
9:00 p.m.			*Today's News*

　　　T　　F
1 ☐　☐
2 ☐　☐
3 ☐　☐

C 다음을 듣고, 그에 알맞은 응답을 고르시오.

1 ⓐ No, I missed the game.
　 ⓑ The game was on channel CBC.

2 ⓐ I'm posting a message on the *Tonight Live* website.
　 ⓑ Designer Nicholas Coleman will appear on the show.

Topic Listening

[01~02] 대화를 듣고, 남자의 마지막 말에 이어질 여자의 말로 가장 적절한 것을 각각 고르시오.

01 _____   02 _____

┤ 보기 ├
ⓐ I feel so lucky.   ⓑ I can't trust you!
ⓒ No, the game was not serious.   ⓓ Really? Did I look good on TV?

03 다음을 듣고, TV 편성표의 내용과 일치하지 <u>않는</u> 것을 고르시오.

> ### TV Guide
> 17:00 Cartoon: *Magic Ride*
> 17:30 *Quiz 100*
> 18:30 *Sports World*: Baseball Live
> 20:30 New Drama: *Sherlock Holmes*
> 21:00 *NES News*

①   ②   ③   ④   ⑤

04 다음을 듣고, 여자의 직업으로 가장 적절한 것을 고르시오.

① 배우   ② 성우
③ 가수   ④ 아나운서
⑤ 코미디언

05 다음을 듣고, 안내 방송에서 언급되지 <u>않은</u> 것을 고르시오.

① 방송사   ② 출연진
③ 방송 시간   ④ 프로그램 명
⑤ 프로그램 내용

06 대화를 듣고, 무엇에 대해 이야기하고 있는지 가장 적절한 것을 고르시오.

① TV 편성 스케줄 ② 올바른 TV 시청 방법
③ 좋아하는 TV 프로그램 ④ 최근 인기 있는 TV 프로그램
⑤ 다양한 TV 프로그램의 종류

memo

07 대화를 듣고, 남자가 'Perfect Chef'를 볼 방법으로 가장 적절한 것을 고르시오.

① 재방송을 시청한다.
② 웹사이트에서 시청한다.
③ 프로그램을 다운로드한다.
④ 여자에게 동영상 파일을 받는다.
⑤ 스마트폰의 TV 다시 보기 앱을 사용한다.

08 대화를 듣고, 두 사람이 오늘 저녁에 볼 프로그램으로 가장 적절한 것을 고르시오.

Time	Channel 3	Channel 6	Channel 9
7:00	① Soccer Match <Korea vs. Mexico>	② Drama *Supernatural*	④ *Movie of the Week*
8:00			⑤ Movie *The Hobbit*
9:00	*A Painter*	③ *Baseball Today*	

09 대화를 듣고, 여자의 심정으로 가장 적절한 것을 고르시오.

① bored ② scared ③ worried
④ nervous ⑤ disappointed

10 대화를 듣고, 두 사람이 이야기하고 있는 드라마로 가장 적절한 것을 고르시오.

11 대화를 듣고, 남자가 여자에게 권유한 것으로 가장 적절한 것을 고르시오.

① Layla를 지지해라.　　　　　　　② 춤과 노래를 연습해라.
③ 문자 투표에 참여해라.　　　　　　④ TV 오디션 프로그램에 도전해라.
⑤ 'Who's the Next Top Singer'를 시청해라.

12 다음을 듣고, 그 내용과 일치하지 <u>않는</u> 부분을 그래프에서 고르시오.

Hours Spent Watching TV Each Week

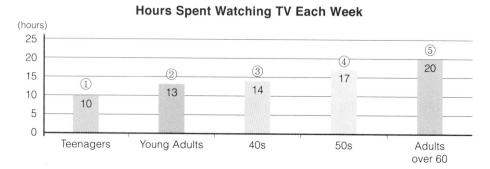

13 **Choose the best response for the woman.**

① ② ③ ④ ⑤

memo

14 **Why did the man visit the website?**

① to see the rerun
② to check this week's guest
③ to find the program's schedule
④ to complain about the program
⑤ to ask to be an audience member

[15~16] Listen and answer the questions.

15 **What are the speakers mainly talking about?**

① singers who act in dramas
② actors who don't have any work
③ singers who don't practice singing
④ actors who start acting at an early age
⑤ problems with singers' busy schedules

16 **Which is correct according to the conversation?**

① The woman doesn't watch TV dramas.
② The man is a fan of Robert as an actor.
③ The man will watch the new TV drama.
④ The woman likes singers better than actors.
⑤ The man thinks entertainers should focus on one area.

Dictation

미국식 발음   영국식 발음

대화를 듣고, 남자의 마지막 말에 이어질 여자의 말로 가장 적절한 것을 각각 고르시오.

01 _____

02 _____

┤보기├
ⓐ I feel so lucky.
ⓑ I can't trust you!
ⓒ No, the game was not serious.
ⓓ Really? Did I look good on TV?

01 M : You _____ 〈단서〉
yesterday, didn't you?

W : How did you know? I didn't _____ _____ _____
_____.

M : Actually, I saw you on TV. The camera caught you _____
_____. You were watching the game very seriously. 〈함정〉

W : _____

TV에 자신이 잡혔다는 얘기를 들으면 어떤 반응을 하겠는가?

02 M : The answer is... correct! You've just _____ _____ _____
_____!

W : Oh, wow!

M : You _____ very calmly. You
didn't _____ _____.

W : But I was! It wasn't easy to answer questions in front of the cameras. But I
_____ _____ _____.

M : Well, congratulations! How do you feel now?

W : _____

상황 파악을 먼저 하자.

다음을 듣고, TV 편성표의 내용과 일치하지 않는 것을 고르시오.

TV Guide

17:00 Cartoon: Magic Ride
17:30 Quiz 100
18:30 Sports World: Baseball Live
20:30 New Drama: Sherlock Holmes
21:00 NES News

①   ②   ③   ④   ⑤

03 M : ① The cartoon begins _____ _____.
② The quiz show _____ _____ after the cartoon.
③ Sports World is _____ for two hours.
④ _____ of Sherlock Holmes begins at 8:30.
⑤ You can _____ _____ _____ after the drama.

04 W : I am on many different programs. I _____ _____ TV shows,

movies, cartoons, and advertisements. But I'm

_____. I give voices to various characters.

Sometimes I become a child, and other times I _____ _____

_____ _____. I can even be animals! It's very _____

_____ to express things. I

really love my job!

반복되는 표현인 voice와 어울리는 직업은 무엇인가? 그 중에서 TV에 보이지 않는 것은?

다음을 듣고, 여자의 직업으로 가장 적절한 것을 고르시오.
① 배우   ② 성우
③ 가수   ④ 아나운서
⑤ 코미디언

05 M : This is the HBS _____ _____. At

8:00 p.m., the drama *How I Met Andrew* _____ _____

_____. Don't miss the life and love of a young couple. At 9:00 p.m.,

Secret History Book will tell you about the mystery _____ _____

_____ _____. Who killed the king? _____ _____

tonight. *Delicious World* _____ _____ at 10:00 p.m. You can see

famous restaurants around the country. _____ _____ _____

with HBS.

여러 정보가 언급되므로 처음부터 끝까지 주의하여 들어야 한다.

다음을 듣고, 안내 방송에서 언급되지 않은 것을 고르시오.
① 방송사   ② 출연진
③ 방송 시간   ④ 프로그램 명
⑤ 프로그램 내용

06 M : _____ _____ do you

usually watch?

W : I like programs that _____ _____.

M : Like documentaries?

W : Yes. I can _____ _____ _____ from them. Yesterday, I

watched one about _____ _____ _____ _____

_____. What about you?

M : I enjoy watching comedy shows. I can _____ _____

and laugh a lot. I can _____ _____ _____ by laughing.

대화를 듣고, 무엇에 대해 이야기하고 있는지 가장 적절한 것을 고르시오.
① TV 편성 스케줄
② 올바른 TV 시청 방법
③ 좋아하는 TV 프로그램
④ 최근 인기 있는 TV 프로그램
⑤ 다양한 TV 프로그램의 종류

대화를 듣고, 남자가 'Perfect Chef'를 볼 방법으로 가장 적절한 것을 고르시오.

① 재방송을 시청한다.
② 웹사이트에서 시청한다.
③ 프로그램을 다운로드한다.
④ 여자에게 동영상 파일을 받는다.
⑤ 스마트폰의 TV 다시 보기 앱을 사용한다.

07 M : Oh, no! I _____ _____ _____ _____ _____,
         Perfect Chef.
    W : *Perfect Chef*? _____ _____ _____ of that show on
         Sunday morning. Why don't you watch it then?
    M : I can't. I have to visit my grandparents this weekend.
    W : Then you can _____ _____.
    M : Good idea! I can _____ _____ _____. Should I
         _____ _____ ?
    W : No. When you visit the *Perfect Chef* website, you can just _____
         _____ there.
    M : That's great. Thanks for telling me.

대화를 듣고, 두 사람이 오늘 저녁에 볼 프로그램으로 가장 적절한 것을 고르시오.

Time	Channel 3	Channel 6	Channel 9
7:00	① Soccer Match	③ Drama	④ Movie of the Week
8:00	<Korea vs. Mexico>	Supernatural	⑤ Movie
9:00	A Painter	② Baseball Today	The Hobbit

08 M : Give me the remote control. I want to watch the soccer match.
    W : No! You _____ _____ yesterday!
         I'll _____ _____ tonight.
    M : All right. What are we going to watch?
    W : We're going to watch a TV drama called *Supernatural* at 7:30.
    M : I don't _____ _____. How about watching a program
         that both of us can enjoy?
    W : Okay. Let's _____ _____. Oh! Why
         don't we _____ ? *The Hobbit* is on soon.
    M : Ah, the program *Movie of the Week* said it's great. Let's watch it.
    여자의 제안을 말하는 'Why don't we...?' 이후에 남자의 응답에 집중하자!

대화를 듣고, 여자의 심정으로 가장 적절한 것을 고르시오.

① bored   ② scared
③ worried   ④ nervous
⑤ disappointed

09 W : It's 6 o'clock. Please _____ _____ to KBC.
    M : Is there a special program on?
    W : My favorite band, Sugar Box, is _____ _____ _____. I
         want to hear their new song.
    M : What program are they on?
    W : They are on *Music Chart Show*. _____
         _____ for three months.
    M : You are _____ _____ ! *(pause)* But a cartoon is on
         KBC now.

W: What? The show comes on at 6 on Wednesdays.

M: Oh, yesterday was Wednesday. I think _____.

W: What? I _____!

여자의 상황을 먼저 파악하자.

10 W: Did you watch *Broken Scene* _____ _____?

M: Of course! I love that TV show. The story is really great.

W: Yeah, it's interesting to watch what happens _____ _____
_____ _____.

M: Yesterday, I was really worried that they _____ _____
_____. But Matthew _____ _____!

W: Matthew is my favorite character. He is _____
_____. Also, he is very handsome!

M: I like Nicole. She _____ _____ but actually _____
_____ _____ _____.

W: Right. I also wonder about the romance between Matthew and Claire. Do you
think they will go out?

대화를 듣고, 두 사람이 이야기하고 있는
드라마로 가장 적절한 것을 고르시오.

① ②
③ ④
⑤

11 W: _____ _____ _____ _____ now?

M: It's *Who's the Next Top Singer*. It's my favorite TV program.

W: Yeah, I like it, too. It's really _____ _____ _____. Who
do you think will win?

M: I think Layla should be the winner. She _____ _____ and also
_____ _____ _____.

W: I like Andrew. His voice is very smooth.

M: Did you _____ tonight? I already
_____ _____ _____ to vote for Layla.

W: No, I haven't voted for him.

M: Why not? Your vote may make him the winner. _____
_____.

'Why not?'이 가리키는 것은 보통 바로 앞에 언급된다.

대화를 듣고, 남자가 여자에게 권유한 것
으로 가장 적절한 것을 고르시오.
① Layla를 지지해라.
② 춤과 노래를 연습해라.
③ 문자 투표에 참여해라.
④ TV 오디션 프로그램에 도전해라.
⑤ 'Who's the Next Top Singer'를
시청해라.

다음을 듣고, 그 내용과 일치하지 <u>않는</u>
부분을 그래프에서 고르시오.

12 M : Many people _____ _____ _____ _____
watching TV. According to one survey, teenagers watch about nine hours a
week. This is _____ _____ _____ _____
_____. Young adults watch 13 hours of TV a week. People in their 40s
watch just _____ _____ _____ _____ young
adults. And people in their 50s spend 17 hours watching TV. Finally,
_____ _____ _____ _____ watch
TV more than _____ _____ _____ _____. They
spend 20 hours a week watching TV.

선택지의 순서대로 내용이 언급되므로 내용과 선택지를 바로 비교하며 표시하자.

**Choose the best response for
the woman.**

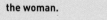

13 M : Who is tonight's _____ _____ _____
_____ ?

W : _____

① Nolan Anderson hosts that talk show.

② Previews are _____ _____ _____ _____.

③ Actress Ariana Stark will _____ _____ _____ _____.

④ The talk show will be on Channel 17.

⑤ Your name is not _____ _____ _____ _____.

guest, talk show라는 표현이 사용되었다고 섣불리 정답으로 선택하지 말자!

14

W: What are you doing?

M: I'm _____ _____ _____ on the *Sunday Live Show* homepage.

W: You mean the variety show? Why?

M: I _____ _____ last night. The people on the show only gossiped. It was not funny.

W: I understand. I don't like _____ _____ _____ _____, either.

M: That's not all. They also used _____ _____ _____ _____ _____. That's bad for young children.

W: You're right. The people who make programs _____ _____ _____ _____.

disappointed with the program에서 프로그램에 대한 남자의 의견이 드러난다.

Why did the man visit the website?

① to see the rerun
② to check this week's guest
③ to find the program's schedule
④ to complain about the program
⑤ to ask to be an audience member

15~16

W: You know what? Robert from Two Directions will _____ _____ _____ _____ in a new TV drama!

M: What? He's a singer. I don't like it _____.

W: Why not? They're popular. Many people want to see them in dramas, too.

M: Maybe. But their acting is not good. It's bad for _____ _____ _____ _____ _____.

W: Some of them are bad actors at first, but they _____ _____. We just have to _____ _____.

M: But I think many singers don't _____ _____ _____ _____ _____. They're too busy.

W: So you think they should _____ _____?

M: Yes, that would be better.

15 여자와 남자의 첫 번째 말에서 주제를 파악할 수 있다.

15 **What are the speakers mainly talking about?**

① singers who act in dramas
② actors who don't have any work
③ singers who don't practice singing
④ actors who start acting at an early age
⑤ problems with singers' busy schedules

16 **Which is correct according to the conversation?**

① The woman doesn't watch TV dramas.
② The man is a fan of Robert as an actor.
③ The man will watch the new TV drama.
④ The woman likes singers better than actors.
⑤ The man thinks entertainers should focus on one area.

A 다음 각 단어에 해당하는 의미를 〈보기〉에서 고르시오.

1 rerun _____   **2** laugh _____   **3** appear _____   **4** post _____

5 preview _____   **6** episode _____   **7** character _____   **8** gossip _____

┤ 보기 ├

ⓐ a person in a movie, book, or play

ⓑ one part of a television or radio series

ⓒ a TV show or a film which is shown again

ⓓ to take part in a TV show or event as a guest

ⓔ talk informally to someone especially about people's private lives

ⓕ to put something such as information on the Internet where people can see it

ⓖ showing of some parts of a movie or TV show before it airs as an advertisement

ⓗ to express happiness by making sound and movements with one's face and body

B 다음 각 문장에 대한 응답으로 가장 적절한 것을 고르시오.

1 I missed my favorite TV show, *You Can Cook.*

ⓐ I was very disappointed with that show.

ⓑ There is a rerun of that show tonight at 8:00 p.m.

2 What kind of TV shows do you usually watch?

ⓐ My favorite TV show is on Channel 13.

ⓑ I like watching the shows that give information.

C 다음 우리말과 일치하도록 빈칸에 알맞은 표현을 쓰시오.

1 You can _____ _____ your favorite dancer in *Dancing 11.*
(당신은 'Dancing 11'에서 가장 좋아하는 무용수에게 투표할 수 있어요.)

2 The boy idol group, AXXO is _____ _____ _____ on *Music of the Week.* (소년 아이돌 그룹인 AXXO가 'Music of the Week'에서 컴백할 것이다.)

3 Mila Anderson will _____ _____ _____ _____ in Scott Brown's new movie. (Mila Anderson이 Scott Brown의 새 영화에서 주연을 맡을 것이다.)

Topic words & Phrases

host a talk show

appear on the show

check the TV schedule

host

visit the show website

guest

John Larry Live Show

remote control

A

TV 프로그램·시청에 대한 표현

TV 프로그램

live 생방송의, 생중계의; 생중계로, 생방송으로

host 진행자; 진행하다

guest TV 프로그램이나 콘서트의 초대 손님

commercial 광고

break (프로그램 중간의) 광고

preview 예고편

episode 1회 방송분

director 감독

producer 프로듀서, 제작자

character 등장인물

entertainer 엔터테이너, 연예인

broadcast 방송하다

broadcasting station 방송국

on the air 방영되는

star in …에서 주연을 하다

play the main role 주연을 맡다

host a talk show 토크쇼를 진행하다

appear on the show 프로그램에 출연하다

시청

viewer 시청자

rerun 재방송

viewer rating 시청률

remote control 리모컨

change the channel 채널을 바꾸다

check the TV schedule TV 편성표를 확인하다

miss the show 프로그램을 놓치다

download a program 프로그램을 다운로드하다

visit the show website 프로그램 웹사이트를 방문하다

post a message on the show's homepage 프로그램 홈페이지에 글을 올리다

B

TV 프로그램에 대해 묻고 답하기

What time is the show on?
그 프로그램은 몇시에 하니?

It begins at 9 o'clock. 그건 9시에 시작해.

Who will be the guest on the talk show tonight?
오늘밤 토크쇼 초대 손님은 누구니?

Designer Janet Wilson will appear on the show.
디자이너 Janet Wilson이 그 프로그램에 출연할 거야.

What is your favorite kind of TV program?
네가 가장 좋아하는 TV 프로그램의 종류가 뭐니?

I enjoy watching sports programs.
나는 스포츠 프로그램을 즐겨 봐.

What program is being shown on Channel 5 now?
5번 채널에서 지금 무엇이 방영되고 있니?

Dr. Munk is on now. 지금 'Dr. Munk'가 해.

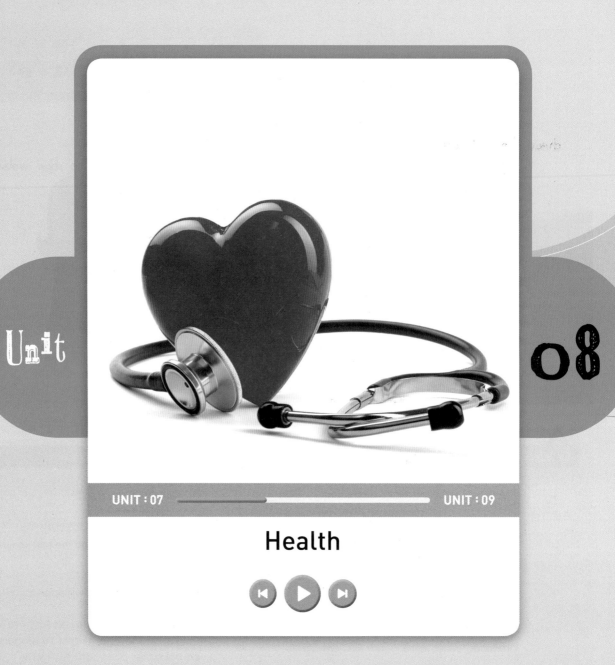

UNIT : 07 — UNIT : 09

Health

Words Preview 자신이 알고 있는 표현에 표시(✓)하시오.

01☐ cough	07☐ pharmacy	13☐ see a doctor
02☐ sneeze	08☐ high fever	14☐ be allergic to
03☐ patient	09☐ emergency room	15☐ skip breakfast
04☐ medicine	10☐ take a walk	16☐ have red eyes
05☐ symptom	11☐ hurt oneself	17☐ have a sore throat
06☐ toothache	12☐ catch a cold	18☐ take one's temperature

A 다음을 듣고 빈칸을 채운 후, 알맞은 뜻을 찾아 연결하시오.

1 _____ a cold   •   • ⓐ 산책하다
2 _____ a doctor   •   • ⓑ …에 좋다
3 take a(n) _____   •   • ⓒ 진찰을 받다
4 have _____ eyes   •   • ⓓ 감기에 걸리다
5 be _____ _____   •   • ⓔ 눈이 충혈되다

memo

B 다음을 듣고, 각 문장에 가장 어울리는 그림을 고르시오.

1 _____   2 _____   3 _____   4 _____

ⓐ   ⓑ   ⓒ    ⓓ

C 다음을 듣고, 그에 알맞은 응답을 고르시오.

1 ⓐ I left home earlier than before.
   ⓑ Because I had a high fever and sore throat.

2 ⓐ I should wear a mask.
   ⓑ Do you see the flowers? I'm allergic to them.

Topic Listening

[01~02] 대화를 듣고, 남자의 증상으로 가장 적절한 것을 각각 고르시오.

01 _____ 02 _____

 ⓐ  ⓑ   ⓒ   ⓓ

03 대화를 듣고, 두 사람이 대화하는 장소로 가장 적절한 곳을 고르시오.

①    ②    ③

 ④    ⑤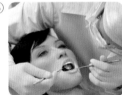

04 다음을 듣고, 여자가 남자에게 전화한 목적으로 가장 적절한 것을 고르시오.

① 약속을 취소하려고　　　　② 진료 예약을 하려고
③ 수영장에 함께 가려고　　　④ 약속 장소를 변경하려고
⑤ 야구 경기 시간을 확인하려고

[05~06] 다음을 듣고, 각 음식이 어느 신체 부위에 좋은지 〈보기〉에서 고르시오.

05

_____

06

_____

┌ 보기 ┐
ⓐ 심장   ⓑ 눈   ⓒ 뼈   ⓓ 두뇌
└─────────────────────────────┘

07 대화를 듣고, 남자의 조언으로 가장 적절한 것을 고르시오.

① 되도록 외출을 자제해라.
② 안과에서 치료를 받아라.
③ 외출 시 마스크를 착용해라.
④ 귀가 후 손발을 깨끗이 씻어라.
⑤ 콘택트렌즈보다는 안경을 써라.

08 대화를 듣고, 그 내용과 일치하지 <u>않는</u> 것을 고르시오.

① 여자의 직업은 의사이다.
② 남자는 아침을 먹지 않는다.
③ 남자는 과일을 좋아한다.
④ 주스를 많이 마시는 것은 좋지 않다.
⑤ 여자는 일주일에 세 번 운동하라고 조언했다.

memo

09 대화를 듣고, 두 사람의 관계로 가장 적절한 것을 고르시오.

① 약사 – 손님 　　② 의사 – 환자 　　③ 선생님 – 학생

④ 의사 – 간호사 　　⑤ 엄마 – 아들

10 다음을 듣고, 병원에 대해 언급되지 않은 것을 고르시오.

① 위치 　　② 진료 시간 　　③ 홈페이지 주소

④ 예약 방법 　　⑤ 전화 번호

11 대화를 듣고, 여자가 대화 직후에 취하고 있는 동작으로 가장 적절한 것을 고르시오.

① 　　② 　　③

④ 　　⑤

12 대화를 듣고, 그 내용과 일치하는 것에 표시(O)하시오.

Medical Record

- Symptoms: 1) headache / backache
- Cause: 2) bad sleeping habits / straight neck
- Treatment: 3) surgery / special care

13 **Choose the best response for the woman.**

①   ②   ③   ④   ⑤

14 **Which is NOT correct according to the conversation?**

Emergency Call Record

- Caller: ① patient's mother
- Patient: ② a six-year-old girl
- Problem: ③ a fish bone stuck in her throat
- Address: ④ 15 Queen's Street

        11:30 p.m. ⑤ Saturday, January 20th

[15~16] Listen and answer the questions.

15 **What is the speaker mainly talking about?**

① how to reduce stress
② different kinds of stress
③ why people get worried
④ where stress comes from
⑤ good exercises to relieve stress

16 **Which is NOT mentioned according to the talk?**

① Worrying is the reason for stress.
② You need to make a list of your worries.
③ You should take a bath for 15 to 30 minutes.
④ You shouldn't worry outside "worrying time."
⑤ Exercise helps relieve stress.

memo

대화를 듣고, 남자의 증상으로 가장 적절한 것을 각각 고르시오.

01 _____

02 _____

---

01 W: It's only two o'clock. Why are you home already?

M: I'm sick, Mom. So I _____ _____ _____.

W: Oh! What's wrong?

M: I _____. I didn't _____ _____ last night.   단서

W: That's too bad. Hold on. I'll _____ _____ _____ _____.

자신의 증상을 말하는 남자의 말에 집중하자.

---

02 W: Aiden, are you okay? _____ _____?

M: I went skiing last weekend, and I _____ _____.

W: Really? Did you _____ _____?

M: Yes. I'm not a good skier. So I fell and _____.

W: I'm sorry to hear that. I hope you _____ _____ _____.

대화를 듣고, 두 사람이 대화하는 장소로 가장 적절한 곳을 고르시오.

①   ②
③   ④
⑤

---

03 M: Hello, what can I do for you?   함정

W: I _____. I went to the pharmacy and _____ _____. But it's not getting better.

M: Let me see. _____, please.

W: Okay. Ah....

M: It's really bad. You have to _____ _____ _____ _____.

W: Oh, no!

have a tooth pulled out은 '이를 뽑다'라는 의미이다.

04   *(telephone rings)*

M : Hello. This is Thomas. I _____ _____ _____
now. Please _____ _____ _____. *(beep)*

W : Hi, Thomas. This is Julia. I'm sorry, but I can't _____ _____
_____ _____ _____ today. I went to the swimming pool
yesterday. Since then, I've _____ _____ _____
_____ and sore throat. I think I caught a cold, so I'm going to
_____ _____ _____. Let's go to the game another time.
I'll call you later.

다음을 듣고, 여자가 남자에게 전화한 목적으로 가장 적절한 것을 고르시오.

① 약속을 취소하려고
② 진료 예약을 하려고
③ 수영장에 함께 가려고
④ 약속 장소를 변경하려고
⑤ 야구 경기 시간을 확인하려고

05~06

M : Some foods are really _____ _____ _____ _____.
Carrots are good for your eyes. They have a lot of vitamin A. That helps
_____ _____ _____ _____. Dark chocolate is
good for your heart, if you don't eat too much. Walnuts can _____
_____ _____ _____. Also, eating them makes you feel
full. So _____ _____ _____ _____
_____ when you're on a diet.

사진의 dark chocolate과 walnut이 언급되는 부분을 주의 깊게 듣자.

다음을 듣고, 각 음식이 어느 신체 부위에 좋은지 〈보기〉에서 고르시오.

05

06

┤ 보기 ├
ⓐ 심장　ⓑ 눈　ⓒ 뼈　ⓓ 두뇌

07   M : Grace, you keep sneezing and _____ _____ _____.
What's wrong?

W : It's spring, and I'm _____ _____ _____.

M : Oh, I see. That's why you're _____ _____ _____.

W : Yes. I try to wear a mask _____ _____ _____.

M : My brother has the same problem. So he always wears glasses _____
_____ _____ _____.

W : I'm _____ _____ _____ because I don't like glasses.

M : Oh, that's not good. Contact lenses can make your eyes redder. You should
wear glasses _____ _____ _____.

W : Okay. _____ _____ _____ _____.

본인의 상식으로 답을 고르지 말자.

대화를 듣고, 남자의 조언으로 가장 적절한 것을 고르시오.

① 되도록 외출을 자제해라.
② 안과에서 치료를 받아라.
③ 외출 시 마스크를 착용해라.
④ 귀가 후 손발을 깨끗이 씻어라.
⑤ 콘택트렌즈보다는 안경을 써라.

▶ **Dictation**

08
대화를 듣고, 그 내용과 일치하지 <u>않는</u> 것을 고르시오.

① 여자의 직업은 의사이다.
② 남자는 아침을 먹지 않는다.
③ 남자는 과일을 좋아한다.
④ 주스를 많이 마시는 것은 좋지 않다.
⑤ 여자는 일주일에 세 번 운동하라고 조언했다.

M : Dr. Parker, I'm always tired.

W : Hmm…. Do you usually ＿＿＿＿＿＿ ＿＿＿＿＿＿?

M : No, I don't. I don't have time in the mornings.

W : ＿＿＿＿＿＿ ＿＿＿＿＿＿. It gives you energy for the day. Simply drinking ＿＿＿＿ ＿＿＿＿ ＿＿＿＿ ＿＿＿＿ or eating fruit is fine.

M : I don't like fruit. Can I drink fruit juice instead?

W : Some juice ＿＿＿ ＿＿＿ ＿＿＿ ＿＿＿ in it. So don't drink too much.

M : Oh, I see. Anything else?

W : Yes. Exercise is very important. Try to ＿＿＿ ＿＿＿ ＿＿＿ ＿＿＿ ＿＿＿.

선택지를 미리 읽고, 들으면서 내용을 확인하자.

09
대화를 듣고, 두 사람의 관계로 가장 적절한 것을 고르시오.

① 약사 – 손님　② 의사 – 환자
③ 선생님 – 학생　④ 의사 – 간호사
⑤ 엄마 – 아들

W : Hi, Jake. ＿＿＿ ＿＿＿ ＿＿＿ ＿＿＿ ＿＿＿?

M : I'm feeling much better today. I've stopped coughing.

W : I'm ＿＿＿ ＿＿＿ ＿＿＿ ＿＿＿. Let me check whether you're okay. Open your mouth and say "Ah."

M : Ah….

W : Good. Now, let me ＿＿＿ ＿＿＿.

M : How is it? Do I still ＿＿＿ ＿＿＿ ＿＿＿?

W : Not anymore. You can go home today.

M : Really? Thank you! I've been really bored ＿＿＿ ＿＿＿ ＿＿＿.

W : I understand. But make sure to rest ＿＿＿ ＿＿＿ ＿＿＿ ＿＿＿.

어떤 장소에서 일어날 수 있는 대화인가?

122 | Part 1

10 W: Are you having problems _____ _____ _____? Then come to the Clean Eye Clinic. We _____ _____ _____ and _____ _____ the best medical service. We are _____ _____ _____ _____ of the Greenwood Building on Chelsea Street. We're open _____ _____ a.m. _____ _____ p.m Monday to Friday, and from 9 a.m. to 3 p.m. on Saturday. Please _____ _____ _____ at www.cleaneye.kor. There you can see pictures of the clinic and read our patients' comments. _____ _____ _____ _____ _____, call us at 2107-0389.

다음을 듣고, 병원에 대해 언급되지 <u>않은</u> 것을 고르시오.
① 위치 ② 진료 시간
③ 홈페이지 주소 ④ 예약 방법
⑤ 전화 번호

11 W: What are you doing, Michael?

M: I _____ _____ _____ in my shoulder, so I'm stretching.

W: My shoulders hurt, too. _____ _____ _____ _____ _____?

M: Sure, it's simple. First, _____ _____ _____ above your head and _____ _____.

W: Raise my left arm and bend.

M: Now your left hand is _____ _____, right?

W: Yes, it is.

M: Now, _____ _____ _____ with your right hand, and pull it _____ _____.

W: Like this?

M: Good. _____ _____ _____, and then do the same thing _____ _____ _____.

남자의 말에 따라 머릿속으로 그림을 그려보자.

대화를 듣고, 여자가 대화 직후에 취하고 있는 동작으로 가장 적절한 것을 고르시오.
①   ②
③   ④
⑤

대화를 듣고, 그 내용과 일치하는 것에
표시(O)하시오.

Medical Record
· Symptoms: 1) headache / backache
· Cause: 2) bad sleeping habits / straight neck
· Treatment: 3) surgery / special care

12 W: Have you _____ _____ _____ _____, doctor?
    Why do I have _____ _____ _____?

M: Let's look at your neck x-rays. Can you see that _____ _____
    _____ _____?

W: Yes. Is that a problem?

M: Yes. Your neck should be _____ _____ _____, not
    straight. I think this may be _____ _____ _____

    _____ _____.

W: Oh, what should I do then? Do I need surgery?

M: No, you don't. It's _____ _____ _____. But you need to
    get special care for a month.

W: Okay. Thank you.

**Choose the best response for
the woman.**

13 M: _____ _____ do you exercise a week?

    W: _____

    ① I still _____ _____ _____.

    ② No, swimming is good exercise.

    ③ I _____ _____ _____ _____ _____ every
      morning.

    ④ You shouldn't do too much exercise.

    ⑤ Yes. I _____ _____ these days.

    'How often...?'은 '얼마나 자주…?'의 의미이다.

14 *(telephone rings)*

M : This is 911. How can I help you?

W : Oh, please _____ _____ _____!

M : Calm down, ma'am. I need you to _____ _____ _____.
    How old is she?

W : She is six years old.

M : What's the problem?

W : A fish bone _____ _____ _____ _____.
    It's 15 Queen's Street. _____ _____!

M : Okay, ma'am, we are on our way right now to _____ _____
    _____ _____ _____.

W : But it's Sunday night. _____ _____ _____
    _____.

M : Don't worry. The emergency room is open 24 hours.

선택지를 먼저 읽고 어떤 내용을 주의 깊게 들어야 하는지 미리 확인하자.

Which is NOT correct according to the conversation?

Emergency Call Record
• Caller: ① *patient's mother*
• Patient: ② *a six-year-old girl*
• Problem: ③ *a fish bone* stuck in her throat
• Address: ④ *15 Queen's Street*
  11:30 p.m. ⑤ *Saturday, January 20th*

15~16

M : Where do you think stress comes from? Researchers say _____
    _____ _____ is a main cause of stress. It means you keep
    thinking about _____ _____ _____ _____
    _____. So how can you stop worrying? First, _____ _____
    _____ of things that you worry about. Then, have a "worrying time"
    _____ _____ _____ _____ _____ every
    day. If you find yourself worrying at other times, say "STOP" and think about
    something positive. Also, exercise is helpful to _____ _____
    _____. For example, by taking a walk, you can _____
    _____ _____ _____ _____ _____. This
    will help you have less stress.

15 worrying에 대해 언급이 되기는 하지만, 담화 전체에서 이야기하는 것이 무엇인지 종합해야 한다.

15 **What is the speaker mainly talking about?**

① how to reduce stress
② different kinds of stress
③ why people get worried
④ where stress comes from
⑤ good exercises to relieve stress

16 **Which is NOT mentioned according to the talk?**

① Worrying is the reason for stress.
② You need to make a list of your worries.
③ You should take a bath for 15 to 30 minutes.
④ You shouldn't worry outside "worrying time."
⑤ Exercise helps relieve stress.

A 다음 각 단어에 해당하는 의미를 〈보기〉에서 고르시오.

1 grab _____ **2** protect _____ **3** refresh _____ **4** pharmacy _____

5 skip _____ **6** curved _____ **7** stuck _____ **8** temperature _____

┤ 보기 ├

ⓐ bent in a shape like part of a circle

ⓑ to make someone feel less hot or tired

ⓒ not to do something that you usually do

ⓓ the degree of the heat in someone's body

ⓔ unable to move; fixed in a particular position or place

ⓕ to take hold of something or someone suddenly with one's hand

ⓖ a shop or part of a shop in which medicine is prepared and sold

ⓗ to keep someone or something safe from something dangerous or bad

B 다음 각 질문에 대한 응답으로 가장 적절한 것을 고르시오.

1 Do you usually eat breakfast?

ⓐ Yes, I had breakfast today.

ⓑ No, I usually skip breakfast.

2 How do you feel today?

ⓐ I felt terrible yesterday.

ⓑ I'm feeling much better than yesterday.

C 다음 우리말과 일치하도록 빈칸에 알맞은 표현을 쓰시오.

1 Tom needs to _____ _____ _____ .

(Tom은 진찰을 받을 필요가 있다.)

2 Vitamin A helps _____ your eyes _____ .

(비타민 A는 눈을 건강한 상태로 유지하도록 도와준다.)

3 First, the doctor _____ _____ _____ .

(먼저, 그 의사는 나의 체온을 쟀다.)

4 Susan _____ _____ and _____ _____ _____ .

(Susan은 계속 재채기를 하고 눈이 충혈되어 있다.)

do exercise

raise one's arms

refresh one's mind

open one's mouth wide

turn one's head

hula-hoop

bend one's leg

stretch out one's leg

A
건강에 대한 표현

상태

healthy 건강한
dizzy 어지러운
pale 창백한
tired 피곤한
weak 몸이 약한
painful 고통스러운
allergy 알레르기
cough 기침(하다)
flu 독감
bruise 멍
virus 바이러스
infection 감염
wound 상처
headache 두통

stomachache 복통
sore throat 인후염, 목 쓰림
chest pain 가슴 통증
be sick in bed 아파서 누워있다
catch a cold 감기에 걸리다
have a fever 열이 나다
keep sneezing 계속 재채기를 하다
have a stiff neck 목이 뻐근하다
have a runny nose 콧물이 나다
be stuck in one's throat
목에 걸리다
get a cut on one's finger
손가락을 베이다

처치

check-up 건강 검진
blood pressure 혈압
emergency room 응급실
see a doctor 진찰을 받다
have one's tooth pulled out
치아를 뽑다

leave[go to] the hospital
퇴원[입원]하다
take one's temperature
체온을 재다
refresh 상쾌하게 하다
relieve stress 스트레스를 완화하다

B
건강 상태에 대해 이야기하기

〈건강 상태에 대해 묻고 답하기〉

How do you feel? [How are you feeling?]
건강 상태는 좀 어떠세요?

I'm not feeling well. 별로 좋지 않아요.

Where did you get hurt?
어디를 다쳤나요?

I hurt my hand. 손을 다쳤어요.

I have a bad headache! What should I do?
나 두통이 너무 심해! 어떻게 해야 하지?

Why don't you take some medicine?
약을 먹어보지 그래?

〈건강 상태에 대해 말하기〉

You have a high fever. 당신은 고열이 납니다.

I broke my leg, so I have to wear a cast
for two months.
다리가 부러져서 두 달간 깁스를 해야 해.

I haven't slept well for a while, so my
eyes hurt.
한동안 잠을 잘 자지 못해서 지금 눈이 아파.

I fell down on the street, so I bruised my
knee.
길에서 넘어지는 바람에 무릎에 멍이 들었어.

Unit

09

UNIT : 08   UNIT : 10

Travel

Words Preview 자신이 알고 있는 표현에 표시(✓)하시오.

01☐ wild	07☐ passport	13☐ take a trip
02☐ local	08☐ available	14☐ take a picture
03☐ temple	09☐ direction	15☐ buy a souvenir
04☐ option	10☐ guidebook	16☐ pack one's bags
05☐ carnival	11☐ return ticket	17☐ spell one's name
06☐ location	12☐ leave for	18☐ make a reservation

Getting Ready II

A 다음을 듣고 빈칸을 채운 후, 알맞은 뜻을 찾아 연결하시오.

1 _____ in   •   • ⓐ 짐을 싸다
2 _____ out   •   • ⓑ 지도를 보다
3 _____ a map   •   • ⓒ 기념품을 사다
4 buy a(n) _____   •   • ⓓ …에 도착하다
5 _____ one's bags •   • ⓔ 퇴실하다, 체크아웃하다

memo

B 대화를 듣고, 두 사람이 대화하는 장소로 알맞은 곳을 고르시오.

1 _____   2 _____

ⓐ   ⓑ    ⓒ   ⓓ

C 다음을 듣고, 그에 알맞은 응답을 고르시오.

1 ⓐ I don't think this information is useful.
   ⓑ I usually search the Internet to get information.

2 ⓐ Yes. I am really looking forward to it.
   ⓑ Yes. I bought many things like sunscreen and sunglasses.

Topic Listening

[01~02] 다음을 듣고, 'this'가 가리키는 것으로 가장 적절한 것을 각각 고르시오.

01 _____   02 _____

ⓐ    ⓑ    ⓒ    ⓓ

03 대화를 듣고, 남자가 오늘 저녁에 할 일로 가장 적절한 것을 고르시오.

① 여행 계획 짜기   ② 여행 가방 싸기
③ 여행 안내서 사기   ④ 비행기 탑승하기
⑤ 비행기표 예약하기

04 대화를 듣고, 여자가 구매한 물건이 <u>아닌</u> 것을 고르시오.

①    ②    ③

④   ⑤

05 대화를 듣고, 여자가 가려고 하는 장소로 가장 적절한 곳을 고르시오.

① 은행   ② 영화관   ③ 미술관

④ 박물관   ⑤ 관광 안내소

06 대화를 듣고, 남자의 예약 내역과 일치하는 것에 표시(O)하시오.

Red Balloon Tours

- Country: Italy
- Tour Plan: **1)** Lovely Italy / Fantastic Italy
- City: **2)** Venice only / Venice and Rome
- Tour Days: **3)** 9 days / 10 days

07 대화를 듣고, 여자가 이용할 교통수단으로 가장 적절한 것을 고르시오.

① 택시   ② 지하철   ③ 공항 철도

④ 시내 버스   ⑤ 공항 셔틀버스

08 대화를 듣고, 두 사람이 대화하는 장소로 가장 적절한 곳을 고르시오.

① 공항   ② 호텔   ③ 여행사

④ 비행기   ⑤ 관광 안내소

09 다음을 듣고, 그 내용과 일치하지 <u>않는</u> 것을 고르시오.

Orange Umbrella Tour Plan	
DAY 1	• ① arrive in Bangkok at noon • take a city tour • ② visit traditional temple after dinner • ③ eat seafood for dinner
DAY 2	• ④ go shopping at a market • ⑤ watch a traditional show

10 대화를 듣고, 남자가 여자에게 전화한 목적으로 가장 적절한 것을 고르시오.

① 항공권을 구매하려고
② 항공권 예약을 변경하려고
③ 항공권 예약을 취소하려고
④ 비행기 탑승 시간을 확인하려고
⑤ 기내 서비스에 대해 항의하려고

11 대화를 듣고, 남자가 호텔에 지불할 금액을 고르시오.

① $200　　② $250　　③ $300
④ $330　　⑤ $360

12 다음을 듣고, 무엇에 대한 내용인지 가장 적절한 것을 고르시오.

① 외국여행 시 주의할 점
② 여행지에서의 인터넷 사용 방법
③ 좋은 여행 안내서를 고르는 요령
④ 여행 정보를 얻을 수 있는 다양한 방법
⑤ 인터넷으로 여행 정보를 얻는 것의 장점

13 Which statement does NOT match the picture?

①

②

③

④

⑤

14 What is the woman's job?

① tour guide   ② travel agent

③ airport police   ④ flight attendant

⑤ weather forecaster

[15~16] Listen and answer the questions.

15 What are the speakers mainly talking about?

① the reason why they like traveling

② things to remember when traveling

③ the place where they want to travel

④ the best place that they have visited

⑤ places that are popular with travelers

16 Which is correct according to the conversation?

① The woman will visit Egypt soon.

② The man wants to have an adventure.

③ Both the man and woman like animals.

④ The woman wrote a book about Egypt.

⑤ The woman went to the Amazon last year.

Dictation ⏮

미국식 발음　영국식 발음

다음을 듣고, 'this'가 가리키는 것으로 가장 적절한 것을 각각 고르시오.

01 ＿＿＿＿＿＿

02 ＿＿＿＿＿＿

ⓐ 　ⓑ

ⓒ 　ⓓ

01　W: People use this when they travel. This is ＿＿＿＿＿＿＿＿＿＿＿

단서 ＿＿＿＿＿＿＿＿＿＿＿＿＿＿＿ like a country, a city, or a town. This

shows the ＿＿＿＿＿ ＿＿＿＿＿ ＿＿＿＿＿ and names of streets.

People can ＿＿＿＿＿ ＿＿＿＿＿ ＿＿＿＿＿ using this. What is this?

02　M: This is a small tool people can use ＿＿＿＿＿ ＿＿＿＿＿ ＿＿＿＿＿.

This has a round shape and there are ＿＿＿＿＿ ＿＿＿＿＿ ＿＿＿＿＿

＿＿＿＿＿ : N, S, E, W. This also has a needle that always ＿＿＿＿＿

＿＿＿＿＿＿＿. What is this?

N, S, E, W가 의미하는 것은 무엇일까?

대화를 듣고, 남자가 오늘 저녁에 할 일로 가장 적절한 것을 고르시오.

① 여행 계획 짜기
② 여행 가방 싸기
③ 여행 안내서 사기
④ 비행기 탑승하기
⑤ 비행기표 예약하기

03　W: Are you ＿＿＿＿＿ ＿＿＿＿＿ ＿＿＿＿＿ ＿＿＿＿＿ to Shanghai?

M: Yeah, almost. I bought a guidebook and ＿＿＿＿＿ 함정

＿＿＿＿＿＿＿＿＿＿＿.

W: Good. Did you ＿＿＿＿＿＿＿＿＿＿＿＿＿＿＿＿？

M: Not yet. I have to do it this evening.

W: What? You are leaving early ＿＿＿＿＿ ＿＿＿＿＿ ＿＿＿＿＿

＿＿＿＿＿, aren't you?

M: Yes, but I don't ＿＿＿＿＿ ＿＿＿＿＿ ＿＿＿＿＿

＿＿＿＿＿. I'll be in Shanghai ＿＿＿＿＿ ＿＿＿＿＿ ＿＿＿＿＿

＿＿＿＿＿.

04

M: Zoe, _____ _____ _____
_____ for your vacation?

W: Yes. I have _____ _____ _____.

M: Good. What did you buy?

W: I bought a new swimsuit. My old one is _____ _____.

M: Oh, you're _____ _____ _____! What else
did you buy?

W: I also bought _____ _____ _____ and
sunglasses. I'll need them on the beach, too.

M: What about sunscreen and a hat?

W: I already have _____ _____ _____ sunscreen, but I
bought a new hat!

그림을 먼저 확인한 후, 어떤 단어가 언급될지 미리 생각한 후 듣자!

대화를 듣고, 여자가 구매한 물건이 **아닌**
것을 고르시오.

① ②

③ ④

⑤

05

W: Excuse me. _____ _____ _____ _____ _____?

M: Sure. How can I help you?

W: This map says _____ _____ _____ _____
around here, but I can't find it.

M: Oh, you're almost there. We are here on this map. _____
_____ in front of the bank. Then you'll see the gallery next to a theater.

W: Thank you. Do you know _____ _____ _____ _____?

M: I think they _____ _____ _____ _____.

W: I see. Thank you.

여러 장소가 언급되므로 잘 추려내어 듣자.

대화를 듣고, 여자가 가려고 하는 장소로
가장 적절한 곳을 고르시오.

① 은행 ② 영화관

③ 미술관 ④ 박물관

⑤ 관광 안내소

06

(telephone rings)

W: Red Balloon Tours. May I help you?

M: I'd like to _____ _____ _____ to Italy. Do you _____
_____ _____ _____?

W: Let me see.... Is there any city you want to visit?

M: I want to see the Carnival of Venice.

W: In that case, you _____ _____ _____: "Lovely Italy" is five
days in Venice; "Fantastic Italy" is five days in Venice and four days in Rome.

M: I _____ _____ _____ _____. So I'll take "Fantastic
Italy."

W: Perfect. Now, _____ _____ _____ _____ _____,
sir?

대화를 듣고, 남자의 예약 내역과 일치하
는 것에 표시(O)하시오.

Red Balloon Tours

• Country: Italy

• Tour Plan: 1) Lovely Italy / Fantastic Italy

• City: 2) Venice only / Venice and Rome

• Tour Days: 3) 9 days / 10 days

대화를 듣고, 여자가 이용할 교통수단으로 가장 적절한 것을 고르시오.
① 택시   ② 지하철
③ 공항 철도   ④ 시내 버스
⑤ 공항 셔틀버스

07 W : I'm _____ _____ France this Friday. How can I _____ _____ _____ _____?

M : How about taking the airport shuttle? I always take it. It takes _____ _____ _____.

W : That's fast! How much is it?

M : It's 15,000 won.

W : That's _____ _____ _____. Do you know any other way?

M : You can also go there _____ _____ _____. I heard it's much cheaper than the shuttle.

W : _____ _____ _____ _____ _____ to get to the airport?

M : An hour from Seoul Station.

W : That's not very long. I'll do that.

남자가 제안하는 교통수단에 대한 여자의 반응을 주의 깊게 듣자.

대화를 듣고, 두 사람이 대화하는 장소로 가장 적절한 곳을 고르시오.
① 공항   ② 호텔
③ 여행사   ④ 비행기
⑤ 관광 안내소

08 M : _____ _____ _____ _____, please?

W : Sure, here you are.

M : What's _____ _____ _____ _____?

W : I'm here _____ _____ _____ _____. I'll be staying here for ten days.

M : Where are you going to stay?

W : I'm going to stay at the Palace Hotel on Weston Street. Here's _____ _____ _____ _____.

M : Okay. Do you have your _____ _____?

W : Yes, I do.

M : Okay. Here's your passport. I hope you _____ _____ _____ _____.

대화의 상황을 머릿속으로 그려보자.

09　M : Hello, I am your tour guide, Daniel Smith. This is ＿＿＿＿＿ ＿＿＿＿＿
＿＿＿＿＿ ＿＿＿＿＿ ＿＿＿＿＿. We will ＿＿＿＿＿ ＿＿＿＿＿
Bangkok at 12 p.m. Then, we'll ＿＿＿＿＿ ＿＿＿＿＿ ＿＿＿＿＿
＿＿＿＿＿. You can see many famous places in Bangkok. We'll also
＿＿＿＿＿＿＿＿＿＿＿＿＿＿＿＿＿＿＿＿＿＿＿＿＿＿＿ before eating fresh
seafood for dinner. Remember, you can't ＿＿＿＿＿ ＿＿＿＿＿
＿＿＿＿＿ ＿＿＿＿＿ the temple. The next morning, we'll go shopping
＿＿＿＿＿ ＿＿＿＿＿ ＿＿＿＿＿ ＿＿＿＿＿. Finally, we'll watch a
traditional show ＿＿＿＿＿ ＿＿＿＿＿ ＿＿＿＿＿ ＿＿＿＿＿
＿＿＿＿＿. You will love Bangkok!

들은 것을 선택지와 비교하며 듣자.

다음을 듣고, 그 내용과 일치하지 않는 것을 고르시오.

Orange Umbrella Tour Plan	
DAY 1	• ① arrive in Bangkok at noon
	• take a city tour
	• ② visit traditional temple after dinner
	• ③ eat seafood for dinner
DAY 2	• ④ go shopping at a market
	• ⑤ watch a traditional show

10　(telephone rings)

W : Sky Top Airlines. How may I help you?

M : Hello. I bought a plane ticket, and I ＿＿＿＿＿＿＿＿＿＿＿＿＿＿＿
＿＿＿＿＿＿＿＿＿＿＿.

W : Okay. What's your name?

M : Justin Collins. The flight is ＿＿＿＿＿ ＿＿＿＿＿ ＿＿＿＿＿, at 11
a.m., to Toronto.

W : Okay. Can you ＿＿＿＿＿ ＿＿＿＿＿ ＿＿＿＿＿,
please?

M : It's Collins. C-o-l-l-i-n-s.

W : Thank you. Which date do you want to change it to?

M : April 17th. But can I ＿＿＿＿＿ ＿＿＿＿＿ ＿＿＿＿＿
＿＿＿＿＿?

W : Sure. So your ＿＿＿＿＿ ＿＿＿＿＿ ＿＿＿＿＿ ＿＿＿＿＿
＿＿＿＿＿ ＿＿＿＿＿, at 11 a.m., from Chicago to Toronto.

전화를 건 목적은 주로 대화의 앞 부분에서 밝혀지므로 남자의 첫 말을 주의 깊게 듣자.

대화를 듣고, 남자가 여자에게 전화한 목적으로 가장 적절한 것을 고르시오.
① 항공권을 구매하려고
② 항공권 예약을 변경하려고
③ 항공권 예약을 취소하려고
④ 비행기 탑승 시간을 확인하려고
⑤ 기내 서비스에 대해 항의하려고

대화를 듣고, 남자가 호텔에 지불할 금액을 고르시오.

① $200 ② $250 ③ $300
④ $330 ⑤ $360

11 (telephone rings)

W: Thanks for calling Royal Hotel. How can I help you?

M: Hello. I'd like to _____ _____ _____. I'll arrive on July 15th and stay for three nights.

W: Okay. So you'll be checking out on July 18th. _____ _____ _____ _____ do you want?

M: I want a twin room. Your website says it's _____ _____ _____, right?

W: I'm sorry, but twin rooms are _____ _____ _____ _____. How about a double room?

M: A double room would be fine. _____ _____ _____ _____?

W: It's _____ _____. Can I have your name, please?

M: David Wilcox.

직접적으로 금액이 제시되지 않기 때문에 여러 정보를 파악해야 한다.

다음을 듣고, 무엇에 대한 내용인지 가장 적절한 것을 고르시오.

① 외국여행 시 주의할 점
② 여행지에서의 인터넷 사용 방법
③ 좋은 여행 안내서를 고르는 요령
④ 여행 정보를 얻을 수 있는 다양한 방법
⑤ 인터넷으로 여행 정보를 얻는 것의 장점

12 W: How do you _____ _____ _____? I usually _____ _____ _____ before my trip. I think it's better than reading a guidebook. Why? There is a lot of information online. You can _____ _____ _____ food, hotels, transportation, entertainment, and even the weather! And the information is _____ _____. Also, it's possible to get _____ _____ because it's written by _____ _____ _____ _____. So I like getting information from the Internet. Finally, all the information on the Internet is free!

첫 번째 문장에서 주요 소재를 알 수 있다. 또한, 화자는 주로 무엇을 이용하는지 주목하자.

Which statement does NOT match the picture?

13 M: ① A man is _____ _____ _____.
② A man is buying a souvenir.
③ A woman is _____ _____ _____.
④ A man is checking a woman's passport.
⑤ A woman _____ _____ a city tour bus.

듣기 전 그림의 내용을 파악한 후, 어떤 문장을 듣게 될지 생각해 보자.

14 W: Ladies and gentlemen, welcome to New York. We have just _____ _____ JFK International Airport. The time here is 11:40 a.m. _____ _____ _____ _____ _____, New York is sunny and clear, but very windy. The temperature is _____ _____ Celsius. Please _____ _____ _____ until the seat belt sign _____ _____ _____. Thank you for flying with us today. We hope you _____ _____ _____ and will fly with us again soon. Goodbye.

비행기 착륙 시 방송을 하는 사람은 누구일까?

What is the woman's job?

① tour guide
② travel agent
③ airport police
④ flight attendant
⑤ weather forecaster

15~16

M: Ashley, where do you most want to travel?

W: I want to _____ _____ _____ _____ _____! But I'd especially like to visit Egypt.

M: Is there _____ _____ _____ you want to go there?

W: Last year I read a book about the life of Cleopatra, the queen of Egypt. It was very good, so I _____ _____ _____ Egypt.

M: I see. My dream is to go to the jungle. I want to _____ _____ _____.

W: Like the Amazon? You _____ _____!

M: Yes! I love _____ _____ like snakes and crocodiles!

W: I hope we can really _____ _____ _____ _____ someday.

15 남자의 첫 번째 말에서 쉽게 주제를 파악할 수 있다. 놓쳤다면, 남녀가 공통적으로 얘기하는 세부 사항을 종합하자.

15 What are the speakers mainly talking about?

① the reason why they like traveling
② things to remember when traveling
③ the place where they want to travel
④ the best place that they have visited
⑤ places that are popular with travelers

16 Which is correct according to the conversation?

① The woman will visit Egypt soon.
② The man wants to have an adventure.
③ Both the man and woman like animals.
④ The woman wrote a book about Egypt.
⑤ The woman went to the Amazon last year.

Unit 09 Travel | 139

A 다음 각 단어에 해당하는 의미를 〈보기〉에서 고르시오.

1 spell _____   **2** location _____   **3** point _____   **4** temple _____

5 map _____   **6** purpose _____   **7** opinion _____   **8** adventure _____

┌─ 보기 ├───
│
│ ⓐ a particular place or position
│
│ ⓑ a building for religious service
│
│ ⓒ a reason or an aim for doing something
│
│ ⓓ to say or write the letters of a word in order
│
│ ⓔ an exciting or dangerous activity, trip, or experience
│
│ ⓕ to show a particular direction or place, usually using a sign or symbol
│
│ ⓖ a drawing that shows a region or place so that people can find their way
│
│ ⓗ the ideas that a person has about something or someone, which is based mainly
│   on feelings and beliefs
│
└──

B 다음 각 질문에 대한 응답으로 가장 적절한 것을 고르시오.

1 Where do you most want to travel?

  ⓐ I'm here to go sightseeing.

  ⓑ I'd especially like to visit Italy.

2 How long does it take to get to Incheon International Airport?

  ⓐ It takes an hour from this hotel.

  ⓑ You can go there by airport shuttle.

C 다음 우리말과 일치하도록 빈칸에 알맞은 표현을 쓰시오.

1 Mike, did you _____ _____ your bags?

(Mike, 너 짐 싸는 걸 끝냈니?)

2 You can find the gallery _____ _____ a bank.

(은행 옆에 있는 미술관을 찾을 수 있을 거예요.)

3 I'm _____ _____ Egypt today. I'm so excited!

(나 오늘 이집트로 떠나. 매우 신나!)

Topic words & Phrases

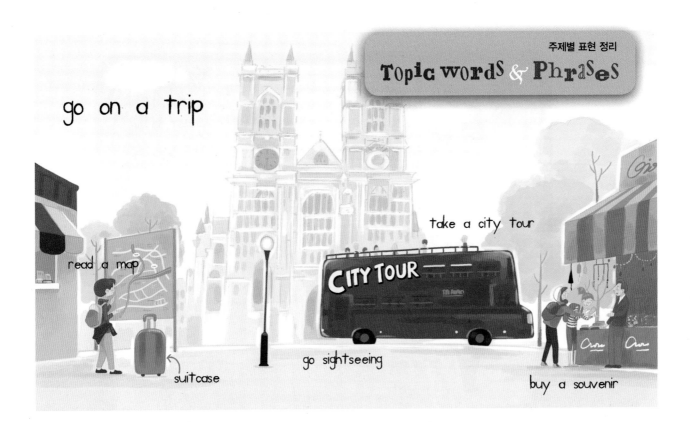

go on a trip

read a map

suitcase

go sightseeing

take a city tour

CITY TOUR

buy a souvenir

A 여행에 대한 표현

공항·기내

airport 공항	window[aisle] seat 창가[통로] 좌석
gate 출구	economy class 일반석
flight 항공편	first class 1등석
boarding pass 탑승권	one-way ticket 편도티켓
passport 여권	round-trip ticket 왕복티켓
baggage claim 수하물 찾는 곳	departure 출발
flight attendant 비행기 승무원	arrival 도착
pilot 조종사, 비행사	take off 이륙하다
airline food 기내식	land 착륙하다

여행

vacation 휴가, 방학	check in[out] 체크 인[아웃]하다
guidebook (여행) 안내서	make a reservation 예약하다
suitcase 여행가방	read a map 지도를 보다
museum 박물관	go on a trip 여행하다
souvenir 기념품	take a picture 사진을 찍다
tourist spot 관광지	go sightseeing 구경을 다니다, 관광을 하다
tourist information center 관광 안내소	take a city tour 시내 관광을 하다
on foot 걸어서	make a travel plan 여행 계획을 세우다
delay 지연시키다	travel abroad 해외로 여행가다
cancel 취소하다	look around famous places 유명한 곳들을 둘러보다
get off …에서 내리다	

B 여행에 대해 묻고 답하기

Where are you going this summer vacation? 이번 여름방학에 어디에 갈 거야?

I am going to Jeju Island with my family. 가족과 제주도에 갈 거야.

How can I get to the hotel? 호텔까지 어떻게 갈 수 있을까?

Taking a bus is the easiest way. 버스를 타는 것이 가장 쉬운 방법이야.

How long will you stay in Vietnam? 넌 베트남에 얼마나 오래 머무를 거니?

Maybe I will stay there for two weeks. 아마 2주 동안 거기에 머무를 거야.

Which airline do you use? 어느 항공사를 이용하십니까?

I use the national airline. 국적기를 이용합니다.

Where can I board the plane? 어디서 비행기를 탈 수 있나요?

Your boarding gate is written on your boarding pass. 당신의 탑승구는 탑승권에 쓰여 있습니다.

UNIT : 09

UNIT : 11

Parties

Words Preview 자신이 알고 있는 표현에 표시(✓)하시오.

01 ☐ mask	07 ☐ invitation	13 ☐ be held
02 ☐ share	08 ☐ wonderful	14 ☐ drop by
03 ☐ provide	09 ☐ meaningful	15 ☐ have a baby
04 ☐ costume	10 ☐ farewell party	16 ☐ plan a party
05 ☐ decorate	11 ☐ have fun	17 ☐ look forward to
06 ☐ overnight	12 ☐ for fun	18 ☐ have (something) in mind

Getting Ready 🎵 Ⅱ

A 다음을 듣고 빈칸을 채운 후, 알맞은 뜻을 찾아 연결하시오.

1 _____ on　　　　　　　　•　　•　ⓐ 상하다

2 _____ _____　　•　　•　ⓑ …을 밟다

3 _____ _____ to　•　　•　ⓒ …을 고대하다

4 be given _____ _____　•　•　ⓓ 무료로 제공되다

5 have (something) _____ _____　•　•　ⓔ …을 염두에 두다

B 다음을 듣고, 각 문장이 묘사하고 있는 그림을 고르시오.

1 _____　　2 _____　　3 _____　　4 _____

ⓐ　　　　　　ⓑ　　　　　　ⓒ　　　　　　ⓓ

C 다음을 듣고, 그에 알맞은 응답을 고르시오.

1 ⓐ I didn't do anything yesterday.

　ⓑ I'm going to Amy's birthday party.

2 ⓐ Sure. Let's buy it together.

　ⓑ Not yet. I'll buy it tomorrow.

memo

Topic Listening

memo

[01~02] 대화를 듣고, 여자가 파티에 참석하지 <u>못하는</u> 이유를 각각 고르시오.

01 _____   02 _____

ⓐ   ⓑ   ⓒ   ⓓ

03   대화를 듣고, 그 내용과 일치하는 것에 표시(O)하시오.

> ### Party for Sally
>
> Party: **1)** Sally's birthday party / Sally's farewell party
> Day: Next **2)** Saturday / Sunday
> Place: Joe's Restaurant
> Time to meet: **3)** 1 o'clock / 2 o'clock

04   대화를 듣고, 파티에 대한 남자의 의견으로 적절한 것에 표시(✓)하시오.

	Good	**So-so**	**Bad**
1) Food			
2) Music			
3) Game			

[05~06] 대화를 듣고, 각 사람이 파티에 가져올 음식으로 가장 적절한 것을 고르시오.

05 Hailey: _____

06 선호: _____

ⓐ  ⓑ  ⓒ ⓓ

07 다음을 듣고, 여자의 심정 변화로 가장 적절한 것을 고르시오.

① worried → sad
② angry → happy
③ cheerful → nervous
④ excited → embarrassed
⑤ disappointed → surprised

08 대화를 듣고, 남자가 대화 직후에 할 일로 가장 적절한 것을 고르시오.

① 일기를 쓴다.　　　　　② 제과점에 간다.
③ 생일 선물을 사러 간다.　④ Sofia에게 편지를 쓴다.
⑤ 파티 초대장을 작성한다.

memo

09 대화를 듣고, 여자가 사촌 동생을 위해 산 선물로 가장 적절한 것을 고르시오.

① 옷   ② 모자   ③ 장난감

④ 곰 인형   ⑤ 사진 앨범

10 다음을 듣고, 설명하고 있는 파티로 가장 적절한 것을 고르시오.

①  ②  ③

④  ⑤

11 다음을 듣고, Perfect Halloween에서 제공하는 것으로 언급되지 <u>않은</u> 것을 고르시오.

① costumes   ② cupcakes and cookies

③ scary music   ④ horror movies

⑤ party gifts

12 대화를 듣고, 여자가 남자에게 전화한 목적으로 가장 적절한 것을 고르시오.

① 파티 취소를 알리려고   ② 파티 장소를 공지하려고

③ 파티 참석을 확인하려고   ④ 파티 장소를 예약하려고

⑤ 파티 시간 변경을 알리려고

13　**How much will the man pay?**

　　① $80　　　② $85　　　③ $90　　　④ $95　　　⑤ $100

14　**Which is NOT correct according to the talk?**

Korean Culture Night

- Day: ① Saturday at 6 p.m.
- Place: ② Royal Hall
- Food: ③ *tteokbokki, gimbap*
- Event: ④ learn a Korean mask dance
　　　　⑤ watch a Korean movie

[15~16] Listen and answer the questions.

15　**What is the speaker mainly talking about?**

　　① various parties for children
　　② a special party to help children
　　③ things to consider to plan a party
　　④ a hospital which has parties often
　　⑤ many entertainers who help the poor

16　**Which is NOT correct according to the talk?**

　　① The woman went to the party with her mother.
　　② The party was for helping poor children.
　　③ Ms. Darcy is a famous singer.
　　④ The woman took a picture with her favorite singer.
　　⑤ The money from the party will be used to build hospitals.

Dictation

대화를 듣고, 여자가 파티에 참석하지 못하는 이유를 각각 고르시오.

01 _____

02 _____

01 (telephone rings)

W: Hello.

M: Mila, it's me, Lucas. I'm _____ _____ _____ tomorrow. _____ _____ _____ you could come.

W: Oh, I'm sorry, but I can't. I _____ _____ _____ _____ _____, so I have to study. 단서

M: I see. Good luck on your test!

파티에 올 수 있냐고 묻는 남자의 말에 대한 여자의 응답을 잘 듣자.

02 (telephone rings)

W: Hello, Mark. This is Allison.

M: Hey, Allison. Are you coming to my barbecue party tomorrow?

W: Well, I called to _____ _____ _____ _____ _____. I'm going camping _____ _____ _____. I'm sorry.

M: That's okay. _____ _____ _____ _____.

대화를 듣고, 그 내용과 일치하는 것에 표시(O)하시오.

Party for Sally

Party: 1) Sally's birthday party / Sally's farewell party
Day: Next 2) Saturday / Sunday
Place: Joe's Restaurant
Time to meet: 3) 1 o'clock / 2 o'clock

03 M: Amy, are you coming to Sally's _____ next Sunday?

W: _____ _____? Isn't it Saturday? 함정

M: No. It is Sunday at Joe's Restaurant.

W: Maybe _____ _____ _____. What time does the party begin?

M: It begins at 2 o'clock, but we should _____ _____. We need to _____ _____ _____.

W: Okay. Oh, should I bring anything?

M: Yeah. _____ _____ _____ for her and bring it.

W: All right.

만나는 시각과 파티 시작 시각을 혼동하지 말자.

04   W: Hey, Luis. How was Peter's party?

M: It was wonderful. I _____ _____ _____ _____.

W: Tell me more about the party!

M: There were _____ _____ _____. They weren't that good, but not that bad either.

W: Hmm…. _____ _____ _____ _____. How was the music?

M: I loved the music! Peter played music from my favorite band.

W: I see. What did you do? _____ _____ _____ _____ _____?

M: Yes, we played *Drum Hero*. At first, I thought _____ _____ _____ _____, but it was very fun.

food, music, game이 언급될 때 주의해서 들어야 한다.

대화를 듣고, 파티에 대한 남자의 의견으로 적절한 것에 표시(✓)하시오.

	Good	So-so	Bad
1) Food			
2) Music			
3) Game			

05~06

W: Sunho, I'm having a potluck dinner _____ _____ _____. Can you come?

M: Sure. _____ _____ _____. But what's a potluck dinner, Hailey?

W: At a potluck dinner, people _____ _____ _____ and _____ _____.

M: Sounds interesting. What will you bring?

W: I'm going to _____ _____ _____. And I'll also bring some fruit.

M: I can make a chicken salad. Is that okay?

W: Actually, Henry said he'd bring chicken salad. _____ _____ _____ _____ tuna sandwiches?

M: Okay, that's easy. I'm so _____ _____ _____ _____!

W: Me too. See you Saturday night.

대화를 듣고, 각 사람이 파티에 가져올 음식으로 가장 적절한 것을 고르시오.

05 Hailey: _____

06 선호: _____

ⓐ   ⓑ

ⓒ   ⓓ

다음을 듣고, 여자의 심정 변화로 가장 적절한 것을 고르시오.
① worried → sad
② angry → happy
③ cheerful → nervous
④ excited → embarrassed
⑤ disappointed → surprised

07 W: Prom was yesterday. I had been _____ _____ for weeks. I wore a long soft coral dress and gold shoes. My prom date, Nathaniel, said that I _____ _____. Everything seemed to be _____ _____. But then my special day _____ _____. While I was dancing with Nathaniel, I _____ _____ my dress and _____ _____! My dress _____ _____, and everyone at prom looked at me. I didn't know _____ _____. I just wanted to go home.

드레스를 밟고 넘어진다면 어떤 기분이 들겠는가?

대화를 듣고, 남자가 대화 직후에 할 일로 가장 적절한 것을 고르시오.
① 일기를 쓴다.
② 제과점에 간다.
③ 생일 선물을 사러 간다.
④ Sofia에게 편지를 쓴다.
⑤ 파티 초대장을 작성한다.

08 W: _____ _____ Sofia's birthday is tomorrow?
    M: Oh, I almost forgot. What should we _____ _____ _____ _____?
    W: What about a diary? I heard she needs a new one.
    M: That's good. _____ _____.
    W: We also need to buy a cake.
    M: Wouldn't it _____ _____ to buy one tomorrow? Cakes _____ _____ _____.
    W: Oh, you're right. I'll _____ tomorrow morning.
    M: And I'll _____ now.
    W: Okay.

남자가 할 일과 여자가 할 일을 구분하며 듣자.

대화를 듣고, 여자가 사촌 동생을 위해 산 선물로 가장 적절한 것을 고르시오.
① 옷   ② 모자   ③ 장난감
④ 곰 인형   ⑤ 사진 앨범

09 M: Ariana, what are you going to do _____ _____?
    W: I'm _____ _____ _____ for a baby shower.
    M: A baby shower?
    W: Yes, it's a party for people who will _____ _____ _____ soon. My aunt is having a baby next month.

M : What do you do at that kind of party?

W : _____ _____ _____ for the parents and their baby.

M : Ah, like baby toys or clothes? What did you buy?

W : I bought _____ _____ _____ _____ _____ _____ . It has a bear on it.

M : Good choice!

여자의 마지막 말을 들었다면 정답을 쉽게 선택할 수 있다.

10 M : At this kind of party, one child _____ _____ _____ to sleep at his or her house. And they _____ _____ _____ _____ _____ . This kind of party helps children _____ _____ with their friends. One important rule is that _____ _____ _____ _____ _____ . They can also bring their own pillows. Sometimes they have pillow fights _____ _____ . The parents _____ _____ _____ for them and sometimes check if they are having fun.

다음을 듣고, 설명하고 있는 파티로 가장 적절한 것을 고르시오.

① ② ③ ④ ⑤

11 W : Do you want to throw a Halloween party? _____ _____ Perfect Halloween! We can help you have a great Halloween party. First, we will give you Halloween costumes. You can _____ _____ a witch, a ghost, or Dracula. And _____ _____ _____ _____ . We have delicious cupcakes and cookies _____ _____ _____ , such as black cats and spiders. Also, we'll play special music to _____ _____ _____ _____ . Your guests will love our party gifts: toy pumpkins and candy. So call Perfect Halloween right now!

다음을 듣고, Perfect Halloween에서 제공하는 것으로 언급되지 않은 것을 고르시오.

① costumes
② cupcakes and cookies
③ scary music
④ horror movies
⑤ party gifts

대화를 듣고, 여자가 남자에게 전화한 목적으로 가장 적절한 것을 고르시오.

① 파티 취소를 알리려고
② 파티 장소를 공지하려고
③ 파티 참석을 확인하려고
④ 파티 장소를 예약하려고
⑤ 파티 시간 변경을 알리려고

12 *(telephone rings)*

W: Hello, Mr. Smith. This is Jessica Foster from Webster Books.

M: Oh, hi. I just _____ _____ _____ to the book release party.

W: Well, _____ _____ _____ _____ _____. There is a small change.

M: Did the place change?

W: Well, no. It's still at the Grand Hall. But we start _____ _____ _____.

M: So it _____ _____ _____, not 6.

W: Yes. The writer Evan said he suddenly _____ _____ _____ _____ _____ that night.

M: Oh, okay. I will see you then.

How much will the man pay?

① $80 ② $85 ③ $90
④ $95 ⑤ $100

13 *(telephone rings)*

W: Top Class Catering. How can I help you?

M: Hi. I'd like to _____ _____ _____ for a Christmas party.

W: Okay. Which set did you _____ _____ _____?

M: I want Set B.

W: Okay, Set B is $9 for each person. And it _____ _____ _____ _____, too. You said for ten people, right?

M: Yes. And I want apple juice.

W: Good choice. It's _____ _____ _____.

M: I have a free coupon for that.

W: Then drinks will _____ _____. Now, can I have your name and _____ _____ _____ _____ _____?

1인당 가격과 인원수를 듣고 계산하여 정답을 찾아야 하므로 숫자 정보를 메모하자.

14 M : _____ _____ _____ _____ to Korean Culture
Night _____ _____ _____ _____ in
the Royal Hall? Korean students _____ _____ _____ for
this special party. It will be _____ _____ _____! There
will be a kind of Korean food known as *tteokbokki*. It is rice cakes in a spicy
sauce. Also, you can make *gimbap*, another kind of Korean food. At 7:30 p.m.,
you can learn a Korean mask dance called *talchum*. _____ _____
_____ _____, all guests will have a chance to _____
_____ _____. The winners will _____ _____. All
students are welcome! _____ _____ this fun party.

선택지와 비교하며 체크하자.

Which is **NOT** correct
according to the talk?

Korean Culture Night
• Day: ① Saturday at 6 p.m.
• Place: ② Royal Hall
• Food: ③ *tteokbokki, gimbap*
• Event: ④ learn a Korean mask dance
          ⑤ watch a Korean movie

15~16

W : Yesterday, I went to _____ _____ _____ with my
mother. It was held _____ _____ _____ _____
around the world. She got an invitation from her friend, Ms. Darcy, who is
_____ _____. At the party, Ms. Darcy and many
designers _____ _____ _____ _____ to the party
guests. Also many famous singers came and sold their CDs. I bought my
favorite singer Jessie's new album and _____ _____
_____ _____ _____! Ms. Darcy said the money would
go _____ _____ _____ and provide medicine. I didn't
know there are that many children who can't _____ _____
_____. I hope there are more parties like this.

15 여자의 말 앞 부분에서 주제를 쉽게 파악할 수 있으나, 놓치면 답을 유추하기 쉽지 않다.

15 **What is the speaker
mainly talking about?**

① various parties for children
② a special party to help
children
③ things to consider to plan a
party
④ a hospital which has
parties often
⑤ many entertainers who
help the poor

16 **Which is NOT correct
according to the talk?**

① The woman went to the
party with her mother.
② The party was for helping
poor children.
③ Ms. Darcy is a famous
singer.
④ The woman took a picture
with her favorite singer.
⑤ The money from the party
will be used to build
hospitals.

A 다음 각 단어에 해당하는 의미를 〈보기〉에서 고르시오.

1 poor _____   **2** coupon _____   **3** wonder _____   **4** release _____

5 rule _____   **6** confused _____   **7** decorate _____   **8** invitation _____

┤ 보기 ├

ⓐ having few possessions or little money

ⓑ to think about things in a questioning way

ⓒ not able to think clearly or to understand something

ⓓ a statement that tells someone what to do or not to do

ⓔ to make something look more beautiful by putting nice things on/in it

ⓕ a written or spoken request to come to an event like a party or a meal

ⓖ the action of making a film, book, or other product available to the public

ⓗ a piece of paper that you can use to get a product at a lower price or for free

B 다음 각 질문에 대한 응답으로 가장 적절한 것을 고르시오.

1 What should we give her as a present?

   ⓐ What about a phone case?

   ⓑ Oh, I forgot to buy her a gift.

2 Are you coming to Sarah's farewell party?

   ⓐ No, I couldn't go there.

   ⓑ No, I'm visiting my grandparents.

C 다음 우리말과 일치하도록 빈칸에 알맞은 표현을 쓰시오.

1 I will _____ _____ a gift shop tomorrow.
(나는 내일 선물 가게에 들를 거야.)

2 At first, I thought everything was _____ _____.
(처음에, 나는 모든 것이 잘되고 있다고 생각했다.)

3 The children had pillow fights _____ _____ last night.
(그 어린이들은 지난 밤 재미로 베개 싸움을 했다.)

4 Which color do you _____ _____ _____? Red or blue?
(무슨 색깔을 염두에 두고 있니? 빨강 아니면 파랑?)

Pajama Party

be full of balloons

wear an accessory

wear pajamas

HAPPY PARTY

enjoy a party

have pillow fights

A 파티에 대한 표현

파티

prom (고등학교의) 졸업 무도회
prom date 무도회 상대
potluck 포트럭(여러 사람들이 각자 음식을 가져와서 나눠 먹는 식사)
costume 의상, 복장
dress code 드레스 코드, 복장 규칙
invitation 초대(장)
housewarming party 집들이
baby shower 베이비샤워 (출산 축하 선물을 주는 파티)
farewell party 송별회
pajama party 파자마 파티
year-end party 연말파티
Halloween party 핼러윈 파티
traditional game 전통 놀이
dress like …처럼 입다
bring a gift 선물을 가져오다
have[throw] a party 파티를 열다

enjoy a party 파티를 즐기다
be held (행사 등이) 열리다
bake cookies 과자를 굽다
rent a tuxedo 턱시도를 빌리다
wear makeup 화장[분장]하다
wear an accessory 액세서리를 착용하다
dance to the music 음악에 맞춰 춤을 추다
have pillow fights 베개 싸움을 하다
wear pajamas 잠옷을 입다
be on a guest list 고객 명단에 있다
prepare for a party 파티를 준비하다
decorate the room with …으로 방을 꾸미다
be full of balloons 풍선으로 가득하다

B 파티에 대해 묻고 답하기

Who will you invite to the party?
너는 파티에 누구를 초대할 거니?

I'd like to invite my close friends.
내 친한 친구들을 초대하고 싶어.

What should I wear for the Halloween party?
나는 핼러윈 파티 때 무엇을 입어야 할까?

Why don't you dress like a cartoon character?
만화 캐릭터처럼 입는 게 어때?

Where are you going to have your farewell party?
너는 송별회를 어디서 할 거니?

I don't know. Could you suggest some ideas?
모르겠어. 의견을 좀 줄래?

How was the Christmas party at Kate's house?
Kate의 집에서 열렸던 크리스마스 파티는 어땠니?

I had a lot of fun. 아주 재미있었어.

What should I bring for the party?
파티에 무엇을 가져가야 하니?

Everyone will wear their pajamas at the party.
모두가 파티에서 자신의 잠옷을 입을 거야.

UNIT : 10

UNIT : 12

Jobs

Words Preview 자신이 알고 있는 표현에 표시(✓)하시오.

01☐ career

02☐ decide

03☐ lawyer

04☐ advise

05☐ interest

06☐ experience

07☐ cartoonist

08☐ entertainer

09☐ department

10☐ professional

11☐ communication skill

12☐ look for

13☐ for a living

14☐ earn money

15☐ be right for

16☐ be in trouble

17☐ deal with a customer

18☐ give up on one's dream

Getting Ready

A 다음을 듣고 빈칸을 채운 후, 알맞은 뜻을 찾아 연결하시오.

1 get _____ •
2 be _____ on •
3 _____ money •
4 _____ _____ a customer •
5 _____ _____ on one's dream •

• ⓐ 돈을 벌다
• ⓑ 옷을 입다
• ⓒ …에 기초하다
• ⓓ 고객을 응대하다
• ⓔ …의 꿈을 포기하다

memo

B 대화를 듣고, 각 상황에 가장 어울리는 그림을 고르시오.

1 _____ 2 _____ 3 _____

C 다음을 듣고, 그에 알맞은 응답을 고르시오.

1 ⓐ I'd like to work for this company.
  ⓑ We make computer games and sell them.

2 ⓐ It was difficult to write the movie script.
  ⓑ I've been interested in movies since I was little.

Topic Listening

[01~02] 다음을 듣고, 여자의 직업으로 가장 적절한 것을 각각 고르시오.

01 _____   02 _____

03 다음을 듣고, 남자의 심정으로 가장 적절한 것을 고르시오.

① 기쁜   ② 외로운   ③ 억울한
④ 속상한   ⑤ 자랑스러운

04 대화를 듣고, 두 사람의 장래 희망을 짝지은 것으로 가장 적절한 것을 고르시오.

남자	여자		남자	여자
① 가수 …… 작가			② 배우 …… 기자	
③ 감독 …… 기자			④ 가수 …… 요리사	
⑤ 배우 …… 요리사				

05 대화를 듣고, 여자 직업의 변화를 〈보기〉에서 골라 순서대로 나열하시오.

_____ → _____

┌─ 보기 ├─
ⓐ 배우   ⓑ 교사   ⓒ 작가   ⓓ 토크쇼 진행자
└────────────────────────────────┘

06 대화를 듣고, 남자가 지원한 직업으로 가장 적절한 것을 고르시오.

①

②

③

④

⑤

07 대화를 듣고, 여자가 남자에게 전화한 목적으로 가장 적절한 것을 고르시오.

① 일을 구하려고
② 아이를 맡기려고
③ 상담 예약을 하려고
④ 수강 신청을 하려고
⑤ 면접 시간을 변경하려고

08 대화를 듣고, 남자의 직업에 대한 내용과 일치하는 것에 표시(O)하시오.

Job Description

1) Company: cell phone company / market research company

2) Department: sales department / marketing department

3) Daily working hours: seven / eight / nine

09 대화를 듣고, 두 사람의 관계로 가장 적절한 것을 고르시오.

① 기자 – 디자이너　　　　② 사진작가 – 모델
③ 운동선수 – 코치　　　　④ 가수 – 작곡가
⑤ 영화 감독 – 배우

10 대화를 듣고, 아래 '직업 선호도 그래프'의 빈칸에 들어갈 직업을 우리말로 쓰시오.

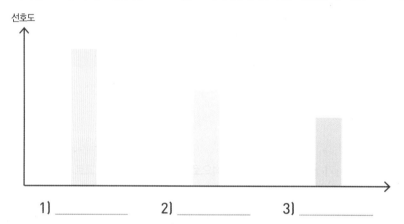

선호도

1) _____　2) _____　3) _____

11 대화를 듣고, 여자의 오빠에 대한 내용과 일치하지 <u>않는</u> 것을 고르시오.

① 호텔 레스토랑에서 일한다.　　　② 주말 근무가 많아 불만이다.
③ 직업을 바꿀 생각이다.　　　　　④ 재미있는 이야기를 잘한다.
⑤ 코미디언으로 일한 적이 있다.

12 다음을 듣고, 'ojek payung'에 대한 내용과 일치하면 T, 일치하지 않으면 F를 쓰시오.

1) 비 오는 날 우산을 빌려주는 직업이다.　_____
2) 손님들이 가는 곳까지 따라간다.　_____
3) 주로 노인들이 한다.　_____

Challenge

memo

13 Choose the most unnatural conversation.

① ② ③ ④ ⑤

14 Why did the woman choose her job?

① to work abroad
② to help other people
③ to earn a lot of money
④ to make her parents happy
⑤ to become a famous person

[15~16] Listen and answer the questions.

15 What is the speaker mainly talking about?

① a dream to be a stylist
② the difficulty of finding a job
③ the secret of entertainers' styles
④ the best way to look fashionable
⑤ the future of the fashion industry

16 Which is NOT something the man needs to become a stylist?

① lots of fashion items
② a good sense of fashion
③ learning the terms in fashion
④ good people skills
⑤ an understanding of fashion trends

Dictation

미국식 발음 영국식 발음

다음을 듣고, 여자의 직업으로 가장 적절한 것을 각각 고르시오.

01 _____

02 _____

ⓐ ⓑ ⓒ ⓓ

01 W: My job is helping people find which exercises are _____ _____. Many people visit me to learn _____ _____ _____ _____ and more fit. After I talk to them about their health, I_____ how to eat and _____.

exercise, health(y), fit 등의 키워드를 종합하자.

단서

02 W: It is my job to make people look beautiful. I usually _____ _____ _____ and models. I _____ to their lips and eyes. I can also _____ _____ _____ _____ _____ _____. I sometimes make them look like zombies or cats, or draw fake cuts _____ _____ _____.

lips, eyes, skin, faces 등의 키워드와 단서로 여자의 직업을 유추할 수 있다.

다음을 듣고, 남자의 심정으로 가장 적절한 것을 고르시오.
① 기쁜 ② 외로운
③ 억울한 ④ 속상한
⑤ 자랑스러운

03 M: I love _____ _____ _____. Also, I'm really _____ _____ _____. All of my friends say I could be a good cartoonist. So, I've decided to become a cartoonist. But my parents _____ _____. They say I have to _____ _____ and _____ _____ _____. They think drawing cartoons is _____ _____ _____. But I really want to be a cartoonist. What should I do?

자신이 하고 싶은 일을 부모님이 싫어하신다면 어떤 기분일까?

대화를 듣고, 두 사람의 장래 희망을 짝지은 것으로 가장 적절한 것을 고르시오.

	남자	여자
①	가수	작가
②	배우	기자
③	감독	기자
④	가수	요리사
⑤	배우	요리사

04 W: Brandon, what would you like to be _____ _____ _____?

M: I'd like to be an actor. Someday you'll _____ _____ _____. How about you, Arianna?

W: I _____ _____, so I want to be a cook. My mother wants me to be a journalist, but I'm _____ _____ _____ _____.

함정

M: Ah, yes. Your lasagna was really delicious. Don't _____ _____ _____ _____ _____!

W: Thank you.

162 | Part 1

05

M: Okay. Tonight, Inhye Park is our guest. _____ _____ _____, Inhye.

W: Thank you.

M: So, recently a new movie, *8th Son* _____ _____. I heard it's _____ _____ _____.

W: Yes, it is.

M: When did you _____ _____ _____ _____ _____?

W: Well, I was _____ _____ _____ at a high school, so I read many books. I found out _____ _____ _____ _____ _____ _____.

M: Okay, we'll find out more after the break!

대화를 듣고, 여자 직업의 변화를 〈보기〉에서 골라 순서대로 나열하시오.

_____ → _____

┤ 보기 ├
ⓐ 배우   ⓑ 교사
ⓒ 작가   ⓓ 토크쇼 진행자

06

W: Good morning, I'm Victoria Coleman.

M: Good morning, I'm Lincoln Thomson.

W: _____ _____ _____. Tell me about yourself.

M: I am very outgoing. I like _____ _____ _____.

W: Why do you think you are _____ _____ _____ _____ _____ _____?

M: I think I have a good phone voice and great communication skills. I'm sure I can _____ _____ _____ over the phone well.

W: That's great. That's _____ _____ _____ _____ _____. Anything else?

M: I have worked for the customer service team of a home shopping channel _____ _____ _____.

phone이라는 키워드가 반복되고 있음에 주의하여 듣자.

대화를 듣고, 남자가 지원한 직업으로 가장 적절한 것을 고르시오.

① ②

③ ④

⑤

대화를 듣고, 여자가 남자에게 전화한 목적으로 가장 적절한 것을 고르시오.

① 일을 구하려고
② 아이를 맡기려고
③ 상담 예약을 하려고
④ 수강 신청을 하려고
⑤ 면접 시간을 변경하려고

07 *(telephone rings)*

W: Hello. _____ _____ _____ _____ Mr. Frank?

M: Speaking.

W: I heard you're _____ _____ _____ _____ for your son.

M: Oh, yes. Do you have _____ _____?

W: Yes, I _____ _____ _____ _____.

M: Good. Can you work on _____ _____ _____ _____?

W: Yes, I can.

M: That's great. _____ _____ _____ _____ you first. Can you _____ _____ _____ _____ tomorrow morning?

W: Okay. I'll see you then.

전화를 건 목적은 주로 앞부분에 드러남을 잊지 말자.

대화를 듣고, 남자의 직업에 대한 내용과 일치하는 것에 표시(O)하시오.

Job Description
1) Company: cell phone company / market research company
2) Department: sales department / marketing department
3) Daily working hours: seven / eight / nine

08 W: Carter, _____ _____ _____ _____ _____?

M: We make cell phones and _____ _____ to other countries.

W: Wow, sounds cool! Then what's your job in the company?

M: I work in the marketing department. We _____ _____ _____ _____ _____ more cell phones.

W: Hmm. That sounds difficult. So _____ _____ _____ _____ _____ each day?

M: About eight hours. But sometimes I have to work one or two _____ _____.

여자의 각 질문에 대한 남자의 대답을 주의 깊게 듣자.

09   M : Miranda, did you finish _____ _____ _____ for the next shoot?

W : Yes, I'm ready now.

M : Good. Now, imagine that you are _____ _____ _____ . Try to feel the wind and _____ _____ _____ .

W : All right. Like this?

M : Good. _____ _____ _____ to the side, and look at me. *(pause)* Perfect! Now _____ _____ . Don't forget to _____ _____ _____ _____ .

W : Okay, but could you _____ _____ _____ ? I think that will help.

M : That's a good idea. Please turn on some music, John. _____ , please. Okay. Now _____ _____ _____ .

대화의 상황을 상상하며 듣자.

대화를 듣고, 두 사람의 관계로 가장 적절한 것을 고르시오.

① 기자 – 디자이너
② 사진작가 – 모델
③ 운동선수 – 코치
④ 가수 – 작곡가
⑤ 영화 감독 – 배우

10   W : _____ _____ _____ _____ this morning. Do you know what career teenagers want the most?

M : Do they want to be _____ _____ _____ _____ , like a singer? I think that's _____ _____ _____ _____ for teenagers these days.

W : Entertainer is _____ _____ , but it's not number one. _____ _____ .

M : Then what's the most popular career?

W : _____ _____ said they want to be a teacher. Now, _____ _____ _____ the third one?

M : Is it a designer or a computer programmer?

W : No. It's a doctor. I _____ _____ _____ _____ , too.

number one, second, The largest number, third 등의 표현을 놓치지 말고 듣자.

대화를 듣고, 아래 '직업 선호도 그래프'의 빈칸에 들어갈 직업을 우리말로 쓰시오.

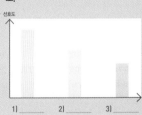

선호도

1) _____   2) _____   3) _____

▶ Dictation

대화를 듣고, 여자의 오빠에 대한 내용과 일치하지 <ins>않는</ins> 것을 고르시오.

① 호텔 레스토랑에서 일한다.
② 주말 근무가 많아 불만이다.
③ 직업을 바꿀 생각이다.
④ 재미있는 이야기를 잘한다.
⑤ 코미디언으로 일한 적이 있다.

11 M : Anna, _____ ?

W : He works at a restaurant in a hotel.

M : How nice! Is he happy with his job?

W : Not really. He _____ _____ _____ _____ .
Sometimes he has to _____ _____ _____ _____ . He hates that.

M : Right. Most restaurants are open on weekends.

W : Yes, so he is _____ _____ _____ _____ _____ .

M : Really? What does he want to be?

W : A comedian. He wants to _____ _____ _____ _____ .
And he's good at telling funny stories. Now he's _____ _____
to become a comedian.

여러 정보가 언급되므로 미리 선택지를 읽은 후 듣자.

다음을 듣고, 'ojek payung'에 대한 내용과 일치하면 T, 일치하지 않으면 F를 쓰시오.

1] 비 오는 날 우산을 빌려주는 직업이다. _____
2] 손님들이 가는 곳까지 따라간다. _____
3] 주로 노인들이 한다. _____

12 W : In Indonesia, _____ _____ _____ _____ _____ . But you
don't have to worry if you don't have an umbrella. There are many umbrella
renters. _____ _____ _____ _____ , they wait in front of
buildings like shopping malls or schools. _____ _____
_____ their umbrella and _____ _____ _____ _____
_____ _____ you're going. Of course, it's not free. It's a special
job called *ojek payung*. Children normally do this job _____
_____ _____ _____ _____ .

Choose the most unnatural conversation.

① ② ③ ④ ⑤

13 ① W : What do you do _____ _____ _____ ?
M : I work at a game company.

② W : _____ _____ _____ _____ _____
_____ in the future?
M : I want to be a shoe designer.

③ W : How many hours do you _____ _____ ?
M : I work about eight hours.

④ W : Are you _____ _____ _____ _____ ?
M : Yes. I love my work.

⑤ W : What's your job in your company?
M : This job _____ _____ _____ .

166 | Part 1

14 W: Jonathan, what do you want to be _____ _____ _____ _____?

M: I wanted to be a musician when I was young. But now I'm _____ _____ _____ _____ _____. Mom, why did you _____ _____ _____?

W: I wanted to _____ _____. I found that many people _____ _____ _____ just because they don't know the law.

M: I see. That's a good reason. _____ _____ _____ to study law?

W: Well, there was _____ _____ _____ _____, but it was _____ _____.

M: Then, I want to be a lawyer like you.

W: That's great. _____ _____!

남자의 질문에 대한 여자의 말에서 단서를 찾아야 한다.

Why did the woman choose her job?

① to work abroad
② to help other people
③ to earn a lot of money
④ to make her parents happy
⑤ to become a famous person

15~16

M: _____ _____ _____ _____ _____, I've been interested in fashion. _____ _____ _____ _____ _____, I spend a lot of time _____ _____. So I think that _____ _____ _____ would be right for me. Stylists use clothes, makeup and hairstyling techniques to make entertainers _____ _____ _____. To become a stylist, I must have a good sense of fashion so I can choose the best clothes. I should know the professional terms _____ _____ _____ _____ _____. I also have to get along with people because stylists work with many other people. And I should _____ _____ _____ _____ because they _____ _____.

16 선택지를 먼저 읽고, 들으면서 내용을 비교하자.

15 What is the speaker mainly talking about?

① a dream to be a stylist
② the difficulty of finding a job
③ the secret of entertainers' styles
④ the best way to look fashionable
⑤ the future of the fashion industry

16 Which is NOT something the man needs to become a stylist?

① lots of fashion items
② a good sense of fashion
③ learning the terms in fashion
④ good people skills
⑤ an understanding of fashion trends

A 다음 각 단어에 해당하는 의미를 〈보기〉에서 고르시오.

1 fake _____   **2** earn _____   **3** lend _____   **4** career _____

5 guess _____   **6** shoot _____   **7** break _____   **8** experience _____

┤ 보기 ├

ⓐ a job that someone does for a long time

ⓑ to get money for work that someone did

ⓒ the act of taking a picture or filming a movie

ⓓ meant to look like something else to trick people

ⓔ to answer a question without all the facts or information

ⓕ to give someone something for a short time expecting they will return it

ⓖ knowledge or skill that someone can have from doing something in the past

ⓗ a short pause between television or radio programs when advertisements are on

B 다음 각 질문에 대한 응답으로 가장 적절한 것을 고르시오.

1 What would you like to be when you grow up?

ⓐ I think I'd like to be a nurse.

ⓑ I work at an advertising company.

2 Why do you think you are the right person for this job?

ⓐ I'm thinking about changing my job.

ⓑ I have lots of experience in this field.

C 다음 우리말과 일치하도록 빈칸에 알맞은 표현을 쓰시오.

1 I'm good at _____ _____ angry _____.

(나는 화가 난 고객들을 응대하는 것을 잘한다.)

2 My brother usually _____ _____ on Mondays.

(우리 오빠는 보통 월요일에 늦게까지 일한다.)

3 What work exactly do you do _____ _____ _____?

(생계를 위해 정확히 어떤 일을 하세요?)

Topic words & Phrases

office

coworker

meeting room

partnership

get a promotion

have a meeting

interviewee

resume   interviewer

wear a suit

A 직업에 대한 표현

장래 희망·구직	resume 이력서 cover letter 자기소개서 interview 면접(하다) interviewer 면접관	interviewee 면접 대상자 role model 역할 모델 apply for …에 지원하다
직업·직장 생활	suit 정장 fire 해고하다 hire 고용하다 salary 급여, 봉급, 월급 pay hike 급료 인상 incentive payment 장려금 career 직업 contract 계약 enterprise 기업, 회사 overwork 과로하다 work hour 근무시간 overtime 초과 근무, 잔업 manager 경영자 intern 인턴 사원 employer 고용주	employee 고용인 coworker 동료 department 부서 cooperate 협동하다 work ethic 업무 윤리, 직업의식 partnership 동업자 관계 quit a job 일을 그만두다 call in sick 전화로 병결을 알리다 take a day off 하루 휴가를 내다 start a business 사업을 시작하다 have experience 경험[경력]이 있다 work together 함께 일하다, 동료이다 get a promotion 승진하다 retire from one's job 퇴직하다

B 직업에 대해 말하기

〈장래 희망·직장 생활에 대해 묻고 답하기〉

What do you want to be when you grow up?
너는 커서 뭐가 되고 싶어?

I want to be a fashion magazine editor because I have an interest in fashion.
나는 패션에 관심이 있어서 패션 잡지 에디터가 되고 싶어.

What kind of job do you do in your company?
회사에서 당신은 어떤 일을 하세요?

My job is translating French books into English. 제 일은 프랑스어 책을 영어로 번역하는 거예요.

Why should we hire you?
왜 저희가 당신을 고용해야 하나요?

I understand this work well and get along with people well.
저는 이 일을 잘 이해하고 있으며 사람들과 잘 지냅니다.

〈직업·직장 생활에 대해 말하기〉

I love my work, and it pays well.
나는 내 일을 좋아하고, 보수도 괜찮아.

I think a game story writer is the right job for me. 게임 스토리 작가가 내게 맞는 직업 같아.

My boss just called an emergency meeting.
나의 상사가 지금 긴급 회의를 소집했어.

Unit 12

UNIT : 11   PART 2

Culture

Words Preview 자신이 알고 있는 표현에 표시(✓)하시오.

01 ☐ ghost	07 ☐ symbolize	13 ☐ hand out
02 ☐ break	08 ☐ successful	14 ☐ give thanks
03 ☐ march	09 ☐ forgiveness	15 ☐ move around
04 ☐ custom	10 ☐ ask for	16 ☐ exchange gifts
05 ☐ romantic	11 ☐ wish for	17 ☐ gather together
06 ☐ celebrate	12 ☐ by accident	18 ☐ keep (something) away

A 다음을 듣고 빈칸을 채운 후, 알맞은 뜻을 찾아 연결하시오.

1 be _____ in •
2 start _____ _____ •
3 _____ (something) away •
4 _____ one's _____ for •
5 _____ (something) _____ •

• ⓐ ···으로 덮이다
• ⓑ ···을 쫓아내다
• ⓒ 우연히 시작하다
• ⓓ ···을 나누어주다
• ⓔ ···을 위해 목숨을 바치다

memo

B 대화를 듣고, 각 상황에 가장 어울리는 그림을 고르시오.

1 _____   2 _____   3 _____

ⓐ

ⓑ

ⓒ

C 다음을 듣고, 그에 알맞은 응답을 고르시오.

1 ⓐ It will be held on May 15th.
   ⓑ The festival is held to celebrate the coming of spring.

2 ⓐ The tradition is buying rosemary.
   ⓑ We believe that it brings good luck.

Topic Listening

memo

01 대화를 듣고, 이야기하고 있는 축제의 모습으로 가장 적절한 것을 고르시오.

①

②

③

④

⑤

02 대화를 듣고, 팥과 마늘의 공통점으로 가장 적절한 것을 고르시오.

① 건강에 좋다.

② 귀신을 물리친다.

③ 겨울에 주로 먹는다.

④ 동서양인 모두 좋아한다.

⑤ 죽이나 수프로 만들어 먹는다.

03 다음을 듣고, Thanksgiving Day에 대한 내용과 일치하면 T, 일치하지 않으면 F를 쓰시오.

1) 가난한 사람들과 음식을 나누던 풍습에서 비롯되었다. _____

2) Turkey Day라고 불리기도 한다. _____

3) 이 시기에 많은 상점에서 큰 세일을 한다. _____

04 대화를 듣고, 남자의 마지막 말에 이어질 여자의 응답으로 가장 적절한 것을 고르시오.

Woman: _____

① No, thanks. I'm full.
② What did you cook for breakfast?
③ Yes. I really enjoyed the breakfast.
④ I know a famous restaurant downtown.
⑤ That's a good idea! What should we cook?

05 대화를 듣고, 무엇에 대해 이야기하고 있는지 가장 적절한 것을 고르시오.

① 크리스마스 계획
② 크리스마스 풍습의 유래
③ 크리스마스를 위한 쇼핑 정보
④ 크리스마스에 가족과 하는 일
⑤ 크리스마스를 보내는 국가별 문화

06 대화를 듣고, 여자가 대화 직후에 할 일로 가장 적절한 것을 고르시오.

① 포도 사기
② 포도 먹기
③ 포도 따기
④ 포도 세기
⑤ 포도 던지기

07 대화를 듣고, 삿포로 눈 축제에서 열리는 행사로 언급되지 않은 것을 고르시오.

① 눈 조각 전시회
② 패션쇼
③ 음악회
④ 눈썰매 경주
⑤ 미인 선발대회

memo

08 다음을 듣고, 'this'가 가리키는 것으로 가장 적절한 것을 고르시오.

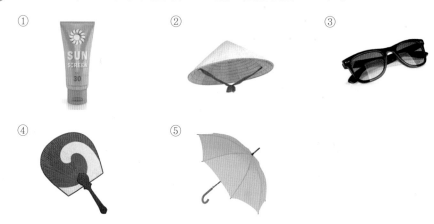

[09~10] 대화를 듣고, 각 나라의 결혼 풍습으로 가장 적절한 것을 고르시오.

09 Germany: _____   10 USA: _____

11 대화를 듣고, 토마토 축제에 대해 언급되지 않은 것을 고르시오.
① 개최 지역   ② 행사 내용   ③ 개최 시기
④ 참가 인원수   ⑤ 행사의 유래

12 대화를 듣고, 남자의 심정으로 가장 적절한 것을 고르시오.
① 기쁜   ② 부러운   ③ 속상한
④ 성가신   ⑤ 당황스러운

13 **What did the woman suggest according to the conversation?**

① travel Canada

② buy some fireworks

③ make weekend plans

④ camp at Hangang Park

⑤ watch the fireworks festival together

memo

14 **Which is NOT correct about Anzac Day according to the talk?**

① It is held every year in Australia and New Zealand.

② Old soldiers are in the parade.

③ Biscuits were given to soldiers who went to war.

④ Rosemary is bought because of the meaning.

⑤ Many people visit graves of soldiers who died in wars.

[15~16] Listen and answer the questions.

15 **What is the speaker mainly talking about?**

① the origin of Russian pancakes

② men's traditional sports in Russia

③ the way Russians welcome the spring

④ the history of traditional Russian dolls

⑤ the reason Russians ask for forgiveness in the winter

16 **What do pancakes symbolize according to the talk?**

① sun   ② snow   ③ spring

④ money   ⑤ energy

Dictation ⏮

미국식 발음　영국식 발음

대화를 듣고, 이야기하고 있는 축제의 모습으로 가장 적절한 것을 고르시오.

① ②
③ ④
⑤

01 W: Look at this. Isn't it fantastic? 단서

M: Oh, _____! Where did you get it?

W: My Italian friend _____ _____ _____ _____. She said they wear this _____ _____ _____ in Venice.

M: That sounds interesting! I can imagine _____ _____ the festival is.

W: Right. My friend told me that there are _____ _____. And people have fun on the streets until very _____ _____ _____ _____.

대화를 듣고, 팥과 마늘의 공통점으로 가장 적절한 것을 고르시오.

① 건강에 좋다.
② 귀신을 물리친다.
③ 겨울에 주로 먹는다.
④ 동서양인 모두 좋아한다.
⑤ 죽이나 수프로 만들어 먹는다.

02 M: Soyeon, I heard you eat red beans _____ _____ _____ _____ in Korea.

W: Yes, we make a soup with red beans _____ _____. We believe that red beans will _____.

M: But why especially in winter? 함정

W: Ghosts can _____ _____ _____ in winter because the nights are long.

M: I see. Actually, we _____ in the West. Garlic keeps vampires away!

W: Yes, that's right.

keep away는 '…을 물리치다'의 의미이다.

다음을 듣고, Thanksgiving Day에 대한 내용과 일치하면 T, 일치하지 않으면 F를 쓰시오.

1) 가난한 사람들과 음식을 나누던 풍습에서 비롯되었다. _____

2) Turkey Day라고 불리기도 한다. _____

3) 이 시기에 많은 상점에서 큰 세일을 한다. _____

03 W: The fourth Thursday of November is Thanksgiving Day in the USA. It was made _____ a successful harvest. On this holiday, families _____ _____ and eat Thanksgiving dinner. Lots of food _____ _____, but the most important food is turkey. So Thanksgiving _____ _____ _____ "Turkey Day." The next day is the best time to go shopping. Almost all of the stores _____ _____ _____ _____ of the year.

선택지를 먼저 읽고, 언급된 부분과 일치하는지 대조하면서 듣자.

04 M : Kate, isn't Mother's Day _____ _____?

W : Yes. It's next Sunday. What are we going to do for Mom?

M : We can _____ _____ _____ _____ _____ _____.

W : Maybe, but that's _____ _____ _____ _____ _____. I want to do something special.

M : How about _____ _____ for her ourselves?

W : _____

'How about...?'은 제안할 때 쓰는 표현이다.

대화를 듣고, 남자의 마지막 말에 이어질 여자의 응답으로 가장 적절한 것을 고르시오.

Woman: _____

① No, thanks. I'm full.
② What did you cook for breakfast?
③ Yes. I really enjoyed the breakfast.
④ I know a famous restaurant downtown.
⑤ That's a good idea! What should we cook?

05 W : Jake, Christmas _____ _____. But I don't have a boyfriend, so I _____ _____.

M : What do you mean, Minju? Do you need a boyfriend for Christmas?

W : Yeah. Christmas is _____ _____ _____ for couples in Korea. Many couples spend the day together.

M : That's _____ _____. In the US, people usually spend Christmas _____ _____ _____.

W : Really? _____ _____ _____ _____ with your family?

M : We eat delicious food, such as Christmas cookies, and _____ _____. So before Christmas, everybody goes shopping to buy gifts.

대화를 듣고, 무엇에 대해 이야기하고 있는지 가장 적절한 것을 고르시오.

① 크리스마스 계획
② 크리스마스 풍습의 유래
③ 크리스마스를 위한 쇼핑 정보
④ 크리스마스에 가족과 하는 일
⑤ 크리스마스를 보내는 국가별 문화

06 M : Jieun, _____ _____ _____ _____ _____ the New Year in the Mexican way?

W : Yes, Fernando. I have _____ _____.

M : Good. Start eating grapes right at midnight. Eat one grape _____ _____ _____ _____ _____.

W : Okay. But _____ _____ _____ _____ _____?

M : The 12 grapes _____ _____ _____ _____ of the new year. So if you eat all 12 grapes successfully, we believe that you _____ _____ _____ for 12 months.

W : How interesting! But _____ _____.

M : You can do it. Oh, let's _____ _____! 10, 9, 8....

전체 상황을 파악하고, 특히 마지막 부분을 주의하여 듣자.

대화를 듣고, 여자가 대화 직후에 할 일로 가장 적절한 것을 고르시오.

① 포도 사기   ② 포도 먹기
③ 포도 따기   ④ 포도 세기
⑤ 포도 던지기

대화를 듣고, 삿포로 눈 축제에서 열리는
행사로 언급되지 않은 것을 고르시오.
① 눈 조각 전시회   ② 패션쇼
③ 음악회   ④ 눈썰매 경주
⑤ 미인 선발대회

07 M : Do you have any plans ＿＿＿＿ ＿＿＿＿ ＿＿＿＿?

W : Yes. I'm going to the Sapporo Snow Festival in Japan.

M : Wow! I heard about ＿＿＿＿ ＿＿＿＿ ＿＿＿＿ all around the world ＿＿＿＿ ＿＿＿＿ ＿＿＿＿ ＿＿＿＿.

W : Right. We can see lots of snow statues and ice sculptures. Some of them are ＿＿＿＿ ＿＿＿＿ ＿＿＿＿!

M : That's amazing. ＿＿＿＿ ＿＿＿＿ ＿＿＿＿ ＿＿＿＿ ＿＿＿＿ during the festival?

W : They have ＿＿＿＿ ＿＿＿＿ ＿＿＿＿ ＿＿＿＿ ＿＿＿＿ during the festival. There's also a beauty contest to choose the Queen of Ice.

다음을 듣고, 'this'가 가리키는 것으로 가
장 적절한 것을 고르시오.

①   ②
③   ④
⑤

08 M : Many countries ＿＿＿＿ ＿＿＿＿ a type of this that ＿＿＿＿ ＿＿＿＿ ＿＿＿＿. This is usually worn in very hot countries. People ＿＿＿＿ ＿＿＿＿ to protect their face ＿＿＿＿ ＿＿＿＿ ＿＿＿＿ ＿＿＿＿. This is usually made from palm leaves. This is ＿＿＿＿ ＿＿＿＿ when it rains because this ＿＿＿＿ ＿＿＿＿. Some people think this looks like a large cone.

this에 관해 한두 정보만으로 답을 고르지 말고 여러 정보를 종합하자.

대화를 듣고, 각 나라의 결혼 풍습으로 가
장 적절한 것을 고르시오.

09 Germany: ＿＿＿＿
10 USA: ＿＿＿＿

ⓐ   ⓑ
ⓒ   ⓓ

09~10

M : ＿＿＿＿ ＿＿＿＿ ＿＿＿＿ Jacob's wedding is tomorrow. I should ＿＿＿＿ ＿＿＿＿ ＿＿＿＿ ＿＿＿＿ ＿＿＿＿.

W : What? Why do you need those?

M : In Germany, friends break dishes or cups ＿＿＿＿ ＿＿＿＿ ＿＿＿＿. It means they're breaking bad old things and ＿＿＿＿ ＿＿＿＿ ＿＿＿＿ in the future.

W : That's interesting!

M : Yes, it is. Don't you have ＿＿＿＿ ＿＿＿＿ ＿＿＿＿ in the USA?

W : Yes. Guests ＿＿＿＿ at the bride and groom ＿＿＿＿ ＿＿＿＿ ＿＿＿＿ after the wedding.

M : Why do they do that?

W : ＿＿＿＿ ＿＿＿＿ ＿＿＿＿ ＿＿＿＿ the couple many children and ＿＿＿＿ ＿＿＿＿ ＿＿＿＿.

나라명이 언급된 후 하는 말에 집중하자.

11 M : Cindy, look at these photos that I _____ _____ _____.

W : Oh, you _____ _____ _____ _____ _____
in this picture!

M : Yeah. I went to the tomato festival in Buñol, a small town in Spain. People at
the festival _____ _____ at each other for fun.

W : Really? Who created such a festival?

M : It _____ _____ _____. Some young people started
_____ _____ _____ _____ _____ during
a fight. Later, it became a festival.

W : I see. When is it?

M : Every August. _____ _____ _____ _____ Spain
to enjoy it.

대화에서 언급된 부분을 선택지에서 하나씩 지워나가면 답을 쉽게 고를 수 있다.

대화를 듣고, 토마토 축제에 대해 언급되
지 않은 것을 고르시오.
① 개최 지역   ② 행사 내용
③ 개최 시기   ④ 참가 인원수
⑤ 행사의 유래

12 W : Come here! I'm going to cut the king cake and _____ _____
_____ _____ to everybody.

M : A king cake? What's that?

W : It's a cake that has _____ _____ _____ _____.
But nobody knows where it is. While eating, somebody will find it
_____ _____ _____ _____ _____.

M : Sounds fun! Is it good to find the doll?

W : Yes. The person who finds it can _____ _____ _____
_____ all day. Also, the finder will _____ _____
_____ _____. Well, here is _____ _____
_____ _____ for you.

M : Thanks. (pause) Oh, I just _____ _____ _____. Wow, is
this the doll?

W : Yes! You are the king!

남자가 겪은 일은 무엇인가?

대화를 듣고, 남자의 심정으로 가장 적절
한 것을 고르시오.
① 기쁜   ② 부러운
③ 속상한   ④ 성가신
⑤ 당황스러운

What did the woman suggest according to the conversation?

① travel Canada
② buy some fireworks
③ make weekend plans
④ camp at Hangang Park
⑤ watch the fireworks festival together

13 W: The Seoul International Fireworks Festival _____ _____
_____ _____ _____ !

M: Oh, what's that?

W: It is a festival _____ _____ _____ at Hangang Park. Many
countries like Canada and Italy _____ _____ _____
_____. You can watch many kinds of fireworks and they create
_____ _____ _____. Over one million people _____
_____ _____ the festival.

M: That sounds great! I hope to go there.

W: Would you go with me?

M: Of course. I _____ _____ _____ _____ that!

Which is NOT correct about Anzac Day according to the talk?

① It is held every year in Australia and New Zealand.
② Old soldiers are in the parade.
③ Biscuits were given to soldiers who went to war.
④ Rosemary is bought because of the meaning.
⑤ Many people visit graves of soldiers who died in wars.

14 M: Many countries have a day to remember soldiers _____ _____
_____ _____. In Australia and New Zealand, Anzac Day is held
yearly _____ _____ _____. On this day, many people,
including old soldiers, have big parades. They _____ _____
_____ _____. At home, people bake Anzac biscuits. They were
first made to give to soldiers who _____ _____ _____
_____ _____. Buying rosemary is another tradition because it
means "Please remember." _____ _____ _____
_____, people thank soldiers who _____ _____
_____ _____ _____ _____.

선택지를 먼저 해석하고 비교하며 듣자.

15~16

W: Winter in Russia is very long and cold. So Russians have a festival _____ _____ the coming of spring at the end of winter. This festival is called "Maslenitsa," and it is held _____ _____ _____. During the festival, people eat pancakes. Their _____ _____ makes people _____ _____ _____ _____ _____. Also, people enjoy many other events. One of the interesting events is that men have fights. Men make _____ _____ and hit each other. They believe the power and energy from the fight will _____ _____ _____ _____ _____. On the last day, people _____ _____ _____ for whatever they did wrong last year. And finally, they burn a big doll and _____ _____ _____ _____.

15 **What is the speaker mainly talking about?**

① the origin of Russian pancakes
② men's traditional sports in Russia
③ the way Russians welcome the spring
④ the history of traditional Russian dolls
⑤ the reason Russians ask for forgiveness in the winter

16 **What do pancakes symbolize according to the talk?**

① sun   ② snow
③ spring   ④ money
⑤ energy

A 다음 각 단어에 해당하는 의미를 〈보기〉에서 고르시오.

1 gather _____ **2** imagine _____ **3** parade _____ **4** custom _____

5 holiday _____ **6** climate _____ **7** celebrate _____ **8** forgiveness _____

─┤ 보기 ├─

ⓐ to come together in a group

ⓑ something that people do that is traditional or usual

ⓒ the type of general weather that a country or region has

ⓓ to have or form a picture of something in someone's mind

ⓔ to do something enjoyable to show that an event is special

ⓕ a day on which people are allowed to stay away from work or school

ⓖ not being angry anymore with someone who has done something wrong

ⓗ a public event of people or vehicles moving through a place to enjoy an important day or event

B 다음 각 질문에 대한 응답으로 가장 적절한 것을 고르시오.

1 Do you know when Mother's Day is?

ⓐ I haven't decided what to do yet.

ⓑ Isn't it the second Sunday in May?

2 Why do they break dishes and cups at the wedding?

ⓐ I'll send beautiful dishes to the bride and groom.

ⓑ By doing that, they believe they can break bad things.

C 다음 우리말과 일치하도록 빈칸에 알맞은 표현을 쓰시오.

1 People in the West think that garlic _____ vampires _____ .

(서양 사람들은 마늘이 뱀파이어들을 쫓아낸다고 생각한다.)

2 I bought this cake. I will _____ _____ a piece to everybody.

(내가 이 케이크를 샀어. 모두에게 한 조각씩 나누어 줄게.)

3 Many countries like Canada and China also _____ _____ the festival.

(캐나다와 중국과 같은 많은 나라들도 그 축제에 참가했다.)

wave a flag

perform in a group

people all around the world

traditional clothes

play the traditional instrument

march on the streets

A

문화에 대한 표현

문화

wish 기원하다, 바라다
origin 기원
belief 믿음, 신념
legend 전설
diverse 다양한
holiday 공휴일, 명절
Thanksgiving Day 추수감사절
festival 축제
contest 대회
harvest 수확
global culture 세계 문화
tradition 전통
traditional clothes 전통 의상
culture shock 문화 충격
culture difference 문화 차이
celebrate 기념하다, 축하하다
symbolize 상징하다
multicultural 다문화의
wedding custom 결혼 풍습

people all around the world
전 세계의 사람들
exchange gifts 선물을 교환하다
take place 개최되다, 열리다
participate in …에 참가하다
wave a flag 깃발을 흔들다
perform in a group
무리로 공연을 하다
play the traditional
instruments
전통 악기를 연주하다
have a parade 퍼레이드를 하다
ask for forgiveness
용서를 구하다
march on the streets
거리를 행진하다
break dishes or cups
접시나 컵을 깨다
keep bad things away
나쁜 것들을 쫓아내다

B

문화에 대해 묻고 답하기

How do people in Korea celebrate the New Year? 한국에서는 새해를 어떻게 기념하니?

They bow on their knees to their parents.
그들은 부모님께 무릎을 꿇고 절을 드려.

What do you do on Thanksgiving Day in your country? 너희 나라에서는 추수감사절에 무엇을 하니?

Many people eat turkey so the day is also called "Turkey Day."
많은 사람들이 칠면조를 먹어서 그 날은 '칠면조의 날'이라고도 불려.

What do the bride and groom wear for a traditional wedding in Korea?
한국에서 신부와 신랑은 전통혼례에서 무엇을 입니?

They wear traditional Korean clothes called *hanbok*. 그들은 '한복'이라는 한국의 전통 의상을 입어.

What kind of wedding customs do you have in Philippines? 필리핀에는 어떤 결혼 풍습이 있니?

We release a dove into the air. It symbolizes a long, peaceful marriage life.
우리는 공중으로 비둘기를 날려. 그것은 길고 평화로운 결혼 생활을 상징해.

PART 2

PART1 ━━━━━━━━━━━━━━━━━━━━━━━━ Answers

Creativity is just connecting things. When you ask creative people how they did something, they feel a little guilty because they didn't really do it, they just saw something. It seemed obvious to them after a while. That's because they were able to connect experiences they've had and synthesize new things.

— *Steve Jobs*

실전모의고사 활용법

파트1에서 주제별로 재미있게 듣기 공부를 하셨나요? 이제는 실전모의고사를 풀어봄으로써 시·도 교육청 공동 주관 영어듣기능력평가가 어떻게 출제되는지 체험하고, 실제처럼 연습할 시간입니다! 파트2에는 총 3회의 실전모의고사가 수록되어 있으니, 이를 통해 여러분의 듣기 실력을 한층 업그레이드 할 수 있어요.

1. 실제 시험 상황처럼 스피커를 사용하여 음성을 들으세요. 이어폰이 조금 더 명확하게 들릴 수 있으니, 이어폰만으로 연습한다면 실제 시험을 칠 때 당황할 수 있어요.

2. 총 20문항을 한번에 들으며 문제를 풀어요. 듣기평가가 시행되는 20분은 높은 집중력을 요구하므로, 평소에도 그 시간 동안 집중해서 듣는 연습을 해야 해요.

3. 문제를 푼 후에는 Dictation으로 넘어가 하나하나 자세히, 정확하게 한 번 더 들어요. 빈칸을 채우려 집중해서 듣다 보면 어느 부분을 놓쳐서 정답을 고르지 못했는지 알게 될 거예요. 또, 잘 들리지 않는 표현과 영국식 발음도 확인할 수 있어요.

4. 또, Dictation에 문제 유형에 따른 다양하고 유용한 학습팁을 수록해 놓았으니, 참고하도록 해요.

5. 듣기는 반복 청취가 중요하답니다. 평소에 집중해서 끝까지 듣는 연습을 하고, 듣는 연습을 많이 하세요. 어느새 듣기 실력이 향상되어 있을 거예요.

memo

01 대화를 듣고, 남자의 핼러윈 복장으로 가장 적절한 것을 고르시오.

①

④

02 대화를 듣고, 오늘 오후의 날씨로 가장 적절한 것을 고르시오.

① 　② 　③ 　④ 　⑤

03 대화를 듣고, 남자의 마지막 말의 의도로 가장 적절한 것을 고르시오.

① 제안　② 거절　③ 칭찬　④ 비난　⑤ 격려

04 다음을 듣고, 여자에 대해 언급되지 않은 것을 고르시오.

① 나이　② 사는 곳　③ 가족 관계　④ 전공　⑤ 경력

05 다음을 듣고, 비행기 탑승 마감 시각을 고르시오.

① 2:10　② 2:12　③ 2:20　④ 2:30　⑤ 2:40

06 대화를 듣고, 남자의 장래 희망으로 가장 적절한 것을 고르시오.

① 가수   ② 의사   ③ 작가
④ 작곡가   ⑤ 피아노 연주자

07 대화를 듣고, 여자의 심정으로 가장 적절한 것을 고르시오.

① 실망한   ② 당황한   ③ 지루한
④ 안도하는   ⑤ 걱정하는

08 대화를 듣고, 남자가 대화 직후에 할 일로 가장 적절한 것을 고르시오.

① 식당 예약하기   ② 금연 실천하기   ③ 음식 주문하기
④ 테이블 바꾸기   ⑤ 대기자 명단 확인하기

09 다음을 듣고, 무엇에 대한 내용인지 가장 적절한 것을 고르시오.

① 가축 사료의 재료   ② 환경 보호의 필요성
③ 아파트 건물 보수 계획   ④ 음식물 쓰레기 처리 방법
⑤ 쓰레기 재활용의 중요성

10 대화를 듣고, 두 사람의 관계로 가장 적절한 것을 고르시오.

① 경찰 – 행인   ② 세관원 – 승객
③ 버스 기사 – 승객   ④ 여행 가이드 – 여행객
⑤ 관광 안내소 직원 – 여행객

11 대화를 듣고, 여자가 기분이 좋지 <u>않은</u> 이유로 가장 적절한 것을 고르시오.

① 경기가 길어져서   ② 선수가 부상을 당해서
③ 상대팀 선수가 반칙을 해서   ④ 심판이 불공정하게 판정해서
⑤ 선수들이 최선을 다하지 않아서

m**e**m0

12 대화를 듣고, 남자가 지불할 금액을 고르시오

① $3   ② $4   ③ $5   ④ $6   ⑤ $7

13 대화를 듣고, 여자가 가려고 하는 장소를 고르시오.

	①	Clothes Shop	②	Hospital	
⇨					
③	Department Store	④	Pharmacy	⑤	

14 대화를 듣고, 여자가 남자에게 부탁한 일로 가장 적절한 것을 고르시오.

① 객실 변경하기   ② 비품 보충하기
③ 아침에 깨워 주기   ④ 객실 청소하기
⑤ 아침 식사 배달하기

15 대화를 듣고, 남자가 여자에게 제안한 것으로 가장 적절한 것을 고르시오.

① 산책하기   ② 휴식 취하기
③ 공항에 가기   ④ 사찰 둘러보기
⑤ 수하물 부치기

16 대화를 듣고, 두 사람의 대화가 어색한 것을 고르시오.

①   ②   ③   ④   ⑤

17

다음을 듣고, 여자의 직업으로 가장 적절한 것을 고르시오.

① 심리학자   ② 뉴스 앵커

③ 신문 기자   ④ 기상 캐스터

⑤ 신문 배달원

18

다음을 듣고, 'this'가 가리키는 것으로 가장 적절한 것을 고르시오.

①

②

③

④

⑤

[19~20] 대화를 듣고, 남자의 마지막 말에 대한 여자의 응답으로 가장 적절한 것을 고르시오.

19

Woman: _____

① You'd better leave your home.

② I hope you will get better soon.

③ Sometimes medicine doesn't work at all.

④ I think you should take her to a hospital.

⑤ She should take a pill three times a week.

20

Woman: _____

① It doesn't fit you well.

② We don't have a bigger size.

③ Sorry, that is the last one.

④ Sure, you can use the fitting room over there.

⑤ If you buy two items, you can get one at half price.

대화를 듣고, 남자의 핼러윈 복장으로 가장 적절한 것을 고르시오.

① 　②

③ 　④

⑤

特定 情報 내용을 듣기 전에 그림을 보고 각 그림을 묘사하는 표현을 미리 생각한다.

01　M: Next Thursday is Halloween! I'm so excited.

W: Me, too! I'll make a jack-o'-lantern with my sister. 〈함정〉

M: I made one already. I'm going to ＿＿＿＿＿＿ ＿＿＿＿＿＿ in front of my house.

W: Oh, great! ＿＿＿＿＿＿ ＿＿＿＿＿＿ ＿＿＿＿＿＿ that day?

M: ＿＿＿＿＿＿ ＿＿＿＿＿＿ ＿＿＿＿＿＿. How about you?

W: I'm going to ＿＿＿＿＿＿ Princess Elsa.

M: Wow, you'll look beautiful! Then should I wear ＿＿＿＿＿＿ ＿＿＿＿＿＿ ＿＿＿＿＿＿?

W: No, that's too normal. ＿＿＿＿＿＿ ＿＿＿＿＿＿ ＿＿＿＿＿＿? Everyone will be scared of you. 〈단서〉

M: Oh, that's ＿＿＿＿＿＿ ＿＿＿＿＿＿!

대화를 듣고, 오늘 오후의 날씨로 가장 적절한 것을 고르시오.

① 　②

③ 　④

⑤

날씨 날씨를 나타내는 표현(rainy, cloudy, cloud, rain 등)에 유의하여 듣고, 문제에서 묻는 때가 언제인지 파악한다.

02　W: Did you finish ＿＿＿＿＿＿ ＿＿＿＿＿＿ ＿＿＿＿＿＿?

M: Umm... almost done.

W: Did you ＿＿＿＿＿＿ ＿＿＿＿＿＿ ＿＿＿＿＿＿? It'll be more convenient than an umbrella.

M: Do I need it?

W: It's better to ＿＿＿＿＿＿＿＿＿＿.

M: But the weather report says it's only going to ＿＿＿＿＿＿ this afternoon.

W: Who knows? The clouds could ＿＿＿＿＿＿. We're ＿＿＿＿＿＿ ＿＿＿＿＿＿ ＿＿＿＿＿＿ these days.

M: Okay, I'll take it with me.

03　(*cell phone rings*)

M : Hi, this is Jake. Where are you?

W : Oh, hi. I'm at home.

M : Why don't you ＿＿＿＿＿ ＿＿＿＿＿ ＿＿＿＿＿ ＿＿＿＿＿ with me?

W : I'd like to, but I'm tired.

M : ＿＿＿＿＿ ＿＿＿＿＿ ＿＿＿＿＿. What's wrong?

W : I ＿＿＿＿＿ ＿＿＿＿＿ an exchange student program, but I didn't ＿＿＿＿＿ ＿＿＿＿＿.

M : Oh, dear. How come? You ＿＿＿＿＿ ＿＿＿＿＿ ＿＿＿＿＿ for it.

W : I heard many students applied for it.

M : Don't ＿＿＿＿＿ ＿＿＿＿＿. You will ＿＿＿＿＿ ＿＿＿＿＿ next time.

04　W : Let me introduce myself. My name is Jehee Kim. I'm 27 years old. I ＿＿＿＿＿ ＿＿＿＿＿ ＿＿＿＿＿ Busan, but I ＿＿＿＿＿ ＿＿＿＿＿ in Seoul. Everything is okay in my life, but I ＿＿＿＿＿ ＿＿＿＿＿ ＿＿＿＿＿ sometimes. I ＿＿＿＿＿ ＿＿＿＿＿ at university. I'm very interested in the human body. I have ＿＿＿＿＿ ＿＿＿＿＿ a medical company for two years. I hope my experience there ＿＿＿＿＿ ＿＿＿＿＿ ＿＿＿＿＿ at your company.

05　M : This is the boarding announcement for Flight Number 240. The flight ＿＿＿＿＿ ＿＿＿＿＿ ＿＿＿＿＿ for London is now boarding at Gate Number 12. All passengers should board ＿＿＿＿＿ before that time. This is ＿＿＿＿＿ ＿＿＿＿＿ ＿＿＿＿＿ ＿＿＿＿＿ for Flight Number 240. Please ＿＿＿＿＿ ＿＿＿＿＿ Gate Number 12 to ＿＿＿＿＿ ＿＿＿＿＿ ＿＿＿＿＿.

대화를 듣고, 남자의 장래 희망으로 가장
적절한 것을 고르시오.

① 가수　　　　② 의사
③ 작가　　　　④ 작곡가
⑤ 피아노 연주자

장래 희망　각 직업의 특징이나 역할을 설명하는 표현을 미리 익혀 두자.

06　W: Wow, that was great! You sing very well. Your piano playing is excellent, too!

　　M: Thanks a lot.

　　W: You'll be _____. I'm sure you will _____ _____ _____ many people.

　　M: Actually, I don't want to _____ _____ _____ many people. I don't feel good when people are looking at me.

　　W: Then what do you _____ _____ _____ in the future?

　　M: I'd like to _____. I'd be happy if people could enjoy songs I wrote.

대화를 듣고, 여자의 심정으로 가장 적절
한 것을 고르시오.

① 실망한　　　② 당황한
③ 지루한　　　④ 안도하는
⑤ 걱정하는

심정　화자가 처한 상황을 파악해야 한다.

07　M: Why are you busy now?

　　W: You know we _____ _____ _____ tomorrow. I'm studying for the exam.

　　M: Didn't you hear _____ _____ _____ has been changed?

　　W: Oh, really? I had no idea.

　　M: The midterm _____ for a week.

　　W: Then I'll have _____.

대화를 듣고, 남자가 대화 직후에 할 일
로 가장 적절한 것을 고르시오.

① 식당 예약하기　　② 금연 실천하기
③ 음식 주문하기　　④ 테이블 바꾸기
⑤ 대기자 명단 확인하기

할 일　여러 선택사항이나 전후 상황이 언급되므로 문제에서 묻고 있는 대상과 때에 주의하여 듣자.

08　W: Hello! Do you _____ _____ _____?

　　M: No.

　　W: How many people do you have?

　　M: _____ _____.

　　W: We're full now, but we _____ _____ _____ _____. Would you like one of those?

　　M: No, thanks. We'll just wait.

　　W: Okay, then I think you'll have to wait _____ _____ _____. If that's okay, I'll put you _____ _____ _____ _____.

　　M: Yes, non-smoking, please.

　　W: Okay, I'll call you when _____ _____ _____. And you can order before you _____ if you want.

　　M: Sure.

　　W: _____ _____ _____.

09   M : Hello, this is the management office. This is a very important announcement about how to _____. First of all, you should _____ _____ _____ from other waste. And you should put it in _____ _____ _____ _____ in front of the apartment building. There are some more things you should _____ _____ _____. The food trash bin can only hold food waste. Don't forget to _____ _____ _____ _____. And you should not _____ _____ _____, like bones, in there. They can't _____ _____ _____. Remember this for our environment.

다음을 듣고, 무엇에 대한 내용인지 가장 적절한 것을 고르시오.
① 가축 사료의 재료
② 환경 보호의 필요성
③ 아파트 건물 보수 계획
④ 음식물 쓰레기 처리 방법
⑤ 쓰레기 재활용의 중요성

10   M : Hello!

W : Hello! I'm traveling right now. I'd like to go to _____ _____ _____ _____. Where do I have to _____ _____?

M : _____ _____ from here. The stop next to the airport.

W : Oh, thanks!

M : I'll _____ _____ _____ right before the stop.

W : Thanks a million. _____ _____ _____ _____!

M : You're welcome. I hope you _____ _____ _____ _____.

대화를 듣고, 두 사람의 관계로 가장 적절한 것을 고르시오.
① 경찰 – 행인
② 세관원 – 승객
③ 버스 기사 – 승객
④ 여행 가이드 – 여행객
⑤ 관광 안내소 직원 – 여행객

11   M : Now we will _____ _____ _____. I hope our team wins the game.

W : Of course, me too. But whether we win or lose, it doesn't matter. Our players are _____ _____ _____. That will do.

M : Oh, oh, the game _____ _____ again!

W : No way! The player almost _____ _____ _____.

M : If the other team _____ _____, our team could _____ _____ _____.

W : So sorry! Fairness is the most important thing in sports.

M : I _____ _____ _____ _____.

대화를 듣고, 여자가 기분이 좋지 않은 이유로 가장 적절한 것을 고르시오.
① 경기가 길어져서
② 선수가 부상을 당해서
③ 상대팀 선수가 반칙을 해서
④ 심판이 불공정하게 판정해서
⑤ 선수들이 최선을 다하지 않아서

대화를 듣고, 남자가 지불할 금액을 고르시오.

① $3   ② $4   ③ $5
④ $6   ⑤ $7

금액 금액이나 시간 정보를 메모하며 듣고, 근거가 되는 정보를 골라내야 한다.

12 W: May I help you?

M: Yes. ＿＿＿＿＿ ＿＿＿＿＿ ＿＿＿＿＿ ＿＿＿＿＿ an early-morning ticket for *Big Hero*. It's 20% off, isn't it?

W: Yes, sir. Let me check ＿＿＿＿＿ ＿＿＿＿＿ ＿＿＿＿＿ ＿＿＿＿＿. *(pause)* Oh, sorry. I'm afraid early-morning tickets ＿＿＿＿＿ ＿＿＿＿＿ ＿＿＿＿＿ ＿＿＿＿＿.

M: I see. Then, what is ＿＿＿＿＿ ＿＿＿＿＿ ＿＿＿＿＿ ＿＿＿＿＿?

W: There are movies at 11:30 a.m. and 12:10 p.m.

M: ＿＿＿＿＿ ＿＿＿＿＿ ＿＿＿＿＿ ＿＿＿＿＿ between them?

W: The earlier one is 4D and the later movie is 2D. The price for the 4D film is seven dollars, and the 2D film is five dollars.

M: I'll choose the movie at 12:10. 4D movies make me ＿＿＿＿＿ ＿＿＿＿＿.

W: Okay, here is your ticket.

대화를 듣고, 여자가 가려고 하는 장소를 고르시오.

		Clothes Shop		Hospital
⇨	③ Department Store		④ Pharmacy	⑤

길 찾기 위치를 나타내는 표현을 평소에 익혀두고, 대화 중간에 목적지가 변경될 수 있으므로 유의한다.

13 M: What's wrong? Did you ＿＿＿＿＿ ＿＿＿＿＿ ＿＿＿＿＿?

W: The heel on my shoe ＿＿＿＿＿ ＿＿＿＿＿. My left leg feels shorter than the right one.

M: Oh, no! You should ＿＿＿＿＿ ＿＿＿＿＿. There is ＿＿＿＿＿ ＿＿＿＿＿ ＿＿＿＿＿ not far from here.

W: These shoes are almost new. I'd better go to ＿＿＿＿＿ ＿＿＿＿＿ ＿＿＿＿＿. Where is the nearest one?

M: It's ＿＿＿＿＿ ＿＿＿＿＿ ＿＿＿＿＿ of this street.

W: Next to the pharmacy?

M: That's right. You ＿＿＿＿＿ ＿＿＿＿＿ ＿＿＿＿＿.

W: Okay, thanks. I've got to go right now.

대화의 전반적인 상황을 파악하고, 부탁을 나타내는 표현(I'd like)에 집중하여 듣는다.

14 M : Hello, this is the front desk. _____ _____ _____ _____?

W : I have a question. When do you _____ _____ _____ _____?

M : The buffet is open _____ _____ _____.

W : I see. And I'd like _____ _____ for tomorrow morning at 7:00.

M : Okay, I'll give you a wake-up call then. What room are you _____ _____?

W : _____ _____. Thank you.

M : Good night, ma'am.

대화를 듣고, 여자가 남자에게 부탁한 일로 가장 적절한 것을 고르시오.
① 객실 변경하기
② 비품 보충하기
③ 아침에 깨워 주기
④ 객실 청소하기
⑤ 아침 식사 배달하기

여러 선택 사항이 제시되므로 제안을 나타내는 표현(why don't we)과 상대방의 대답에 집중하여 듣는다.

15 M : This is a nice trip, isn't it?

W : Of course, but I'm so tired. My bag is _____ _____.

M : Oh, no. _____ _____ _____ _____, we're going to _____ _____ _____ before we go to the airport.

W : Sorry, I can't walk anymore. I want to _____ _____.

M : Well, why don't we check in earlier? We can _____ _____ _____ at the city airport terminal. Then we can _____ _____ _____.

W : Good! Let's go!

대화를 듣고, 두 사람의 대화가 어색한 것을 고르시오.

① ② ③ ④ ⑤

주문, 계산 등 자주 나오는 상황의 표현을 미리 익히자.

16 ① M : I _____ _____ _____.

W : Oh, you look very good.

② M : I'd like to _____ _____ _____.

W : Do you have an appointment?

③ M : May I _____ _____ _____, please?

W : I haven't decided yet.

④ M : May I speak to Mr. Robinson?

W : Oh, sorry, he's _____ _____ _____.

⑤ M : Do you have it in another color?

W : You can _____ _____ _____ _____.

다음을 듣고, 여자의 직업으로 가장 적절한 것을 고르시오.

① 심리학자　　② 뉴스 앵커
③ 신문 기자　　④ 기상 캐스터
⑤ 신문 배달원

일하는 곳, 업무 내용 등의 특성을 통해 직업을 유추한다.

17 W : I work at a broadcasting station. I _____ _____
to people all around the country. I feel good because I let people know
_____ _____ in the world. But sometimes, I _____
_____ _____ reporting bad news. It's because I _____
_____ _____ _____. For example, even when I feel sad
about _____ _____ _____, I can't share _____
_____ _____ _____. I always have to deliver the facts to
people.

다음을 듣고, 'this'가 가리키는 것으로 가장 적절한 것을 고르시오.

① 　②
③ 　④
⑤

듣기 전 선택지를 미리 파악하는 것이 좋다.

18 M : This is a kind of _____ _____. You can buy this at the
stationery store. This is useful when you try to _____ _____
_____ _____ _____ together. And when you need to
_____ _____ _____ _____ _____, you can _____
_____ _____. But you need to be careful with it. If you try to
_____ _____ with your fingers, you could _____
_____. It is good to _____ _____ _____ to
remove this.

19 W: You look tired. _____ _____ _____ _____ last
        night?

    M: No, I didn't.

    W: What's the problem?

    M: My wife _____ _____ _____ _____. I couldn't
        sleep well because I was _____ _____ _____ her.

    W: That's too bad. Did she see a doctor?

    M: Not yet. She says she will be okay if she _____ _____
        _____ _____ _____. She won't get out of bed, though.

    W: _____

20 M: Excuse me, _____ _____ _____ _____ _____?

    W: Yes!

    M: I'm _____ _____ this shirt in a smaller size.

    W: _____ _____ _____ _____ _____?

    M: A size small, please.

    W: Here you are.

    M: Thank you. Can I _____ _____ _____?

    W: _____

[19~20] 대화를 듣고, 남자의 마지막 말에 대한 여자의 응답으로 가장 적절한 것을 고르시오.

19 Woman: _____

① You'd better leave your home.
② I hope you will get better soon.
③ Sometimes medicine doesn't work at all.
④ I think you should take her to a hospital.
⑤ She should take a pill three times a week.

20 Woman: _____

① It doesn't fit you well.
② We don't have a bigger size.
③ Sorry, that is the last one.
④ Sure, you can use the fitting room over there.
⑤ If you buy two items, you can get one at half price.

01 대화를 듣고, 두 사람이 선택할 선물로 가장 적절한 것을 고르시오.

①  ②  ③

④   ⑤

02 대화를 듣고, 현재 날씨로 가장 적절한 것을 고르시오.

①   ②   ③   ④   ⑤

03 대화를 듣고, 남자의 마지막 말의 의도로 가장 적절한 것을 고르시오.

① 감사   ② 사과   ③ 거절   ④ 항의   ⑤ 후회

04 다음을 듣고, 구인에 대해 언급되지 않은 것을 고르시오.

① 담당 업무   ② 자격 조건   ③ 급여
④ 근무 시간   ⑤ 모집 기간

05 대화를 듣고, 두 사람이 만날 시각을 고르시오.

① 12:00   ② 12:30   ③ 01:00   ④ 01:30   ⑤ 02:00

06 대화를 듣고, 여자의 장래 희망으로 가장 적절한 것을 고르시오.
① 건축가 　　　② 여행 작가 　　　③ 도서관 사서
④ 스페인어 강사 　　　⑤ 패션 디자이너

07 대화를 듣고, 여자의 심정으로 가장 적절한 것을 고르시오.
① 놀란 　　　② 외로운 　　　③ 고마운
④ 기대되는 　　　⑤ 실망스러운

08 대화를 듣고, 남자가 대화 직후에 할 일로 가장 적절한 것을 고르시오.
① 옷 환불하기 　　　② 옷 수선하기 　　　③ 파티에 참석하기
④ 새로운 정장 사기 　　　⑤ 옷 사이즈 교환하기

09 대화를 듣고, 무엇에 대해 이야기하고 있는지 가장 적절한 것을 고르시오.
① 전화 예절 　　　② 영화 줄거리 　　　③ 영화 관람 예절
④ 좋아하는 영화 장르 　　　⑤ 만화 영화 제작 방법

10 대화를 듣고, 두 사람이 선택할 교통수단으로 가장 적절한 것을 고르시오.
① 기차 　　　② 버스 　　　③ 자가용
④ 비행기 　　　⑤ 자전거

11 대화를 듣고, 여자가 약속에 늦은 이유로 가장 적절한 것을 고르시오.
① 늦잠을 자서 　　　② 길이 밀려서 　　　③ 버스를 잘못 타서
④ 병원에 다녀오느라 　　　⑤ 내릴 정거장을 지나쳐서

12 대화를 듣고, 두 사람이 대화하는 장소로 가장 적절한 곳을 고르시오.

① 은행   ② 식당   ③ 공항   ④ 세무서   ⑤ 식료품점

13 대화를 듣고, 남자가 가려고 하는 장소로 가장 적절한 곳을 고르시오.

Fire Station	①		Tourist Office	②
③	④	⇧	⑤	Police Station

14 대화를 듣고, 남자가 여자에게 부탁한 일로 가장 적절한 것을 고르시오.

① 텐트 설치하기   ② 점심 준비하기   ③ 망치 빌려 오기
④ 텐트 수리 맡기기   ⑤ 텐트 설치 방법 검색하기

15 대화를 듣고, 여자가 남자에게 제안한 것으로 가장 적절한 것을 고르시오.

① 위 검사 받기   ② 휴식 취하기
③ 스트레스 받지 않기   ④ 규칙적으로 식사하기
⑤ 건강에 좋은 음식 먹기

16 대화를 듣고, 두 사람의 대화가 <u>어색한</u> 것을 고르시오.

①   ②   ③   ④   ⑤

17 대화를 듣고, 여자가 남자에게 전화한 목적으로 가장 적절한 것을 고르시오.

① 책을 주문하려고
② 소포 배달을 확인하려고
③ 집 주소를 물어보려고
④ 관리인에게 항의하려고
⑤ 우체국 위치를 물어보려고

18 다음을 듣고, 'this'가 가리키는 것으로 가장 적절한 것을 고르시오.

[19~20] 대화를 듣고, 여자의 마지막 말에 대한 남자의 응답으로 가장 적절한 것을 고르시오.

19 Man: _____

① I wonder if it works.
② It is not your business.
③ It isn't easier than you think.
④ Okay. Thanks for your advice.
⑤ I hope everything goes well with you.

20 Man: _____

① You'd better go to a bank.
② Don't forget my change.
③ Please check the bill again.
④ I don't want to wait anymore.
⑤ Yes, please. I'm sorry to bother you.

대화를 듣고, 두 사람이 선택할 선물로 가장 적절한 것을 고르시오.

① ②

③ ④

⑤

특정 정보 문제를 먼저 읽고, 필요한 특정 정보에 집중하여 듣는다.

01 M : Did you hear Kathy is going to ＿＿＿＿＿ ＿＿＿＿＿ ＿＿＿＿＿ next week?

W : Yes, I heard.

M : What should we buy for her?

W : ＿＿＿＿＿＿＿＿＿＿＿＿＿? 〔함정〕

M : That's a good idea. But flowers are ＿＿＿＿＿ ＿＿＿＿＿ ＿＿＿＿＿.

W : I agree. Do you have any better ideas?

M : ＿＿＿＿＿＿＿＿＿＿＿＿＿? 〔단서〕

W : That will be good. It will help her new house ＿＿＿＿＿.

날씨 언급되는 여러 날씨에 대한 표현을 혼동하지 않도록 잘 듣고 정답을 고른다.

대화를 듣고, 현재 날씨로 가장 적절한 것을 고르시오.

① ② ③

④ ⑤

02 (telephone rings)

M : Hello, this is the Happy Boat Tour.

W : Hello, ＿＿＿＿＿ ＿＿＿＿＿ about the boat tour this afternoon.

M : Yes, how may I help you with that?

W : I'm afraid that the boat tour is dangerous because ＿＿＿＿＿＿＿＿＿ ＿＿＿＿＿.

M : Actually, the rain ＿＿＿＿＿ ＿＿＿＿＿. We're ＿＿＿＿＿＿＿＿＿ ＿＿＿＿＿ ＿＿＿＿＿.

W : Oh, I see.

M : I'll keep ＿＿＿＿＿ ＿＿＿＿＿ ＿＿＿＿＿. If it becomes too windy, I'll call and inform you about the cancelation.

W : Thank you. I'll be ＿＿＿＿＿ ＿＿＿＿＿ ＿＿＿＿＿ ＿＿＿＿＿.

의도 거절, 사과, 후회, 항의 등 다양한 상황별 표현을 미리 익혀 둔다.

대화를 듣고, 남자의 마지막 말의 의도로 가장 적절한 것을 고르시오.

① 감사 ② 사과 ③ 거절

④ 항의 ⑤ 후회

03 W : Hello, may I help you?

M : I want to ＿＿＿＿＿ ＿＿＿＿＿, please.

W : Okay, ＿＿＿＿＿ ＿＿＿＿＿ ＿＿＿＿＿ ＿＿＿＿＿, please.

M : Here you are. I'd like ＿＿＿＿＿ ＿＿＿＿＿ ＿＿＿＿＿.

W : Oh, sorry. The window seats ＿＿＿＿＿ ＿＿＿＿＿ ＿＿＿＿＿.

M : What? When I bought my ticket, the airline said I could _____ _____ _____ at check-in.

W : That's right. But you can also _____ _____ _____ online before you check in.

M : Really? Then _____ _____ _____ _____ _____ _____ about it at that time?

언급된 내용 대화나 담화를 들으면서 언급되는 내용을 하나씩 지워 나가며 정답을 찾는다.

04 W : Hello, everyone. This is a job posting. ABC Bank is _____ _____ _____ _____. You will be responsible for customer service. You _____ _____ _____ _____ in the field. You don't need _____ _____ _____, either. You only have to be _____ _____ _____. You will be paid _____ _____ _____ _____. Applicants must _____ _____ the position by March 12th. If you _____ _____ _____ this position, check the notice on the bulletin board on the 1st floor. Or you can come to the Students' Hall _____ _____ _____. Thank you.

다음을 듣고, 구인에 대해 언급되지 <u>않은</u> 것을 고르시오.
① 담당 업무　　② 자격 조건
③ 급여　　④ 근무 시간
⑤ 모집 기간

시각 최초로 언급되는 시각과 앞당기거나 미루는 시간 조절, 또는 남은 시간 등에 주의하여 듣는다.

05 M : Tomorrow, we'll go to _____ _____ _____ _____.

W : Right. When does the game start?

M : It's going to _____ _____ _____ o'clock.

W : Okay, then let's meet at 1 o'clock at your house.

M : Well, _____ _____ _____ _____ to get to the stadium. I think that's _____ _____ _____ _____.

W : I see. How about _____ _____ _____?

M : Great! See you then!

대화를 듣고, 두 사람이 만날 시각을 고르시오.
① 12:00　　② 12:30　　③ 01:00
④ 01:30　　⑤ 02:00

장래 희망 자주 출제되는 직업과 관련된 표현을 미리 익혀 둔다.

대화를 듣고, 여자의 장래 희망으로 가장 적절한 것을 고르시오.
① 건축가　　② 여행 작가
③ 도서관 사서　　④ 스페인어 강사
⑤ 패션 디자이너

06　M: What are you going to do this weekend?

W: I'm going to ＿＿＿＿＿ ＿＿＿＿＿ in the library.

M: Why are you learning Spanish?

W: I'm going to ＿＿＿＿＿ ＿＿＿＿＿ in Spain.

M: Are you interested in Spain?

W: Yes. Last year, I ＿＿＿＿＿ ＿＿＿＿＿ ＿＿＿＿＿, and I saw many wonderful buildings by Gaudi.

M: Oh, I heard they're fantastic!

W: Yeah, they are. I ＿＿＿＿＿ ＿＿＿＿＿ ＿＿＿＿＿ with them. I want to ＿＿＿＿＿ ＿＿＿＿＿ ＿＿＿＿＿ someday.

M: I hope you do.

심정 심정이 변화하는 경우가 있으므로, 일부 단어나 문장이 아니라 대화 전체를 마지막까지 잘 듣는다.

대화를 듣고, 여자의 심정으로 가장 적절한 것을 고르시오.
① 놀란　　② 외로운
③ 고마운　　④ 기대되는
⑤ 실망스러운

07　W: Hey, Mark! I ＿＿＿＿＿ ＿＿＿＿＿ ＿＿＿＿＿ ＿＿＿＿＿ for you!

M: Oh, what's that?

W: I got two ＿＿＿＿＿ ＿＿＿＿＿ ＿＿＿＿＿ ＿＿＿＿＿. Can you ＿＿＿＿＿ ＿＿＿＿＿?

M: Of course, I can. When is the game?

W: Next Saturday. I ＿＿＿＿＿ ＿＿＿＿＿!

M: Oh, oh, wait! You said your cousin is ＿＿＿＿＿ ＿＿＿＿＿ next weekend. Is it Saturday or Sunday?

W: Oops! You're right. I have my cousin's wedding ＿＿＿＿＿ ＿＿＿＿＿. I forgot.

M: Oh, well. You'll have to go to the soccer game ＿＿＿＿＿ ＿＿＿＿＿.

할 일 'How about ...?' / 'Why don't you ...?' 등 권유나 제안을 나타내는 표현이 정답의 단서가 되는 경우가 많으므로 이를 주의하여 듣는다.

대화를 듣고, 남자가 대화 직후에 할 일로 가장 적절한 것을 고르시오.
① 옷 환불하기
② 옷 수선하기
③ 파티에 참석하기
④ 새로운 정장 사기
⑤ 옷 사이즈 교환하기

08　M: I got a new suit for a party. How do I look?

W: You ＿＿＿＿＿ ＿＿＿＿＿ ＿＿＿＿＿ with the black suit.

M: Oh, thanks!

W: Umm... but it looks ＿＿＿＿＿ ＿＿＿＿＿ ＿＿＿＿＿ on you.

M: Does it?

W: Yes, ＿＿＿＿＿ ＿＿＿＿＿ ＿＿＿＿＿ it for a larger one.

M : I took _____ _____ _____ from the shop. I'm afraid it's _____ _____ _____ . Do I need to _____ _____ _____?

W : No, don't do that. How about going to another shop that can _____ _____ _____?

M : That's a good idea.

주제·화제 주제나 화제가 직접 제시되지 않을 때는 내용 전체를 포함할 수 있는 선택지를 정답으로 고른다.

09 M : What did you do last weekend?

W : I _____ _____ _____, *Madagascar*. I like animation.

M : How was the movie?

W : The story was good. All the characters are great, too. But I couldn't _____ _____ _____ _____ .

M : Why not?

W : A couple in front of me _____ _____ to each other during the movie.

M : _____ _____!

W : Some people even _____ _____ _____ _____ .

M : They should _____ at the theater.

대화를 듣고, 무엇에 대해 이야기하고 있는지 가장 적절한 것을 고르시오.

① 전화 예절
② 영화 줄거리
③ 영화 관람 예절
④ 좋아하는 영화 장르
⑤ 만화 영화 제작 방법

특정 정보 유사 정보가 많이 제시되므로 대화를 끝까지 듣고 정답을 고른다.

10 W : How are we going to get to our parents for *Chuseok*?

M : We usually _____ _____ _____ _____ .

W : But I'm sure the tickets _____ _____ _____ _____ . We're late.

M : Oh, no. Then we should _____ .

W : Are you serious? I'm sure we'll _____ _____ _____ _____ . Bicycles might be faster.

M : Oh, yes. I remember all the cars got stuck _____ _____ _____ _____ on the road.

W : Then _____ _____ _____ _____ .

M : I think so, too. Let's check online.

대화를 듣고, 두 사람이 선택할 교통수단으로 가장 적절한 것을 고르시오.

① 기차   ② 버스   ③ 자가용
④ 비행기   ⑤ 자전거

대화를 듣고, 여자가 약속에 늦은 이유로
가장 적절한 것을 고르시오.

① 늦잠을 자서
② 길이 밀려서
③ 버스를 잘못 타서
④ 병원에 다녀오느라
⑤ 내릴 정거장을 지나쳐서

이유 대화 중에 이유를 직접적으로 물어보는 경우가 많으므로, 이유를 묻는 말에 대한 응답을 집중해서 듣는다.

11 W: Hey, Andrew!

M: Oh, hi! Why are you _____ _____?

W: I'm sorry.

M: Did you _____?

W: I took a bus and....

M: Were there _____ on the road?

W: Andrew, I'm talking. Please let me finish. I _____ _____ on the
bus. So I _____ to get off.
I _____.

M: Oh, you were too tired!

W: Yes, I often _____ _____ these days.

M: I'm worried that you have a health problem.

W: Me, too. I'd better _____
soon.

대화를 듣고, 두 사람이 대화하는 장소로
가장 적절한 곳을 고르시오.

① 은행   ② 식당
③ 공항   ④ 세무서
⑤ 식료품점

대화 장소 식당이나 은행 등 특정 장소에서 이루어질 만한 표현을 미리 익혀 둔다.

12 M: _____, _____.

W: Here you are.

M: 11 dollars? I think _____.

W: Well, let me check. You ordered one risotto and one coke, right?

M: Yes, so it should be _____.

W: Oh, a 10% _____, sir.

M: You should put that information on your menu.

W: I'm sorry _____, sir.

대화를 듣고, 남자가 가려고 하는 장소로
가장 적절한 곳을 고르시오.

Fire Station	①		Tourist Office	②
③	④	⇧	⑤	Police Station

길 찾기 설명에 따라 지도에 표시하며 듣는다.

13 M: Excuse me. I'm new here. I have _____.
Could you help me?

W: Oh, I'll _____.

M: I don't think I need one.

W: Okay, then do you want to _____? I'll take
you to a hospital.

M : Thanks, but it will be okay if I _____ _____ _____ .
Could you tell me how to _____ _____ _____ _____ ?

W: Sure. Go straight one block and _____ _____ . You'll see a drugstore on your right.

M : _____ _____ _____ _____ and turn left, right?

W: Yes. You will see a drugstore _____ _____ _____ _____ _____ .

M : Thank you.

부탁한 일 부탁하는 내용을 직접적으로 말하는 경우가 많으므로 이를 집중하여 듣고, 부탁을 나타내는 표현을 미리 익혀 둔다.

14 W: Are you done, honey?

M : Not yet.

W: I'm so hungry. When can I _____ _____ ?

M : _____ _____ _____ , please.

W: Don't you know how to _____ _____ _____ _____ ?

M : Just give me some time. It's not easy.

W: Do you want me to _____ _____ _____ on the Internet?

M : No, thanks. Instead, could you _____ _____ _____ from someone around here? Mine isn't very good.

대화를 듣고, 남자가 여자에게 부탁한 일로 가장 적절한 것을 고르시오.

① 텐트 설치하기
② 점심 준비하기
③ 망치 빌려 오기
④ 텐트 수리 맡기기
⑤ 텐트 설치 방법 검색하기

제안 제안·요구·명령 등을 나타내는 표현을 미리 익혀 둔다.

15 W: You _____ _____ .

M : My stomach hasn't _____ _____ for a couple of days.

W: _____ _____ ?

M : I don't know. I visited my doctor but I don't have _____ _____ _____ .

W: Have you _____ _____ ?

M : Maybe. I was so busy that I haven't had time to eat.

W: Oh, no. You shouldn't _____ _____ . Try to have meals regularly and your stomach will _____ _____ .

대화를 듣고, 여자가 남자에게 제안한 것으로 가장 적절한 것을 고르시오.

① 위 검사 받기
② 휴식 취하기
③ 스트레스 받지 않기
④ 규칙적으로 식사하기
⑤ 건강에 좋음 음식 먹기

대화를 듣고, 두 사람의 대화가 어색한
것을 고르시오.

①   ②   ③   ④   ⑤

어색한 대화   의문사는 대답과 밀접한 관계가 있으므로 의문사를 주의 깊게 듣는다.

16   ①   W : _____ _____ _____ _____ _____ ?

        M : Sure, I can.

      ②   W : What does he _____ _____ ?

        M : He is very handsome.

      ③   W : What do you think about this shirt?

        M : It _____ _____ _____ _____ .

      ④   W : Would you mind if I turn off the heater?

        M : No, not at all!

      ⑤   W : _____ _____ _____ _____ _____

            from your house to your school?

        M : It's about 300 meters.

대화를 듣고, 여자가 남자에게 전화한 목
적으로 가장 적절한 것을 고르시오.

① 책을 주문하려고
② 소포 배달을 확인하려고
③ 집 주소를 물어보려고
④ 관리인에게 항의하려고
⑤ 우체국 위치를 물어보려고

전화 목적   전화 통화에서는 자신을 밝힌 후 바로 전화의 목적을 말하는 경우가 많으므로 그 부분에 집중한다.

17   *(telephone rings)*

      M : Hello, this is _____ _____ _____ .

      W : Hello, I have something to ask you.

      M : Okay. _____ _____ _____ _____
         _____ ?

      W : I wonder if there are _____ _____ there for me. I think one
         arrived while _____ _____ _____ .

      M : Let me check. What's _____ _____ _____ ?

      W : House 102.

      M : Okay, wait a moment. *(pause)* Oh, there it is. It looks like a book.

      W : Oh, that's right. I'm coming to _____ _____ _____
         soon.

18 M : These days the air is not clean. There is _____ _____ _____
       in the air. You'd better use this. ▓▓▓▓▓▓▓▓▓▓▓▓▓▓▓▓▓▓▓▓
       ▓▓▓▓▓▓▓▓ is dangerous for your health. It can _____ _____
       _____ . So, when you go out, I advise you to ▓▓▓▓▓▓▓▓▓▓
       ▓▓▓▓▓▓ by wearing this. This can help you _____ _____
       _____ _____ and protect yourself.

다음을 듣고, 'this'가 가리키는 것으로 가장 적절한 것을 고르시오.

①   ②

③   ④

⑤

19 W : What's wrong? You _____ _____ _____ .

🇬🇧 M : I have an important presentation tomorrow. I didn't sleep last night.

    W : Did you _____ _____ _____ all night?

    M : Actually, no. I was _____ _____ that I couldn't fall asleep. I
       _____ _____ _____ in front of so many people.

    W : Try to think _____ _____ _____ and people in the room
       don't know about what you're saying. It can _____ _____
       _____ and help _____ _____ _____ .

    M : _____

[19~20] 대화를 듣고, 여자의 마지막 말에 대한 남자의 응답으로 가장 적절한 것을 고르시오.

19 Man : _____
① I wonder if it works.
② It is not your business.
③ It isn't easier than you think.
④ Okay. Thanks for your advice.
⑤ I hope everything goes well
   with you.

20 (doorbell rings)

    M : Who is it?

    W : Pizza delivery.

    M : How much is it?

    W : _____ _____ a shrimp pizza and a green salad. It's 14 dollars.

    M : Oh, I don't have cash now. Can I _____ _____ _____
       _____ ?

    W : I'm sorry. I _____ _____ _____ my card machine.

    M : Oh, no. What can I do?

    W : I'll _____ _____ _____ with the machine.

    M : _____

20 Man : _____
① You'd better go to a bank.
② Don't forget my change.
③ Please check the bill again.
④ I don't want to wait anymore.
⑤ Yes, please. I'm sorry to bother
   you.

01 대화를 듣고, 여자가 설명하는 자세로 가장 적절한 것을 고르시오.

①  ②  ③

④  ⑤

02 대화를 듣고, 주말 날씨로 가장 적절한 것을 고르시오.

① ② ③ ④ ⑤

03 대화를 듣고, 남자의 마지막 말의 의도로 가장 적절한 것을 고르시오.

① 거절   ② 동의   ③ 변명   ④ 제안   ⑤ 허가

04 대화를 듣고, 여자가 준비하지 않은 것을 고르시오.

① 모자   ② 우산   ③ 수영복
④ 선글라스   ⑤ 자외선 차단제

05 대화를 듣고, 여자가 다음 약을 먹을 시각을 고르시오.

① 00:00 a.m.   ② 06:00 a.m.   ③ 08:00 a.m.
④ 02:00 p.m.   ⑤ 12:00 p.m.

대화를 듣고, 여자의 직업으로 가장 적절한 것을 고르시오.

① 공군   ② 승무원   ③ 여행작가
④ 사업가   ⑤ 비행기 조종사

07 대화를 듣고, 남자의 심정으로 가장 적절한 것을 고르시오.

① sad   ② angry   ③ bored
④ excited   ⑤ worried

08 대화를 듣고, 두 사람이 대화 직후에 할 일로 가장 적절한 것을 고르시오.

① 동전 바꾸기   ② 기념품 구입하기   ③ 항공권 구입하기
④ 여권 재발급 받기   ⑤ 비행기 탑승하기

09 대화를 듣고, 무엇에 대해 이야기하고 있는지 가장 적절한 것을 고르시오.

① 유기견 문제   ② 사진작가의 고충   ③ 동물 입양 절차
④ 안락사 찬반   ⑤ 다큐멘터리 제작 과정

10 대화를 듣고, 남자가 선택한 교통수단으로 가장 적절한 것을 고르시오.

① 버스   ② 택시   ③ 자전거
④ 지하철   ⑤ 비행기

11 다음을 듣고, 도로가 폐쇄된 이유로 가장 적절한 것을 고르시오.

① 폭설이 내려서   ② 도로가 망가져서   ③ 거리 집회가 있어서
④ 중요한 행사가 있어서   ⑤ 지하철 공사 중이어서

m**e**m()

12 대화를 듣고, 두 사람의 관계로 가장 적절한 것을 고르시오.

① 가수 – 매니저　　　　② 어머니 – 아들　　　　③ 꽃집 주인 – 손님

④ 제과점 주인 – 손님　　⑤ TV 쇼 진행자 – 출연자

13 대화를 듣고, 여자가 가려고 하는 장소로 가장 적절한 곳을 고르시오.

Audiovisual Lab	①	②	Lounge
③	④	⑤	Counseling Center

14 대화를 듣고, 남자가 여자에게 부탁한 일로 가장 적절한 것을 고르시오.

① 집 안 확인하기　　　　② 교실 확인하기　　　　③ 휴대전화로 전화하기

④ 휴대전화 분실 신고하기　　⑤ 분실물 보관소 들르기

15 대화를 듣고, 남자가 여자에게 제안한 것으로 가장 적절한 것을 고르시오.

① 산책하기　　　　　　　② 감기약 먹기　　　　　③ 가습기 켜기

④ 실내 환기하기　　　　　⑤ 병원 진료 받기

16 대화를 듣고, 두 사람의 대화가 어색한 것을 고르시오.

①　　　　　②　　　　　③　　　　　④　　　　　⑤

17 대화를 듣고, 남자가 전화를 건 목적으로 가장 적절한 것을 고르시오.

① 조카를 소개하려고
② 소음 때문에 항의하려고
③ 불면증에 대해 상담하려고
④ 아이를 돌봐달라고 부탁하려고
⑤ 새로 이사 와서 이웃에게 인사하려고

memo

18 다음을 듣고, 'this'가 가리키는 것으로 가장 적절한 것을 고르시오.

①

②

③

④

⑤

[19~20] 대화를 듣고, 남자의 마지막 말에 대한 여자의 응답으로 가장 적절한 것을 고르시오.

19 Woman: _____

① Is it free?
② Here you are.
③ I don't have much time.
④ Could you take my bag and coat?
⑤ I have a membership card for this theater.

20 Woman: _____

① I'll always be with you.
② I think you should call 911.
③ Okay. I'll send a tow truck right away.
④ I'll show you how to get to a car repair shop.
⑤ Could you explain what is happening with the traffic?

그림 묘사 선택지의 그림을 보고 동작을 묘사하는 표현을 미리 예상해 보자.

대화를 듣고, 여자가 설명하는 자세로 가장 적절한 것을 고르시오.

① ② ③ ④ ⑤

01 M: What are you doing, Lisa?

W: I have back pain, so I'm _____ _____ _____.

M: I have problems _____ _____ _____, too. I think I need exercise. Can you teach me?

W: Sure, it's easy. _____ _____ _____. Try to follow me.

M: Okay, I'm ready.

W: First, crawl _____ _____ _____ _____ _____. Keep your legs shoulder-width apart.

M: Okay.

W: _____ _____ _____ shoulder-width apart, too. Are you following me?

M: Yes, I am. Like this?

W: Good. Now _____ _____ _____ _____.

M: Okay.

W: Do you _____ _____ _____ _____? Stay in that position for a while. It'll help.

날씨 여러 날씨에 관한 표현을 혼동하지 않도록 대화를 끝까지 잘 듣고 정답을 고른다.

대화를 듣고, 주말 날씨로 가장 적절한 것을 고르시오.

① ② ③ ④ ⑤

02 M: We have three days left to _____ _____. I can't wait!

W: Me, either. But I'm _____ _____ _____.

M: Why?

단서

W: The weather report says the rain will _____ _____ this weekend. I hope we have _____ _____. 함정

M: I heard that. It _____ _____. Imagine the camping site _____ _____ _____. That would be fantastic, wouldn't it?

W: Right, but I don't like cold weather.

M: Don't worry. It'll be okay.

03   M : Ellie, you look busy.

W : A little bit. I'm _____ _____ _____ about traveling.

M : Are you _____ _____ _____ _____ ?

W : Yes, I'm _____ _____ .

M : I envy you. To where?

W : To Europe.

M : _____ _____ !

W : Yes, but I'm afraid I'll be _____ _____ . I don't have anyone to travel with.

M : Why not? How about me? I _____ _____ _____ Europe.

04   M : Hi, Linda! Did you _____ _____ _____ _____ ?

W : Oh, hi! Yes, I went to Phuket.

M : Wow, did you have a good time?

W : Of course! I _____ _____ _____ _____ .

M : That sounds great! But you didn't get a tan. Did you _____ _____ _____ _____ ?

W : Actually, no. I was perfectly _____ _____ _____ _____ . I bought a hat, sunglasses, and a long-sleeved swimsuit. And sunscreen, of course. But I _____ _____ _____ _____ _____ . It was cloudy and rainy every day I was there.

M : That's too bad.

W : Right. I _____ _____ _____ _____ , not sunglasses.

M : I can't agree with you more.

대화를 듣고, 여자가 준비하지 않은 것을 고르시오.

① 모자   ② 우산
③ 수영복   ④ 선글라스
⑤ 자외선 차단제

시각 현재 시각과 시간 조건을 유의하여 듣는다.

05

대화를 듣고, 여자가 다음 약을 먹을 시각을 고르시오.

① 00:00 a.m. ② 06:00 a.m.
③ 08:00 a.m. ④ 02:00 p.m.
⑤ 12:00 p.m.

M : Here is your medicine.

W : Oh, thanks. How often should I _____ _____ _____?

M : You need to take it _____ _____ _____, _____ _____.

W : I see. Can I have some water? I'm going to take the pill now.

M : Sure, here you are.

W : Thank you. Oh, I need to _____ _____ _____. Do you have the time?

M : Yes, it's noon exactly.

W : Okay, then I'll _____ _____ _____ _____ tonight.

직업 직업을 직접적으로 언급하는 경우가 많으므로 주의하여 듣는다.

06

대화를 듣고, 여자의 직업으로 가장 적절한 것을 고르시오.

① 공군   ② 승무원
③ 여행작가   ④ 사업가
⑤ 비행기 조종사

W : Hi, Jack. _____ _____ _____ _____!

M : Hi. I'm happy to see you here. Are you going somewhere?

W : I'm on my way home. I've just _____ _____ _____.

M : Did you _____ _____ _____ or just vacation?

W : Oh, no. I was actually _____ _____.

M : Really? You _____ in the Air Force, weren't you?

W : Yes, I was, but I'm not anymore. I finished my service.

M : Wow, _____!

심정 일부 단어나 문장이 아닌 전체 흐름을 통해 심정을 유추해야 하는 경우도 있다.

07

대화를 듣고, 남자의 심정으로 가장 적절한 것을 고르시오.

① sad   ② angry
③ bored   ④ excited
⑤ worried

W : Wow! Look at _____ _____ _____! Let's go down!

M : Okay, but it's not simple. I don't know how to....

W : Oh, Eric. _____.

M : Okay, okay, I'm trying. But my legs _____ _____.

W : Take a deep breath. Just take one step forward. Now you can _____ _____ _____.

08 W: It's time to board. _____ _____ _____ and boarding pass.

M: Okay. Oh-oh, wait. I can't _____ _____ _____. What should I do?

W: Oh, no! Stay calm and _____ _____ _____ carefully.

M: Oh, I found it.

W: Good. Then let's _____ _____ _____.

M: Is there anything we forgot?

W: Well, _____ _____? We have some coins. Let's buy some small things with them.

M: That's a good idea! Let's go _____ _____! We don't have much time.

대화를 듣고, 두 사람이 대화 직후에 할 일로 가장 적절한 것을 고르시오.
① 동전 바꾸기
② 기념품 구입하기
③ 항공권 구입하기
④ 여권 재발급 받기
⑤ 비행기 탑승하기

09 M: Did you _____ _____ _____ last night?

W: About what?

M: How many people _____ _____ _____. And how many dogs are in danger.

W: _____ _____ _____.

M: And it showed some pictures of dogs that _____ _____ _____ _____ _____. They will be killed if no one helps them. They look so sad.

W: _____ _____! People should _____ _____. It's their responsibility.

대화를 듣고, 무엇에 대해 이야기하고 있는지 가장 적절한 것을 고르시오.
① 유기견 문제
② 사진작가의 고충
③ 동물 입양 절차
④ 안락사 찬반
⑤ 다큐멘터리 제작 과정

10 W: Honey, _____ _____ _____. Lena is waiting for you.

M: I know. I'm almost done. Can you _____ for me?

W: I don't think it's a good idea. You'll _____ _____ _____. You'd better take the subway.

M: Don't you know the subway workers are _____ _____? Taking a taxi is the best.

W: Okay then, it'll be faster than the bus.

다음을 듣고, 도로가 폐쇄된 이유로 가장 적절한 것을 고르시오.

① 폭설이 내려서
② 도로가 망가져서
③ 거리 집회가 있어서
④ 중요한 행사가 있어서
⑤ 지하철 공사 중이어서

이유 문제에서 요구하는 바를 먼저 파악한 후, 이유를 선별적으로 들어야 한다.

11 W: This is the traffic report. _____ _____ _____ throughout the city. I'd especially like to ask you _____ _____ _____ _____ around City Hall. There is _____ _____, _____ _____ in the road near City Hall. The road is closed completely. Moreover, there will be _____ _____ _____ at City Hall in the afternoon. So many people will _____ _____ _____. If you need to go near City Hall, I recommend _____ _____ _____ _____ in advance.

대화를 듣고, 두 사람의 관계로 가장 적절한 것을 고르시오.

① 가수 – 매니저
② 어머니 – 아들
③ 꽃집 주인 – 손님
④ 제과점 주인 – 손님
⑤ TV 쇼 진행자 – 출연자

관계 대화의 전반적인 내용과 상황 파악이 중요하다.

12 W: Jeffrey, could you _____ _____ _____ for me? I'm making a cake, but I _____ _____ _____ it.

M: I'm busy now.

W: You don't _____ _____ _____. You're just watching TV.

M: Right. My favorite singer _____ _____ _____ _____.

W: The supermarket is not _____ _____ _____ our home. You'll be back in time.

M: Okay, I'll _____ _____ _____ _____.

대화를 듣고, 여자가 가려고 하는 장소로 가장 적절한 곳을 고르시오.

Audiovisual Lab	①	②	Lounge
			⇦
③	④	⑤	Counseling Center

길 찾기 찾아가려는 장소부터 명확하게 파악해야 한다.

13 M: May I help you?

W: Yes, please. I'd like to _____ _____ _____ a writing course.

M: Have you studied writing before?

W: No, I haven't. But I've _____ _____ for several months.

M: Then, I recommend you take the beginner writing class.

W: Well, I want to _____ _____ _____ _____ before registration.

M: Okay. You can take the test at the Counseling Center. It's next to the Grammar Classroom.

W: Okay, thanks! But I need to _____ _____ _____ first. Can you tell me _____ _____ _____ _____?

M: It's across from the Audiovisual Lab, _____ _____ _____ _____ _____ _____.

부탁한 일 부탁하는 내용은 주로 마지막에 언급되는 경우가 많다.

14 W: _____ _____ _____ _____, Matthew?

M: I think I lost my cell phone. I _____ _____ _____ _____ _____, but I can't find it.

W: _____ _____ _____ when you last used it.

M: I don't remember.

W: Did you check the Lost and Found?

M: Of course, I checked it already.

W: Then you'll have to _____ _____ _____ after school.

M: _____ _____ _____, and I can't wait.

W: Okay then. Let's check your bag or pockets.

M: Can you _____ _____? Maybe I can hear it ring.

대화를 듣고, 남자가 여자에게 부탁한 일로 가장 적절한 것을 고르시오.

① 집 안 확인하기
② 교실 확인하기
③ 휴대전화로 전화하기
④ 휴대전화 분실 신고하기
⑤ 분실물 보관소 들르기

제안 대화의 전반적 상황을 파악하고, 직접적으로 언급되는 제안과 대답을 잘 듣는다.

15 W: Ahchoo!

M: _____ _____! Did you catch a cold?

W: Thank you! But I _____ _____ _____ _____.

M: Then why are you sneezing?

W: I _____ _____, I think.

M: Oh, dear. _____ _____ _____? If you stay indoors with bad air, you'll _____ _____. Open the windows _____ _____ _____.

W: Okay, I'd better _____ _____ _____ _____.

대화를 듣고, 남자가 여자에게 제안한 것으로 가장 적절한 것을 고르시오.

① 산책하기   ② 감기약 먹기
③ 가습기 켜기   ④ 실내 환기하기
⑤ 병원 진료 받기

어색한 대화 관용적인 표현을 미리 익혀 둔다.

16 ① M : How about joining us?

W : I'd like to, but I can't.

② M : _____ _____ _____ _____?

W : It's due next Monday.

③ M : _____ _____ _____ _____ _____ the
plant?

W : Once or twice a week.

④ M : _____ _____ _____ _____ this weekend?

W : Let's go on a picnic.

⑤ M : _____ _____ _____ _____?

W : _____ and turn left at the corner.

전화 목적 전화 초반 내용을 집중하여 듣는다.

17 *(telephone rings)*

M : Hello! This is Ethan, _____ _____ _____.

W : Oh, hello! This is your first time calling. What's up?

M : Well, I'm afraid I've got to _____ _____ _____. Last
night, I couldn't _____ because of the
noise coming from your house.

W : Oh, I'm so sorry. My nephews are visiting me. They are young kids and it's
_____ _____ _____ _____ _____.

M : Umm....

W : Anyway, I'll be more careful _____ _____ _____
_____. Sorry for bothering you.

M : Okay. Thanks for understanding.

지칭 추론 미리 선택지 그림을 보고 들을 내용을 짐작한다.

18 W: People carry this ＿＿＿＿＿＿ ＿＿＿＿＿ ＿＿＿＿＿ and may use this when they travel. This helps them to ＿＿＿＿＿ ＿＿＿＿＿ ＿＿＿＿＿ ＿＿＿＿＿. This shows them ＿＿＿＿＿ ＿＿＿＿＿ ＿＿＿＿＿ they will have to go. This shows people real pictures of streets, places, and buildings. So, this is very useful when you're ＿＿＿＿＿ ＿＿＿＿＿ ＿＿＿＿＿. Thanks to this, people can travel easily ＿＿＿＿＿ ＿＿＿＿＿ ＿＿＿＿＿ ＿＿＿＿＿.

다음을 듣고, 'this'가 가리키는 것으로 가장 적절한 것을 고르시오.

①   ②
③   ④
⑤

마지막 말에 대한 응답 전체 대화 내용을 주의 깊게 듣고, 마지막에 질문을 하는 경우 특히 이를 잘 듣는 것이 중요하다.

19 M: May I help you?

W: I'd like to rent some opera glasses.

M: ＿＿＿＿＿ ＿＿＿＿＿ ＿＿＿＿＿ ＿＿＿＿＿ ＿＿＿＿＿ ＿＿＿＿＿?

W: Two, please. What's ＿＿＿＿＿ ＿＿＿＿＿ ＿＿＿＿＿?

M: Two dollars for one.

W: Okay. Here are $4.

M: Do you have anything else ＿＿＿＿＿ ＿＿＿＿＿ ＿＿＿＿＿ ＿＿＿＿＿?

W: ＿＿＿＿＿＿＿＿＿＿＿＿＿＿＿＿＿＿＿

[19~20] 대화를 듣고, 남자의 마지막 말에 대한 여자의 응답으로 가장 적절한 것을 고르시오.

19 Woman: ＿＿＿＿＿
① Is it free?
② Here you are.
③ I don't have much time.
④ Could you take my bag and coat?
⑤ I have a membership card for this theater.

마지막 말에 대한 응답 두 사람의 관계와 대화의 전반적인 내용을 잘 파악하며 듣는다.

20 W: Hello. This is Top Insurance. What can I do for you?

M: ＿＿＿＿＿ ＿＿＿＿＿ because I have a problem.

W: What's the matter, sir?

M: I've ＿＿＿＿＿＿＿＿＿＿＿＿＿＿＿＿＿.

W: Are you okay? ＿＿＿＿＿ ＿＿＿＿＿ ＿＿＿＿＿?

M: Everyone is okay. But my car is broken. I can't ＿＿＿＿＿＿＿＿＿＿.

W: Where are you now?

M: On 4th Street.

W: I ＿＿＿＿＿ ＿＿＿＿＿ ＿＿＿＿＿ ＿＿＿＿＿ just in case.

M: It's 010-1234-9008.

W: ＿＿＿＿＿＿＿＿＿＿＿＿＿＿＿＿＿

20 Woman: ＿＿＿＿＿
① I'll always be with you.
② I think you should call 911.
③ Okay. I'll send a tow truck right away.
④ I'll show you how to get to a car repair shop.
⑤ Could you explain what is happening with the traffic?

memo

지은이

NE능률 영어교육연구소

NE능률 영어교육연구소는 혁신적이며 효율적인 영어 교재를 개발하고
영어 학습의 질을 한 단계 높이고자 노력하는 NE능률의 연구조직입니다.

주니어 리스닝튜터 〈입문〉

펴 낸 이	주민홍
펴 낸 곳	서울특별시 마포구 월드컵북로 396(상암동) 누리꿈스퀘어 비즈니스타워 10층
	㈜NE능률 (우편번호 03925)
펴 낸 날	2015년 7월 10일 개정판 제1쇄
	2023년 3월 15일 제16쇄
전 화	02 2014 7114
팩 스	02 3142 0356
홈 페 이 지	www.neungyule.com
등 록 번 호	제 1-68호
I S B N	979-11-253-0815-7 53740
정 가	11,000원

NE 능률

고객센터

교재 내용 문의 : contact.nebooks.co.kr (별도의 가입 절차 없이 작성 가능)
제품 구매, 교환, 불량, 반품 문의 : 02-2014-7114
☎ 전화문의는 본사 업무시간 중에만 가능합니다.

초중등 어휘 필수 기본서
주니어 능률 VOCA

STARTER 1 STARTER 2 입문 기본 실력 숙어

STARTER 1
· 초3-4 수준의 필수 어휘 480개 수록

STARTER 2
· 초5-6 수준의 필수 어휘 480개 수록

입문
· 예비중 수준의 필수 단어 및 숙어 1000개 수록

기본
· 중1-2 수준의 필수 단어 및 숙어 1,200개 수록

실력
· 중2-예비고 수준의 필수 단어 및 숙어 1,200개 수록

숙어
· 중학교 전 교과서 분석을 토대로 700개 핵심 영숙어 수록

NE능률 교재 MAP

아래 교재 MAP을 참고하여 본인의 현재 혹은 목표 수준에 따라 교재를 선택하세요.
NE능률 교재들과 함께 영어실력을 쑥쑥~ 올려보세요!
MP3 등 교재 부가 학습 서비스 및 자세한 교재 정보는 www.nebooks.co.kr 에서 확인하세요.

듣기
말하기
쓰기

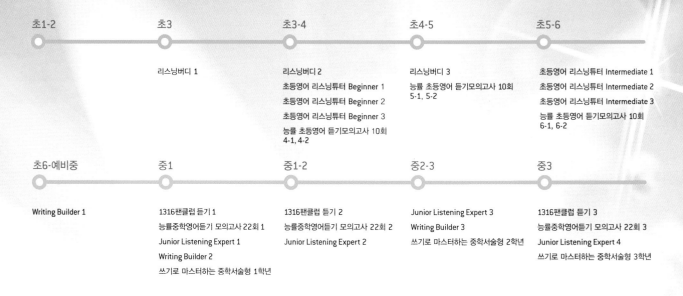

초1-2	초3	초3-4	초4-5	초5-6
	리스닝버디 1	리스닝버디 2 초등영어 리스닝튜터 Beginner 1 초등영어 리스닝튜터 Beginner 2 초등영어 리스닝튜터 Beginner 3 능률 초등영어 듣기모의고사 10회 4-1, 4-2	리스닝버디 3 능률 초등영어 듣기모의고사 10회 5-1, 5-2	초등영어 리스닝튜터 Intermediate 1 초등영어 리스닝튜터 Intermediate 2 초등영어 리스닝튜터 Intermediate 3 능률 초등영어 듣기모의고사 10회 6-1, 6-2

초6-예비중	중1	중1-2	중2-3	중3
Writing Builder 1	1316팬클럽 듣기 1 능률중학영어듣기 모의고사 22회 1 Junior Listening Expert 1 Writing Builder 2 쓰기로 마스터하는 중학서술형 1학년	1316팬클럽 듣기 2 능률중학영어듣기 모의고사 22회 2 Junior Listening Expert 2	Junior Listening Expert 3 Writing Builder 3 쓰기로 마스터하는 중학서술형 2학년	1316팬클럽 듣기 3 능률중학영어듣기 모의고사 22회 3 Junior Listening Expert 4 쓰기로 마스터하는 중학서술형 3학년

중3-예비고	고1	고1-2	고2-3	고3
	TEPS BY STEP L+V Basic		TEPS BY STEP L+V 1	

수능 이상/ 토플 80-89· 텝스 600-699점	수능 이상/ 토플 90-99· 텝스 700-799점	수능 이상/ 토플 100· 텝스 800점 이상		
TEPS BY STEP L+V 2 RADIX TOEFL Blue Label Listening 1 RADIX TOEFL Blue Label Listening 2	RADIX TOEFL Black Label Listening 1	TEPS BY STEP L+V 3 RADIX TOEFL Black Label Listening 2		

Junior

LISTENING TUTOR

입문

즐겁게 충전되는 영어 자신감

주니어 리스닝튜터
정답 및 해설

NE 능률

즐겁게 충전되는 영어 자신감

Junior
LISTENING
TUTOR

입문

정답 및 해설

Unit 00 Sound Focus

나의 영어 듣기 실력 점검하기 본문 p. 008

1 1) butter 2) allergy 3) important 4) thousand
  5) midnight
2 1) I'm a little bit frightened.
  2) I'm stressed about my studies.
  3) I'd like to send a letter to my friend.
  4) I am not at all certain you understand me.
  5) I saw your daddy in front of the post office.

2 1) 나 조금 무서워.
  2) 공부 때문에 스트레스 받아.
  3) 제 친구에게 편지를 보내고 싶어요.
  4) 전혀 네가 나를 이해하는 것 같지 않아.
  5) 우체국 앞에서 네 아버지를 봤어.

Point 1 본문 p. 009

1 1) study 2) stupid 3) skill 4) skin 5) speak
  6) hospital
2 1) ④ 2) ②
3 stain, skirt, spilt, strawberry, instead, spoon

• 우리 오빠는 대학생이야.
• 그 단어의 철자가 어떻게 되니?

2 1) A : 제가 이곳에 처음이라서요. 가장 가까운 버스 정류장
       이 어딘가요?
    B : 두 블록을 직진하셔서 오른쪽으로 도세요. 식료품점
       옆에 있어요.
  2) A : 집에 가는 길이니?
    B : 아니, 병원에 가고 있어. 팔을 다쳤거든.
    A : 괜찮기를 바랄게.
    B : 고마워. 그럴 거야. 사실, 다음 달에 특별한 스포츠
       경기에 참여하기로 되어 있어. 내 기회를 망치고 싶지
       않아.
3 A : 네 치마에 무슨 얼룩이니?
  B : 딸기 요구르트를 쏟았어.
  A : 어쩌다가?

B : 숟가락을 쓰려는 대신에 마시려고 했거든.
A : 좀 더 조심해야지.

Point 2 본문 p. 010

1 1) better 2) matter 3) theater 4) sweater
  5) waiting
2 what are, butter, spaghetti, What are, Saturday,
  daughter's, get it, later

• 나 목말라. 물을 원해.
• 우리 집은 새 히터가 필요해.

1 1) A : 나 감기 걸렸어.
    B : 빨리 낫기를 바랄게.
  2) A : 너 무슨 일이니?
    B : 자동차 사고가 있었어.
  3) A : 우리 내일 어디서 만날까?
    B : 영화관 앞에서 만나자.
  4) A : 정말 더워, 그렇지 않니?
    B : 스웨터를 벗는 게 어때?
  5) A : 이용 가능한 테이블 있나요?
    B : 죄송하지만, 만석입니다. 대기 명단에 이름 올려드릴
       까요?

2 A : 뭐 하고 있어요? 부엌이 버터 냄새로 가득해요.
  B : 스파게티와 쿠키를 좀 만들고 있어요.
  A : 왜 만들고 있어요?
  B : 이번 주 토요일이 딸 생일이에요. 오늘 그 애를 위한 파
     티를 열 거예요. 원하면 와도 돼요.
  A : 좋아요. 그러고 싶어요. 그러면 그 애를 위해 꽃을 좀 준
     비해야겠어요. 꽃집에 가는 길 알아요?
  B : Han's 제과점 알죠? 꽃집은 그 건너편이에요.
  A : 아, 알겠어요. 사서 이따 오후에 돌아올게요.

Point 3 본문 p. 011

1 ⑤
2 1) stand 2) twenty 3) Internet 4) dentist
  5) center 6) counter 7) identity
3 1) wanted 2) painting, painter 3) international
  4) front 5) end

• 너는 전혀 나를 이해 못하는구나.
• 이곳에 온 게 난 이번이 두 번째야.

2 1) Jake, 일어나렴.

   2) 올해, 나는 스무 살이 돼.

   3) 인터넷에서 요리법을 찾아볼 수 있어.

   4) 치통이 있어. 치과 의사를 만나 봐야겠어.

   5) 관광 안내 센터를 찾고 있어요.

   6) 계산대에 긴 줄이 있었어.

   7) 경찰이 마침내 도둑의 신원을 밝혀냈다.

3 1) 혼자 있고 싶었어.

   2) 유명 화가에게서 그림을 얻었어.

   3) 이 도시에 국제 공항이 있어.

   4) 지하철역 앞에 저를 내려 주세요.

   5) 이 달 말에 새 집으로 이사 갈 거야.

Point 4
본문 p. 012

1 1) medal 2) exactly 3) button 4) important
   5) recently 6) kidding
2 1) total 2) loudly 3) sudden 4) kindly
   5) mostly

• 그 영화의 제목이 뭐니?

• 내 차가 길 한 가운데에서 멈췄어.

1 1) A : 경기는 어땠어?

    B : 내가 금메달을 땄어.

   2) A : 출발 시간이 언제니?

    B : 내 비행기는 정확히 한 시간 후에 떠나.

   3) A : 엘리베이터 버튼 좀 눌러 주시겠어요?

    B : 네, 물론이죠.

   4) A : 건강보다 더 중요한 것은 없어.

    B : 네 말에 전적으로 동감해.

   5) A : 최근에 그로부터 소식 들었니?

    B : 아니, 못 들었어.

   6) A : 나 이번 주 일요일에 결혼해.

    B : 너 농담하는 거지, 맞지?

2 1) 총액은 25달러예요.

   2) 사람들이 너무 시끄럽게 말하고 있다.

   3) 나는 그의 갑작스러운 죽음에 충격을 받았다.

   4) Jeffrey는 항상 다른 사람들에게 친절하게 말한다.

   5) 이 단어는 대개 호주에서 사용된다.

Point 5
본문 p. 013

1 1) When'd 2) they're, won't 3) How's, It's
   4) He's, isn't
2 What is, don't, I am, I'm, you'd, I will, It's

• 저는 블라우스와 치마를 찾고 있어요.

• 네 건강을 잘 돌보는 게 좋을 거야.

1 1) A : 언제가 가장 좋아?

    B : 다음 주 토요일 어때?

   2) A : 이 상자들 옮기는 것을 도와 줄래?

    B : 그래. 우와, 이것들 정말 무겁다. 전혀 움직이려고 하

      지 않아.

   3) A : 오늘 날씨는 어때?

    B : 매우 화창하고 따뜻해.

   4) A : 그 애는 정말 똑똑한 소년이야, 그렇지 않니?

    B : 맞아, 그래.

2 A : 무슨 일이니, Paul? 너 안 좋아 보여.

   B : 독감에 걸린 것 같아. 목이 아프고 열이 나.

   A : 안됐구나. 병원에 가 보는 게 나을 것 같아.

   B : 응. 그렇게.

   A : 그리고 더 따뜻한 옷을 입어야 해. 내일 눈 올 거야.

   B : 걱정해줘서 고마워.

Point 6
본문 p. 014

1 1) ↘, ↗ 2) ↘, ↗ 3) ↗, ↘ 4) ↘, ↗

• 너 벌써 점심을 먹었구나.

• 너 벌써 점심을 먹었니?

• 그는 Amy와 데이트를 하는구나, 맞니?

• 그는 Amy와 데이트를 하는구나, 그렇지?

1 1) A : 실례합니다. 합석해도 될까요?

    B : 뭐라고요?

   2) A : 기분이 안 좋아 보여. 무슨 일이니?

    B : 누군가가 내 쿠키를 먹었어. 네가 내 쿠키를 먹었니?

    A : 나는 네 쿠키 안 먹었어.

    B : 너는 내 쿠키를 안 먹었다는 말이지. 그러면 누가 그

      걸 먹었지?

   3) A : 제일 가까운 지하철역에 가는 길 좀 알려 주시겠어

      요?

    B : 뭐라고요?

A : 제일 가까운 지하철역에 가는 방법을 알고 싶어요.

B : 죄송해요. 저도 여기 처음이에요.

4) A : 왜 Sam이 오늘 동아리 모임에 안 왔는지 아니?

B : 그는 어제 아팠어. 그래서 못 온 거야.

A : 그가 어제 아팠다고? 동아리 모임이 있을 때마다 아프네.

B : 그를 오해하지 마. 어제 그가 아팠던 것은 사실이야.

Point 7

본문 p. 015

1 1) a 2) a 3) b 4) b
2 1) math 2) mouth 3) feel 4) lobby 5) label
   6) Viking 7) leisure 8) message
3 1) catalog 2) pizza, orange juice 3) movie genre
   4) air conditioner 5) digital camera
   6) bath, breakfast 7) model 8) remote control
   9) elevator 10) accessories

3 1) 제게 카탈로그를 보내 주시겠어요?
  2) 피자와 오렌지 주스 주세요.
  3) 가장 좋아하는 영화 장르가 뭐니?
  4) 덥네. 에어컨을 켜 주세요.
  5) 어제 새 디지털카메라를 샀어.
  6) 나는 보통 아침 먹기 전에 목욕을 해.
  7) Samantha는 모델이 될 만큼 충분히 키가 커.
  8) 내가 리모컨을 어디에 두었는지 기억이 안 나.
  9) Brad는 엘리베이터를 타는 대신에 계단을 이용했어.
  10) 제게 멋진 액세서리를 좀 추천해 주시겠어요?

Unit 01 Family & Neighborhood

Words Preview

본문 p. 016

01 방문하다 02 초대하다 03 사촌 04 이웃 05 닮다
06 주부 07 외동 08 집들이 09 …의 바로 옆에 10 자라다
11 이사 오다 12 …처럼 보이다. 닮다 13 옆집에 14 …의 맞
은편에 15 …으로 가는 길에 16 대가족이다 17 …의 동네에
(서) 18 …의 생일을 축하하다

Getting Ready

본문 p. 017

A 1 across, ⓓ 2 make, ⓑ 3 have, big, ⓐ
   4 look like, ⓒ 5 grow up, ⓔ
B 1 ⓒ 2 ⓐ 3 ⓑ
C 1 ⓐ 2 ⓐ

B

1 ⓒ 2 ⓐ 3 ⓑ

1 W: How many people are in your family?
  M: There are four people in my family: my parents, my older sister, and me.
  여: 너희 가족은 몇 명이니?
  남: 우리 가족은 네 명인데, 부모님, 누나, 그리고 나야.

2 W: I just moved in downstairs.
  M: Welcome. Nice to meet you.
  여: 아래층에 막 이사 왔어요.
  남: 환영해요. 만나서 반가워요.

3 W: What did you do yesterday?
  M: I visited my uncle to celebrate his birthday.
  여: 어제 뭐했니?
  남: 삼촌의 생일을 축하하기 위해 삼촌을 방문했어.

C

1 ⓐ 2 ⓐ

1 Do you have any brothers or sisters?
  형제나 자매가 있니?
  ⓐ 나는 여동생이 두 명 있어.
  ⓑ 나의 형은 열여덟 살이야.

2 What do you like most in your neighborhood?

너희 동네에서 무엇이 가장 좋니?
ⓐ 나는 친절한 이웃들이 가장 좋아.
ⓑ 나는 이 동네로 막 이사했어.

Topic Listening

본문 pp. 018~021

01 ②	02 ⑤	03 ②	04 ②	05 ⓑ	06 ⓓ	07 ③
08 ④	09 ①	10 ④	11 ①	12 ②	13 ③	14 ②
15 ③	16 ③					

01 ②

남: 이곳은 우리 동네에서 내가 가장 좋아하는 장소 중 하나다. 어떤 사람들은 아침에 걷거나 조깅을 하기 위해 이곳을 방문한다. 나는 주로 방과 후에 강아지와 함께 그곳에 간다. 화창한 날에는 사람들이 그저 잔디에 앉아 책을 읽거나 햇살을 즐긴다.

어휘 favorite[féivərit] 형 가장 좋아하는 place[pleis] 명 장소, 곳 neighborhood[néibərhùd] 명 근처, 동네 visit[vízit] 동 방문하다 jog[dʒɑg] 동 조깅하다 usually[júːʒuəli] 부 보통, 대개 after school 방과 후에 grass[græs] 명 잔디 enjoy[indʒɔ́i] 동 즐기다 sunshine[sʌ́nʃàin] 명 햇살

해설 사람들이 걷거나 조깅을 하고, 잔디 위에 앉을 수 있는 장소는 공원이다.

02 ⑤

여: 안녕. 내 이름은 Janet McCaroll이야. 난 미국 출신이고, 열다섯 살이야. 나는 Greenwood 중학교에 다녀. 나는 가족으로 아버지, 어머니, 그리고 오빠가 있어. 아버지는 은행원이고, 어머니는 주부야. 오빠인 Mike는 무용수야. 나는 시간이 날 때면 영화 보는 걸 즐겨. 나는 집에 DVD를 많이 가지고 있어.

어휘 bank teller 은행원 housewife[háuswàif] 명 주부 enjoy doing …하는 것을 즐기다 watch[wɑtʃ] 동 보다 in one's free time 여가 시간에, 시간이 날 때

03 ②

여: 아빠, 뭐 하고 계세요?
남: 내 어린 시절 사진들을 보고 있단다.
여: 와, 해변에서 커다란 모래성을 만들고 계시네요.
남: 응, 난 바다 근처의 작은 마을에서 자랐지.
여: 그럼 바다에서 수영 많이 하셨어요?
남: 그래. 바위 아래에 있는 게를 잡는 것도 좋아했단다.

여: 그거 멋진데요!
남: 또, 잠에서 깨면 바다로부터 오는 신선한 공기를 맡을 수도 있었지.

어휘 childhood[tʃáildhùd] 명 어린 시절 sand castle 모래성 grow up 자라다 catch[kætʃ] 동 잡다 crab[kræb] 명 게 sound[saund] 동 …인 것 같다, …처럼 들리다 smell[smel] 동 냄새를 맡다 fresh[freʃ] 형 신선한

해설 바다 근처의 작은 마을에서 자랐다고 했으므로 남자의 고향이 어촌임을 알 수 있다.

04 ②

남: 유명한 배우인 Hailey가 오늘 밤 우리의 초대 손님입니다. 프로그램에 나오신 걸 환영해요, Hailey.
여: 감사합니다, James.
남: 우리 모두가 알다시피, 당신은 매우 유명한 가족을 두셨어요.
여: 네. 여동생은 가수이고, 아버지는 영화감독, 어머니는 작가이십니다.
남: 와! 그분들이 분명 자랑스럽겠군요.
여: 그렇긴 하지만, 때때로 그게 문제이기도 해요.
남: 왜죠?
여: 저희는 모두 너무 바빠요. 함께 저녁을 먹을 시간조차 없어요.
남: 그런 얘길 들으니 안됐군요.

어휘 famous[féiməs] 형 유명한 actor[æktər] 명 배우 guest[gest] 명 손님; *(텔레비전 프로나 콘서트의) 초대 손님 show[ʃou] 명 (텔레비전·라디오의) 프로그램 movie director 영화감독 author[ɔ́ːθər] 명 작가 be proud of …을 자랑스러워 하다

해설 여자는 가족들이 모두 너무 바빠서 함께 저녁을 먹을 시간이 없음을 아쉬워하고 있다.

05-06 05 ⓑ 06 ⓓ

남: Julie, 이번 주말에 나와 하이킹하러 갈래?
여: 그러고 싶지만, 난 토요일에 Ian과 낚시하러 가기로 계획했어.
남: Ian? 그게 누구야?
여: 내 남동생이야. 그 애는 주말마다 낚시를 하러 가.
남: 그렇구나. 그럼 일요일은 어때?
여: 일요일은 좋긴 한데, 내 여동생 Nicole이 우리와 함께 가도 되니?
남: 물론이지.

여: 고마워. Nicole은 여가에 주로 집에서 책을 읽어. 난 그 애가 더 자주 밖에 나가서 운동했으면 해.

남: 와, 넌 좋은 언니구나.

go hiking 하이킹하러 가다   weekend[wíːkènd] 몡주말   make a plan 계획을 세우다   every[évri] 핸매 …, …마다   join[dʒɔin] 통함께 하다   outside[àutsáid] 뷔밖에, 밖으로   exercise[éksərsàiz] 통운동하다

해설 여자는 Ian이 주말마다 낚시를 하고, Nicole이 여가에 주로 독서를 한다고 했다.
ⓐ 하이킹하기   ⓑ 낚시하기   ⓒ 운동하기   ⓓ 독서하기

07 ──────────────────────── ③

남: Scarlett, 너희 가족은 몇 명이니?

여: 우리 가족은 세 명인데, 부모님과 나야.

남: 넌 형제나 자매가 없니?

여: 응, 난 외동이야. 그런데 난 여동생이 있으면 좋겠어. 넌 어때?

남: 우리는 대가족이야. 나는 할아버지, 부모님, 형과 살아.

여: 너희 형은 몇 살이야?

남: 열여섯 살이야. 그는 나보다 두 살이 더 많아.

어휘 only child 외동

해설 남자는 할아버지와 부모님, 그리고 형과 산다고 했다.

08 ──────────────────────── ④

여: 안녕, 난 Anna야. 옆집에 막 이사 왔어. 만나서 반가워.

남: 나도 만나서 반가워. 난 민수야. 케이크 고마워.

여: 천만에. 인사를 나누고 친구가 되면 좋지.

남: 맞아. 한국에는 얼마나 오래 있었니, Anna?

여: 3년 동안. 그런데 난 한국말을 아주 잘하지는 못해.

남: 도움이 필요하면 말만 해.

여: 넌 정말 친절하구나. 고마워.

어휘 move in 이사 오다   next door 옆집에   ask[æsk] 통묻다; *부탁[요청]하다

해설 여자는 옆집에 이사와 남자에게 인사를 하고 있다.

09 ──────────────────────── ①

여: 나는 3주 전에 이 동네로 이사했다. 이제 나는 여기서 사는 것을 정말 즐기고 있다. 우리 집 바로 옆에는 괜찮은 제과점이 있다. 그래서 나는 가끔 학교 가는 길에 신선한 빵을 산다. 또한, 우리 집 맞은편에는 커다란 쇼핑몰과 영화관이 있다. 아쉽게도 우리 동네에는 공원이 없다. 하지만 그리 멀지 않은 곳에 하나 있기 때문에 괜찮다.

어휘 bakery[béikəri] 몡제과점   next to …의 바로 옆에   sometimes[sʌ́mtàimz] 뷔때때로, 가끔   on one's way to …으로 가는 길[도중]에   across from …의 맞은편에   unfortunately[ʌnfɔ́ːrtʃənətli] 뷔불행하게도, 유감스럽게도   far away 멀리

10 ──────────────────────── ④

남: 엄마, 저 집에 왔어요. 저 몹시 배가 고파요.

여: 지금 저녁을 준비하고 있단다. 우선 테이블 위에 떡을 조금 먹으렴.

남: 어디서 난 거예요?

여: 새 이웃인 Smith 씨가 주셨단다.

남: 아직 그분을 만나지 못했어요.

여: 일요일 저녁 식사에 그녀를 초대할 거란다. 그때 그녀에게 인사하면 되겠구나.

남: 음, 일요일에 축구 연습이 있지만 바꿀 수 있어요.

여: 좋아. 스파게티를 만들 거란다. 도와줄 거지?

남: 물론이죠, 엄마.

어휘 prepare[pripɛ́ər] 통준비하다   neighbor[néibər] 몡이웃   invite[inváit] 통초대하다   practice[prǽktis] 몡연습

해설 남자는 축구 연습 일정을 변경하고 이웃과 저녁 식사를 할 것이다.

11 ──────────────────────── ①

남: 넌 이번 여름방학에 뭘 할 거야, Sophia?

여: 난 삼촌을 방문할 거야. 삼촌은 캘리포니아에 커다란 농장을 가지고 계셔. 나는 삼촌의 농장일을 도와드릴 거야.

남: 오, 농장에서 뭘 재배하시니?

여: 삼촌은 오렌지를 재배하셔. 난 그곳에 가면 항상 신선한 오렌지들을 먹어.

남: 좋겠다! 또 뭘 할 거야?

여: 삼촌은 많은 개를 기르셔. 그래서 그 개들과도 놀 거야.

남: 그렇구나. 그런데 너 혼자서 놀면 지루할 텐데.

여: 실은, 거기에 Emma라는 이름의 사촌이 한 명 있어. 우린 함께 바닷가에 갈 거야!

남: 그거 멋진데. 그곳에서 재미있게 보내겠구나.

어휘 vacation[vəkéiʃn] 몡방학, 휴가   huge[hjuːdʒ] 혱거대한   farm[faːrm] 몡농장   grow[grou] 통기르다

boring[bɔ́ːriŋ] 형 지루한   alone[əlóun] 부 혼자

cousin[kʌ́zən] 명 사촌   have fun 재미있게 놀다

12 ─────────────────────────────── ②

여: Aaron, 인터넷으로 무엇을 찾고 있니?

남: Max 삼촌과 Mila 숙모를 위한 집들이 선물을 찾고 있어.

여: 그분들 신혼여행에서 이번 주 토요일인 10월 4일에 돌아오는 거니?

남: 아니, 그분들은 그 다음 날인 일요일에 돌아오셔.

여: 그래. 집들이는 언제야? 잊어버렸어.

남: 10월 14일이야.

여: 알았어. 그럼 나도 선물을 생각해 봐야겠어.

어휘 look for …을 찾다   housewarming party 집들이
honeymoon[hʌ́nimùːn] 명 신혼여행   think of …을 생각하다

해설 삼촌 부부는 10월 4일 토요일 다음 날인 일요일(10월 5일)에 신혼여행에서 돌아온다고 했다.

13 ─────────────────────────────── ③

남: Elizabeth는 그녀의 가족 중 누구를 가장 닮았니?

여: _____

① 그녀는 가족을 사랑해.

② 그녀는 전혀 키가 작지 않아.

③ 그녀는 아버지를 가장 많이 닮았어.

④ 그녀의 강아지는 그녀와 많이 닮았어.

⑤ 그녀는 오늘 몹시 예뻐 보여.

어휘 look like …을 닮다   resemble[rizémbl] 동 닮다

해설 가족 중 누구를 가장 닮았냐고 물었으므로, 닮은 가족 구성원을 언급하는 대답이 와야 한다.
Q 여자의 응답으로 가장 적절한 것을 고르시오.

14 ─────────────────────────────── ②

(초인종이 울린다)

남: 누구세요?

여: 안녕하세요, Turner 씨. 저는 Mills예요. 잠깐 얘기할 수 있을까요?

남: 안녕하세요, Mills 씨. 무슨 일이신가요?

여: 저, 어젯밤에 파티를 하셨나요?

남: 오, 네. 어제 생일 파티를 해서, 제 친구들을 초대했죠. 왜 물어보세요?

여: 말씀드리기 죄송하지만, 댁에서 들리는 음악이 너무 시끄러웠어요. 저는 전혀 잠을 잘 수가 없었어요.

남: 정말이요? 그건 몰랐어요.

여: 전 음악 듣는 걸 좋아하지만, 밤엔 음량을 낮추셔야 해요.

남: 죄송합니다. 다시는 그런 일이 없을 거예요.

어휘 for a minute 잠시   loud[laud] 형 (소리가) 큰, 시끄러운
turn down (소리 등을) 낮추다   volume[váljuːm] 명 음량, 볼륨   happen[hǽpən] 동 일어나다, 발생하다
[문제] trash bag 쓰레기 봉지   take a shower 샤워하다

해설 여자는 남자에게 밤에는 음악 소리를 낮춰달라고 했다.
Q 여자가 남자에게 하지 말라고 요청한 것은?
① 쓰레기 봉지를 바깥에 두는 것
② 밤에 음악을 크게 트는 것
③ 밤에 그녀의 집 초인종을 울리는 것
④ 밤 늦게 샤워하는 것
⑤ 많은 친구와 파티를 하는 것

15-16 ─────────────────────── 15 ③ 16 ③

남: 오늘은 우리 할머니의 70번째 생신이어서, 우리 가족은 조부모님을 방문하기 위해 부산으로 갔다. 우리는 정오쯤 도착했다. 우리는 삼촌 가족과 함께 한식당에서 그분들을 만났다. 우리는 모두 함께 점심을 먹었다. 음식이 정말 맛있었다. 점심을 먹은 후 우리는 조부모님 댁에 가서 할머니의 생신을 축하드렸다. 우리 부모님은 할머니께 선물을 드렸고 나는 모든 가족들 앞에서 감사 편지를 읽어 드렸다. 그리고 나서, 내 사촌은 할머니를 위해 춤을 췄다. 그 애는 정말 웃겼다. 할머니께서는 매우 기뻐하셨고, 우리도 기뻤다.

어휘 grandparent[grǽnpɛ̀ərənt] 명 조부[모]님   arrive[əráiv] 동 도착하다   around[əráund] 부 약, …쯤
noon[nuːn] 명 정오   celebrate[séləbrèit] 동 축하하다   present[prézənt] 명 선물   thank-you letter 감사 편지
in front of …의 앞에(서)   whole[houl] 형 전체의, 모든
[문제] gathering[gǽðəriŋ] 명 모임   Parents' Day 어버이날

해설 **15** 남자는 할머니의 70번째 생신 파티에 대해 이야기하고 있다.
Q 화자는 주로 무엇에 대해 이야기하고 있는가?
① 부산으로의 가족 여행
② 특별한 날을 위한 한국 음식
③ 할머니의 생신 파티
④ 어버이날의 가족 모임
⑤ 부모님 생신을 위한 인기 있는 선물

16 그는 가족들 앞에서 감사 편지를 읽었다고 했다.
Q 담화에 따르면 남자는 할머니를 위해 무엇을 했는가?

① 춤추고 노래했다
② 할머니께 선물을 드렸다
③ 감사 편지를 읽었다
④ 가족을 위해 점심을 샀다
⑤ 할머니를 위한 생일 케이크를 만들었다.

Dictation
본문 pp. 022~027

01 in my neighborhood, in the mornings, after school, sit on the grass, enjoy the sunshine

02 15 years old, in my family, a bank teller, enjoy watching movies in my free time

03 looking at my childhood pictures, a big sand castle, near the sea, under the rocks, smell the fresh air

04 a famous actor, Welcome to the show, have a very famous family, proud of, too busy, eat dinner together, sorry to hear that

05-06 go hiking, made plans to go fishing, my younger brother, How about Sunday, in her free time, go outside, exercise more often

07 how many people are there, have any brothers or sisters, an only child, have a younger sister, have a big family, older than me

08 moved in next door, say hello, make some friends, How long have you been, need any help

09 enjoy living here, next to my house, on my way to school, across from my house

10 I'm home, preparing dinner, Where did you get it, from our new neighbor, invite her to dinner, say hello to her, Will you help me

11 visit my uncle, has a huge farm, He grows oranges, What else will you do, play with them, if you play alone, have fun

12 on the Internet, looking for a present, coming back from their honeymoon, October 4th, When is the party, October 14th, have to think of

13 look like, resembles her father most, looks very beautiful

14 Can I talk to you, What's the matter, have a party, invited my friends, sorry to say it, too loud, should turn down the volume

15-16 my grandmother's 70th birthday, had lunch together, really delicious, celebrated my grandmother's birthday, gave her a present, read a thank-you letter, really funny

Review Test

본문 p. 028

A 1 ⓐ 2 ⓖ 3 ⓓ 4 ⓒ 5 ⓑ 6 ⓕ 7 ⓗ 8 ⓔ
B 1 ⓐ 2 ⓑ
C 1 resembles her father
 2 moved to this neighborhood
 3 across from my house

A
1 ⓐ 2 ⓖ 3 ⓓ 4 ⓒ 5 ⓑ 6 ⓕ 7 ⓗ 8 ⓔ

1 거대한: ⓐ 크기가 몹시 큰

2 초대하다: ⓖ 누군가에게 특정 장소에 와달라고 요청하다

3 일어나다, 발생하다: ⓓ 계획 없이 발생하거나 되다

4 준비하다: ⓒ 어떤 것이 준비되게 만들거나 하다

5 도착하다: ⓑ 특정 장소에 오다

6 사촌: ⓕ 삼촌이나 숙모의 아이

7 선물: ⓗ 특별한 상황에서 누군가가 다른 사람에게 주는 어떤 것

8 어린 시절: ⓔ 누군가가 아이인 시간

B
1 ⓐ 2 ⓑ

1 아버지의 생신을 위해 무엇을 해드렸니?
 ⓐ 나는 아버지께 선물을 드렸어.
 ⓑ 아버지의 생신은 6월 17일이야.

2 너희 동네에서 가장 좋아하는 장소는 어디니?
 ⓐ 나는 여기서 사는 것이 정말 좋아.
 ⓑ 도서관이 내가 동네에서 가장 좋아하는 장소야.

Unit 02 Everyday Life

Words Preview

본문 p. 030

01 교통 체증 02 대중교통 03 (책 등을) 대출하다 04 개에게 먹이를 주다 05 상[상품]을 타다 06 …에 참가하다 07 …을 돌보다 08 식물에 물을 주다 09 상을 차리다 10 방을 예약하다 11 영화 보러 가다 12 소풍 가다 13 소포를 보내다 14 인터넷 서핑을 하다 15 계좌를 개설하다 16 …의 방을 청소하다 17 간식을 먹다 18 집안일을 분담하다

Getting Ready

본문 p. 031

A 1 book, ⓒ 2 take part, ⓑ 3 take care, ⓐ
　4 a prize, ⓓ 5 clean, room, ⓔ
B 1 ⓑ 2 ⓓ 3 ⓒ 4 ⓐ
C 1 ⓑ 2 ⓐ

B
1 ⓑ 2 ⓓ 3 ⓒ 4 ⓐ

1 She is surfing the Internet.
그녀는 인터넷 서핑을 하고 있다.

2 She is feeding a cat.
그녀는 고양이에게 먹이를 주고 있다.

3 She is watering plants.
그녀는 식물에 물을 주고 있다.

4 she is eating between meals.
그녀는 간식을 먹고 있다.

C
1 ⓑ 2 ⓐ

1 How do you spend your weekend?
너는 주말을 어떻게 보내니?
ⓐ 그럼 이번 주말에 보자.
ⓑ 나는 주로 친구들과 축구를 해.

2 Do you do any exercise?
너는 운동을 하니?
ⓐ 나는 매일 아침에 조깅을 해.
ⓑ 너는 일주일에 세 번 운동해야 해.

Topic Listening

본문 pp. 032~035

01 ⓒ　02 ⓑ　03 1) ⓐ 2) ⓑ 3) ⓓ 4) ⓒ　04 ②
05 ③　06 ⓐ → ⓒ → ⓑ　07 ①　08 ③　09 ⑤　10 ④
11 ②　12 ⑤　13 ②　14 ⑤　15 ⑤　16 ④

01 ⓒ

여: 안녕하세요. 이 소포를 스페인으로 보내고 싶습니다.
남: 네, 소포를 여기에 놓으세요. 먼저 무게를 재야 해요.
여: 알겠어요.
남: 5kg이군요. 보통우편으로 보내고 싶으세요, 아니면 특급우편으로 보내고 싶으세요?
여: 특급우편이요.
남: 그건 45달러입니다. 일주일 정도 걸릴 거예요.

어휘 package[pǽkidʒ] 명소포 weigh[wei] 동무게를 달다 regular mail 보통우편 express mail 특급우편

해설 여자가 소포를 보내려 하고 남자가 접수를 받는 상황으로 보아, 대화가 이루어지고 있는 장소는 우체국이다.

02 ⓑ

남: 안녕하세요. 들어오세요.
여: 안녕하세요. 문제가 있는 것 같아요. 제 흰색 원피스가 당신이 드라이클리닝한 후 노랗게 변했어요.
남: 오, 저런. 그 일에 대해서는 죄송합니다. 다시 드라이클리닝하여 하얗게 만들겠습니다.
여: 서둘러주세요. 이번 주 토요일 피아노 경연대회에서 입어야 해요.
남: 네. 최선을 다할게요.

어휘 I'm afraid ((표현)) …인 것 같다 (유감을 표현) turn[təːrn] 동(…한 상태로) 변하다, …되다 dry-clean[dràiklíːn] 동드라이클리닝하다 competition[kàmpitíʃən] 명경쟁; *(경연)대회, 시합 do one's best 최선을 다하다

해설 잘못 세탁된 옷에 대해 여자가 항의하는 상황으로 보아, 대화가 이루어지고 있는 장소는 세탁소이다.

03 1) ⓐ 2) ⓑ 3) ⓓ 4) ⓒ

남: 우리 가족은 집안일을 분담한다. 어머니는 매일 우리의 식사를 준비하신다. 내 누나가 상을 차리고, 그런 다음 우리가 식사한 후에 설거지를 한다. 나는 우리 강아지를 돌본다. 나는 하루에 두 번 그 녀석에게 밥을 준다. 그것이 그 녀석이 나를 가장 좋아하는 이유라고 나는 생각한다. 또, 나는 우리 집에 있는 모든 화초에 물을 준다. 그리고 아버지는 주말마다 집을 청소하신다.

어휘 share[ʃɛər] 통 함께 쓰다; *(작업 등을) 나눠 하다, 분담하다 housework[háuswə̀:rk] 명 집안일 prepare[pripéər] 통 준비하다 meal[mi:l] 명 식사 set the table 상을 차리다 take care of …을 돌보다 feed[fi:d] 통 먹이를 주다 twice[twais] 부 두 번 water[wɔ́:tər] 통 물을 주다

해설 엄마는 식사를 준비하고 누나는 상차림과 설거지를 한다고 했다. 화자는 강아지에게 밥을 주고 화초에 물을 주며 아버지는 집안을 청소한다고 했다.

04 ——————————————————————— ②

여: 나는 이 상쾌하고, 깨끗한 가을 날씨가 정말 좋아. 덥지도 않고, 춥지도 않아.

남: 응. 소풍 가기에 완벽한 날씨야.

여: 난 토요일에 친구들과 호수에 가려고 계획 중이야. 날씨가 좋으면 좋겠어.

남: 너 못 들었니? 폭우가 오고 강풍이 불 거야.

여: 이런…. 그럼 갈 수 없을 것 같네.

남: 일요일에 가는 건 어때? 날씨가 흐리겠지만, 비는 오지 않을 거야.

여: 알았어. 그래야겠어.

어휘 fresh[freʃ] 형 상쾌한, 산뜻한 weather[wéðər] 명 날씨 go on a picnic 소풍 가다 plan[plæn] 통 계획하다 heavy rain 큰비, 호우 guess[ges] 통 추측하다; *…라고 생각하다 cloudy[kláudi] 형 흐린, 구름이 낀

해설 남자의 말에 따르면, 토요일에 폭우가 오고 강풍이 불 것이다.

05 ——————————————————————— ③

남: 엄마, 기분이 좋아 보이세요! 좋은 소식 있어요?

여: 오늘 노트북을 사러 백화점에 갔었단다. 쇼핑객을 위한 특별 행사가 있어서 거기에 참여했어.

남: 상품을 타셨어요?

여: 응! 3등을 했지.

남: 멋져요! 뭘 타셨어요?

여: 1등은 자동차, 2등은 텔레비전이었고, 3등은 냉장고였단다.

남: 와, 그거 좋은데요! 우리 것은 아주 오래됐잖아요.

여: 네 말이 맞아. 우린 많은 돈을 절약했어.

어휘 department store 백화점 laptop[læptɑːp] 명 휴대용 컴퓨터 special[spéʃəl] 형 특별한 take part in …에 참여[참가]하다 win a prize 상[상품]을 타다 refrigerator[rifrídʒərèitər] 명 냉장고 save[seiv] 통 절약하다

해설 여자는 백화점 행사에서 3등을 해서 냉장고를 탔다고 했다.

06 ——————————————————————— ⓐ → ⓒ → ⓑ

남: 오늘은 내 생일이었다. 아버지는 나를 야구장에 데리고 가셨다. 팬들을 위한 사진 촬영 행사가 있어서 나는 정말로 신이 났다. 아버지는 나와 내가 가장 좋아하는 선수의 사진을 찍어 주셨다. 그리고 나서 우리는 경기를 보고 간식을 먹었다. 정말 재미있었다. 경기가 끝난 후 우리는 서점에 갔고, 아버지가 나에게 만화책 몇 권을 사주셨다. 멋진 하루였다.

어휘 take[teik] 통 데리고 가다 (took-taken) stadium[stéidiəm] 명 경기장 event[ivént] 명 사건[일]; *행사 take a picture 사진을 찍다 snack[snæk] 명 (보통 급히 먹는) 간단한 식사, 간식 comic book 만화책

해설 남자는 아버지와 야구장에 가서 좋아하는 선수와 사진을 찍은 다음 경기를 관람하였고, 그 후에 서점에 가서 만화책을 샀다.

07 ——————————————————————— ①

여: 나는 14살의 중학생이야. 내 일상생활은 늘 똑같아. 나는 오전 7시에 일어나고 걸어서 학교에 가. 나는 수업을 듣고 12시 30분에 친구들과 점심을 먹지. 곧 오후 수업이 시작돼. 나는 보통 오후 4시쯤 집에 와서 간식을 먹어. 그리고 나서 수학 학원에 가야 해. 맞아, 난 또 공부를 해! 밤에는 숙제를 한 후에 잠깐 동안 인터넷 서핑을 할 수 있지만, 밤 11시에는 잠을 자야 해. 내 삶을 더 신나게 만들 수 있는 방법이 있을까?

어휘 daily life 일상생활 take a class 수업을 듣다 soon[su:n] 부 곧, 이내 eat between meals 간식을 먹다 surf the Internet 인터넷 서핑을 하다

해설 여자는 매일 똑같은 일상에 지루해(bored)하고 있다.
② 무서워하는 ③ 신나는 ④ 걱정하는 ⑤ 놀란

08 ——————————————————————— ③

여: Greg, 넌 주말을 어떻게 보내니?

남: 특별한 걸 하진 않아. 농구를 하고 가끔 친구들과 영화를 보러 가. 너는?

여: 난 주로 공원에 있는 벤치에 앉아서 책을 읽어.

남: 그거 좋은데. 나도 한번 해 봐야겠어. 그밖에 또 뭘 하니?

여: 난 강아지를 목욕시켜. 그 애를 입양할 때 내가 돌보기로 약속했거든.

남: 나도 그래. 난 일요일마다 강아지를 목욕시켜. 꽤 재미있어. 또, 엄마가 집을 청소하시는 걸 도와 드려.

여: 너 정말 착하구나!

어휘 spend[spend] 통(시간을) 보내다　go to a movie 영화 보러 가다　promise[prámis] 통약속하다　adopt[ədápt] 통입양하다　quite[kwait] 튀꽤, 상당히

해설 공원 벤치에 앉아 책을 읽는 것은 여자가 주말에 하는 일이다.

09 ⑤

남: 안녕하세요. 도와 드릴까요?

여: 네, 인터넷 뱅킹 서비스를 이용하고 싶어요.

남: 저희 은행에 계좌를 가지고 계신가요? 저희의 인터넷 뱅킹 서비스를 이용하려면 하나 필요합니다.

여: 아뇨, 없지만 하나 개설할게요.

남: 알겠습니다. 고객님의 신분증을 보여주시겠습니까?

여: 여기 있어요.

남: 감사합니다. 이제 이 서류를 작성해 주세요.

여: 알겠어요. (잠시 후에) 여기 있습니다.

남: 감사합니다. 모든 게 다 됐습니다. 고객님께서는 이제 서비스를 이용하실 수 있습니다.

어휘 account[əkáunt] 명계좌　open[óupən] 통열다; *개설하다　ID card 신분증　fill out 기입하다　form[fɔ:rm] 명종류; *(공식적인 문서의) 서식

해설 여자는 인터넷 뱅킹 서비스를 신청하기 위해 은행을 방문했고, 서비스 신청을 위해 은행 계좌를 만들었다.

10 ④

여: Anthony, 넌 언제 네 방을 청소할 거니?

남: 엄마, 저 지금 게임하고 있어요. 내일 해도 돼요?

여: 안돼, 넌 어제 그렇게 말했잖니. 지금 시작하지 않으면 내일 너를 놀이공원에 보내주지 않을 거야.

남: 하지만, 엄마… 알겠어요, 지금 할게요.

여: 좋아. 네 침대 밑을 청소하는 것도 잊지 말거라.

남: 알겠어요. (잠시 후에) 와! 엄마, 이걸 보세요! 제 침대 밑에서 돈을 발견했어요.

여: 알겠지? 그게 네가 엄마 말을 들으면 생기는 일이란다.

어휘 let[let] 통(…을 하도록) 허락하다　amusement park 놀이공원　forget[fərgét] 통잊다

해설 남자는 엄마 말씀에 따라 방 청소를 하다가 침대 밑에서 우연히 돈을 발견했다.

11 ②

(초인종이 울린다)

여: 누구세요?

남: 피자 배달입니다.

여: 감사합니다. 얼마예요?

남: 슈프림 피자를 주문하셨으니, 15달러입니다.

여: 돈 여기 있어요. 오, 잠깐만요! 슈프림 피자가 아니라 페퍼로니 피자를 가지고 오셨는데요.

남: 오, 실수가 있었군요. 정말 죄송합니다. 기다리시면 제가 맞는 피자를 가져다 드릴게요.

여: 아뇨, 그냥 이 피자를 먹을게요. 더 이상 기다리고 싶지 않아요. 이 페퍼로니 피자는 얼마죠?

남: 12달러입니다. 고객님께서 저한테 15달러를 주셨으니까, 여기 거스름돈 3달러요. 다시 한 번 죄송합니다.

어휘 delivery[dilívəri] 명배달　order[ɔ́:rdər] 통주문하다　bring[briŋ] 통가져오다 (brought-brought)　mistake[mistéik] 명실수, 잘못　not … anymore 더 이상 … 않다　change[tʃeindʒ] 명변화; *거스름돈

해설 여자는 처음에 15달러를 지불했으나 다른 피자가 배달되어 3달러를 거슬러 받았으므로, 결과적으로 12달러를 지불했다.

12 ⑤

남: 실례합니다. 이 표 판매기를 어떻게 사용하는지 모르겠어요.

여: 우선, 영화와 시간을 선택하세요. 그리고 돈을 여기 넣으세요.

남: 영화는 '헐크'이고 오후 7:30분 상영으로 두 사람이요.

여: 이제 여기 회원 카드를 넣으세요.

남: 네. (잠시 후에) 여기 표가 나오네요! 감사합니다.

여: 저희 스마트폰 앱이 있나요? 지금 다운로드하시면 무료 팝콘을 받으실 수 있어요.

남: 정말이요? 좋아요, 지금 바로 하겠어요!

어휘 ticket machine 표 판매기　select[silékt] 통선정[선택]하다　insert[insɔ́:rt] 통끼우다, 넣다　membership [mémbərʃip] 명회원 (자격·신분)　smartphone app (= application) 스마트폰 앱　download[dáunlòud] 통다운로드하다　free[fri:] 명자유로운; *무료의

해설 남자는 스마트폰 앱을 다운로드하면 무료 팝콘을 준다는 여자의 말을 듣고 스마트폰 앱을 다운로드하겠다고 했다.

13 ②

남: Glory 호텔에 오신 것을 환영합니다. 어떻게 도와드릴까요?

여: 3일 동안 머무를 방을 예약했어요. 제 이름은 Helena Smith입니다.

남: 잠깐만 기다려주세요. *(타자 치는 소리)* 고객님의 방은 1703호입니다. 여기 열쇠입니다.

여: 고맙습니다. 그리고 내일 아침 7시 30분에 모닝콜을 부탁합니다.

남: 문제없습니다. 더 필요하신 것은 없습니까?

여: 아침 식사는 어디서 할 수 있죠?

남: 21층에서 6시 30분부터 10시까지 아침을 제공하고 있습니다.

여: 알겠어요. 음… 죄송하지만 30분 일찍 전화를 해주시겠어요?

남: 물론이죠. 7시 정각에 전화하겠습니다.

어휘 book[buk] 동예약하다 wake-up call 모닝콜 serve[səːrv] 동제공하다 ring[riŋ] 동전화하다

해설 여자는 7시 30분에 모닝콜을 부탁했다가, 30분 일찍 전화해달라고 부탁했다.

　Q 남자는 몇 시에 여자에게 모닝콜을 할 것인가?

14 ⑤

남: Chloe, 넌 방과 후에 뭘 하니?

여: 난 책을 대출하러 도서관에 가. 너는?

남: 난 주로 테니스를 치거나 축구를 해.

여: 와! 그건 운동이 많이 되겠네. 피곤해지지 않니?

남: 아니, 그렇지 않아. 실은, 난 운동을 한 후에 훨씬 더 기분이 좋아. 넌 운동하니?

여: 난 가끔 헬스클럽에 가. 하지만 그건 지루해.

남: 내일 나랑 수영하러 가는 게 어때? 재미있을 거야.

여: 그거 좋겠다. 그러고 싶어.

어휘 check out (책 등을) 대출하다 exercise[éksərsàiz] 명운동 동운동하다 actually[æktʃuəli] 부실제로; *사실은 gym[dʒim] 명체육관, 헬스클럽 boring[bɔ́ːriŋ] 형재미없는, 지루한

해설 두 사람은 내일 함께 수영하러 가기로 했다.

　Q 화자들이 내일 할 일은 무엇인가?
　① 텔레비전 보기　② 테니스 치기　③ 책 읽기
　④ 헬스클럽 가기　⑤ 수영하러 가기

15-16 15 ⑤　16 ④

여: Jake, 오늘 회의에 늦었군요! 무슨 일이 있었나요?

남: 저는 운전해서 출근해요. 오늘 아침 심각한 교통 체증이 있었어요.

여: 아, 그게 제가 지하철을 이용하는 이유예요. 교통 체증이 절대 없으니 많은 시간을 절약할 수 있죠.

남: 맞아요. 그리고 회사 주차장이 만석이었어요! 내가 만약 지하철이나 버스를 이용한다면 주차에 대해 걱정하지 않아도 되겠죠.

여: 그게 대중교통의 또 다른 장점이죠. 또, 저는 지하철이나 버스에서 책을 읽을 수 있어요.

남: 당신 말이 맞아요. 마케팅 팀의 Tom은 지하철에서 스페인어를 공부한다고 하더라고요.

여: 멋지군요! 게다가, 지하철이나 버스를 타는 게 차를 운전하는 것보다 훨씬 더 저렴하구요.

남: 내일부터는 지하철을 이용하겠어요!

어휘 happen[hǽpən] 동(일이) 있다, 발생하다 heavy[hévi] 형무거운; *(정도가) 많은, 심한 traffic[trǽfik] 명차량들, 교통량 traffic jam 교통 체증 parking lot 주차장 benefit[bénəfit] 명혜택, 이득 public transportation 대중교통 Spanish[spǽniʃ] 명스페인어 cheap[tʃiːp] 형싼, 돈이 적게 드는 [문제] danger[déindʒər] 명위험 foreign[fɔ́ːrən] 형외국의 lack[læk] 명부족, 결핍

해설 15 두 사람은 시간 및 비용 절약 등 대중교통을 이용하는 것의 장점에 대해 이야기하고 있다.

　Q 화자들은 주로 무엇에 대해 이야기하고 있는가?
　① 차를 운전하는 것의 위험함
　② 외국어를 공부하는 좋은 방법들
　③ 주차 공간 부족에 대한 문제들
　④ 차를 구입할 때 생각할 것들
　⑤ 대중교통 이용의 좋은 점들

16 지하철에서 스페인어를 공부하는 것은 여자가 아니라 마케팅 팀의 Tom이다.

　Q 대화에 따르면, 옳지 않은 것은?
　① 남자는 회의에 늦었다.
　② 여자는 대중교통을 이용하여 출근한다.
　③ 남자는 그의 차를 회사 주차장에 주차할 수 없었다.
　④ 여자는 지하철에서 스페인어를 공부한다.
　⑤ 여자는 대중교통을 이용하는 것이 더 저렴하다고 생각한다.

Dictation 본문 pp. 036~041

01 send this package, put the package, need to weigh it, by regular mail, express mail, $45, about a week

02 have a problem, turned yellow, make it white, for my piano competition, do my best

03 shares the housework, washes the dishes, take care of, water all the plants, cleans the house

04 fresh, clean autumn weather, to go on a picnic, have heavy rain, I guess, will be cloudy, it won't rain

05 look happy, a special event, took part in, win a prize, What did you win, is very old, saved a lot of money

06 to the baseball stadium, took a picture, and ate snacks, After the game, bought me some comic books

07 middle school student, always the same, walk to school, eat between meals, study again, surf the Internet, go to bed, more exciting

08 spend your weekends, anything special, go to the movies, sit on a bench, wash my dog, when I adopted him, quite fun, nice of you

09 May I help you, have an account, open one, see your ID card, Here you are, fill out this form, Everything is done

10 clean your room, playing a game, won't let you go, clean under your bed, found some money, listen to your mom

11 How much is it, there must be a mistake, bring you the right pizza, wait anymore, here's your change

12 how to use, put the money here, for two people, insert your membership card, Here come the tickets, get free popcorn

13 booked a room, Your room is 1703, 7:30, serve breakfast, from 6:30 to 10:00, give me a call, ring you

14 after school, to check out books, get tired, feel much better, do any exercise, go to a gym, go swimming

15-16 late for the meeting, heavy traffic, save a lot of time, parking lot was full, another benefit of public transportation, much cheaper than, use the subway

A ⎯⎯⎯⎯⎯⎯⎯⎯ 1 ⓔ 2 ⓑ 3 ⓓ 4 ⓐ 5 ⓕ 6 ⓒ 7 ⓗ 8 ⓖ

1 입양하다: ⓔ 아이나 동물을 누군가의 가족으로 들이다

2 먹이를 주다: ⓑ 동물이나 사람에게 음식을 주다

3 실수: ⓓ 부정확하게 행해진 어떤 것

4 (시간을) 보내다: ⓐ 어떤 것을 하면서 시간을 사용하다

5 계획하다: ⓕ 어떤 일을 어떻게 할 것인지 생각하고 결정하다

6 무게를 달다: ⓒ 어떤 것이 얼마나 무거운지 측정하다

7 배달: ⓗ 무언가를 누군가의 집이나 다른 장소로 가져다 주는 것

8 (경연) 대회, 시합: ⓖ 둘이나 그 이상의 사람이 상을 타려고 하는 행사

B ⎯⎯⎯⎯⎯⎯⎯⎯⎯⎯⎯⎯⎯⎯⎯⎯⎯⎯⎯⎯⎯⎯ 1 ⓐ 2 ⓐ

1 너는 방과 후에 무엇을 하니?
　ⓐ 나는 운동하러 헬스클럽에 가.
　ⓑ 나는 방과 후에는 항상 배가 고파.

2 은행 계좌를 개설하고 싶어요.
　ⓐ 신분증을 보여주시겠어요?
　ⓑ 인터넷 뱅킹은 몹시 편리합니다.

Review Test ⎯⎯⎯⎯⎯⎯⎯⎯ 본문 p. 042

A 1 ⓔ 2 ⓑ 3 ⓓ 4 ⓐ 5 ⓕ 6 ⓒ 7 ⓗ 8 ⓖ
B 1 ⓐ 2 ⓐ
C 1 share the housework 2 set the table
　 3 eat between meals　 4 fill out this form

Unit 03 School Life

Words Preview
본문 p. 044

01 규칙 02 성적 03 과제물, 보고서 04 보고서 05 결석한
06 과목 07 교장 08 교과서 09 반 친구 10 학교 동아리
11 성적표 12 게시판 13 학교 매점, 학교 식당 14 학생회장
15 수업 중에 16 자지 않고 깨어 있는 17 쉬는 시간을 갖다
18 수업을 준비하다

Getting Ready
본문 p. 045

A 1 stay, ⓔ 2 write, ⓑ 3 a break, ⓓ
  4 prepare for, ⓒ 5 check out, ⓐ
B 1 ⓓ 2 ⓐ 3 ⓒ 4 ⓑ
C 1 ⓑ 2 ⓐ

B
1 ⓓ 2 ⓐ 3 ⓒ 4 ⓑ

1 Tom is borrowing an English textbook from his friend.
Tom은 친구에게서 영어 교과서를 빌리고 있다.

2 Tom is writing a science report.
Tom은 과학 보고서를 쓰고 있다.

3 Tom is checking out a book from the school library.
Tom은 학교 도서관에서 책 한 권을 대출하고 있다.

4 Tom is checking the school bulletin board.
Tom은 학교 게시판을 확인하고 있다.

C
1 ⓑ 2 ⓐ

1 Do we have any new homework?
우리 새로운 숙제가 있니?
  ⓐ 이 숙제는 내 성적에 몹시 중요해.
  ⓑ 응. 우리는 어니스트 헤밍웨이에 대해 보고서를 써야 해.

2 Which school club are you interested in?
너는 어떤 학교 동아리에 관심이 있니?
  ⓐ 토론 동아리가 내게 괜찮은 것 같아.
  ⓑ 학교 신문 동아리는 5층에 있어.

Topic Listening
본문 pp. 046~049

01 ⑤ 02 1) Good 2) Good 3) Bad 03 ⓒ 04 ⓓ
05 ④ 06 ② 07 ④ 08 ③ 09 1) C 2) B
10 ③ 11 ② 12 ④ 13 ③ 14 ⑤ 15 ④ 16 ⑤

01 ⑤
여: 준호야, 뭐하고 있니?
남: 아, 한나야. 과학 보고서를 쓰고 있어. 어렵네.
여: 아, 하지만 넌 과학을 정말 잘하잖아. 과학이 네가 가장 좋아하는 과목 아니야?
남: 과학을 좋아하지만, 가장 좋아하는 과목은 아니야. 김 선생님이 내가 가장 좋아하는 과목을 가르치셔.
여: 영어 선생님 말하는 거니? 영어는 내가 가장 좋아하는 거야.
남: 아, 아니야. 역사 선생님인 김 선생님을 말한 거야.
여: 맞아. 그분의 수업은 정말 흥미로워.

어휘 report[ripɔ́ːrt] 명 보도; *보고서 be good at …을 잘하다 favorite[féivərit] 형 매우 좋아하는, 가장 좋아하는 명 특히 좋아하는 것 subject[sʌ́bdʒikt] 명 주제; *과목 mean[miːn] 동 의미하다; *…의 뜻으로 말하다

해설 ① 수학 ② 영어 ③ 음악 ④ 과학 ⑤ 역사

02 1) Good 2) Good 3) Bad
남: Camila, 너의 새 학교는 어떠니?
여: 음, 선생님들은 친절하시고 수업은 재미있어.
남: 잘됐구나. 너희 반 친구들은 어때?
여: 그 애들은 나에게 정말 잘해줘. 나를 많이 도와주지.
남: 그 얘길 들으니 기쁘구나.
여: 근데 우리 집에서 좀 멀어. 거기까지 가는 데 버스로 30분이 걸려서, 난 더 일찍 일어나야 해.

어휘 classmate[klǽsmèit] 명 반 친구 far[faːr] 부 멀리 take[teik] 동 (얼마의 시간이) 걸리다 [문제] location[loukéiʃən] 명 장소, 위치

해설 여자는 선생님과 반 친구들에 대해 긍정적인 언급을 했지만, 위치는 멀다고 했다.

03-04 03 ⓒ 04 ⓓ
남: Kayla, 어떤 학교 동아리에 가입하고 싶어?
여: 영화 동아리가 재미있을 것 같은데 잘 모르겠어. Jason, 너는?
남: 나는 기타 동아리에 가입할 거야. 나는 항상 기타를 연주하는 방법을 배우고 싶었거든.

여: 정말? 축구 동아리가 아니라? 넌 축구를 매우 좋아하잖아!

남: 축구는 친구들과 할 수 있어. 얘, 그림 그리기 동아리에 가입하는 게 어때?

여: 그림 그리기 동아리?

남: 응. 한 달에 한 번씩 유명 화가에게서 배울 수 있다고 들었어.

여: 와, 그거 멋지다! 그럼 거기에 가입할래!

어휘 school club 학교 동아리 join[ʤɔin] 통연결하다; *가입하다 sound[saund] 통…인 것 같다 learn[ləːrn] 통배우다

해설 03 Jason은 항상 기타를 배우고 싶었기 때문에 기타 동아리에 가입하겠다고 했다.

04 Kayla는 Jason의 추천에 따라 그림 그리기 동아리에 가입하겠다고 했다.

05 ④

여: 재호야, 너 오늘 영어 수업 있니?

남: 응, 있어. 왜?

여: 나 네 영어 교과서를 빌리고 싶어.

남: 알았어. 네 영어 수업이 언젠데?

여: 점심시간 직후야.

남: 알았어. 점심시간에 네게 내 책을 줄게.

여: 고마워. 오늘 다른 수업은 뭐가 있니?

남: 음악, 과학, 그리고 역사야.

여: 네 과학 교과서도 빌릴 수 있을까? 내 것을 가져오는 걸 깜빡 했거든.

남: 그럼.

어휘 borrow[bárou] 통빌리다 textbook[tékstbùk] 명교과서 forget to do …할 것을 잊다 bring[briŋ] 통가져오다 [문제] P.E. 체육 (= physical education) social studies 사회

해설 남자는 영어, 음악, 과학, 역사 수업이 있다고 했으므로 오늘은 목요일이다.

06 ②

남: 안녕하세요, 학생 여러분. 일정에 중요한 변동사항이 있습니다. 학교 축제가 내일 열릴 예정이었습니다만 악천후로 그것을 취소하기로 결정했습니다. 일기예보에 따르면, 내일 폭우가 올 것입니다. 따라서 내일 아침에 수업들은 평소대로 열릴 것입니다. 변동사항이 있어 유감입니다.

어휘 schedule[skédʒuːl] 명일정, 스케줄 festival[féstəvəl] 명축제 hold[hould] 통열다, 개최하다 (held-held) cancel[kǽnsəl] 통취소하다 because of … 때문에 according to …에 따르면 weather report 일기예보 as usual 평소처럼

해설 학교 축제가 악천후로 인해 취소될 것임을 알리는 방송이다.

07 ④

여: 너 어디 가니, Nathaniel?

남: Evan을 만나러 가. 우리는 영화를 볼 거야.

여: 오, 한국어 과제를 이미 끝냈니? 난 네가 부러워.

남: 무슨 말이야? 잠깐…. 오늘이 며칠이지?

여: 10월 4일이야. 그리고 그건 내일까지야.

남: 이런! 완전히 잊어버리고 있었어!

여: 어떻게 그걸 잊을 수가 있니?

남: 오, 안 돼! 어떻게 해야 하지? 이 과제는 내 성적에 몹시 중요한데.

어휘 finish[fíniʃ] 통끝마치다 paper[péipər] 명종이; *과제물, 보고서 envy[énvi] 통부러워하다 due[djuː] 형…하기로 되어있는, 예정된 totally[tóutəli] 부완전히 grade[greid] 명품질; *성적

해설 남자는 내일까지인 과제를 잊고 있다가 여자와의 대화로 알게 되어 당황하고 있다.

08 ③

여: Jake! 우리 학교 야구팀이 어제 시합에서 이겼어!

남: 응, 들었어. 이제 그들은 결승전을 기다리고 있어!

여: 경기는 토요일이야, 그렇지? 잠깐. 일기예보에서 여기 서울에는 토요일에 비가 올 거래.

남: 걱정하지마. 우리 학교 팀은 결승전을 위해 대구로 갈 거야.

여: 토요일 대구는 화창하니?

남: 거기 비가 계속 내리고 있지만 토요일에는 비가 오지 않을 거라고 들었어. 그저 흐릴 거야.

여: 아, 화창한 날씨가 훨씬 좋을 텐데. 우리 학교 팀이 시합에 이기면 좋겠다!

어휘 win[win] 통이기다 (won-won) final match 결승전 hope[houp] 통바라다

09 1) C 2) B

여: 나는 오늘 성적표를 받았다. 그것은 몹시 실망스러웠다. 나는 미술 시험에서 최선을 다했고 그래서 A를 받았다. 하지만 내가 늦게까지 자지 않고 영어 시험 공부

를 했음에도 불구하고 겨우 C를 받았다. 수학은 내가 가장 좋아하는 과목인데도, B를 받았다. 나는 무엇이 문제인 걸까? (한숨)

어휘 report card 성적표 disappointing[dìsəpɔ́intiŋ] 형 실망스러운 do one's best 최선을 다하다 even though …에도 불구하고 stay up 자지 않고 깨어 있다

10 ③

여: Owen, 뭐하고 있니?
남: 난 교실을 청소하고 있어. 내가 수업 중에 너무 떠들어서, 선생님께서 내게 청소하라고 하셨거든.
여: 참 안됐구나.
남: 응…. 너는 지금 집에 가는 거니?
여: 아니, 난 도서관에 갈 거야. 역사 숙제를 해야 하거든.
남: 고려 왕조에 대해 보고서를 쓰는 거 말이지? 나도 그걸 해야 하는데. Amelia, 나를 위해 '고려의 비밀 이야기' 책을 대출 좀 해줄 수 있니?
여: 물론, 내일 가지고 올게.

어휘 clean[kliːn] 동 청소하다 during[djú(ː)əriŋ] 전 … 동안, … 중에 library[láibrèri] 명 도서관 dynasty[dáinəsti] 명 왕조, 시대 check out …을 대출하다

해설 남자는 청소 때문에 도서관에 갈 수 없어서 여자에게 책 대출을 부탁했다.

11 ②

남: 제 휴대전화를 돌려받을 수 있을까요?
여: 안 돼. 규칙을 알잖니.
남: 하지만 전 수업 중에 그걸 사용하지 않았어요.
여: 아냐, Oliver. 그게 수업 중에 울렸고 다른 학생들을 방해했어. 수업이 시작하기 전에 전화기를 꺼야지.
남: 그게 켜져 있는 걸 몰랐어요. 다음번에는 확인할게요.
여: 미안하지만, 규칙은 규칙이란다. 내가 오늘은 그걸 가지고 있다가 내일 네게 돌려주마.
남: 알겠어요, Brown 선생님.

어휘 cell phone 휴대전화 rule[ruːl] 명 규칙, 원칙 ring[riŋ] 동 (전화가) 울리다 (rang-rung) bother[báðər] 동 신경 쓰이게 하다 turn off (전기·가스 등을) 끄다 begin[bigín] 동 시작되다 check[tʃek] 동 확인하다

해설 여자가 수업 중에 울린 남자의 휴대전화를 빼앗은 상황이므로, 여자는 교사, 남자는 학생임을 알 수 있다.

12 ④

여: 우리는 수업 사이에 10분간의 쉬는 시간을 갖는다. 그것이 충분히 긴가? 아니, 난 그렇게 생각하지 않는다. 나는 쉬는 시간 동안 많은 일을 한다. 나는 화장실을 이용하거나 다음 수업을 준비한다. 숙제를 확인하거나 교과서를 읽는다. 나는 또한 반 친구들과 이야기하고 재미있게 논다. 그리고 배가 고플 때는 간식을 사기 위해 학교 매점으로 간다. 10분의 쉬는 시간은 내게 너무 짧다.

어휘 break[breik] 명 쉬는 시간 restroom[réstrùm] 명 화장실 prepare[pripέər] 동 준비하다 cafeteria[kæ̀fətíəriə] 명 매점, 구내 식당 snack[snæk] 명 간식

13 ③

① 여: 학교 게시판을 확인했니?
  남: 아니. 새로운 것이 있니?
② 여: 컴퓨터실이 어디니?
  남: 2층에 있어.
③ 여: 너는 어떻게 학교에 오니?
  남: 이 버스는 학교로 가지 않아.
④ 여: 네가 가장 좋아하는 과목이 뭐니?
  남: 수학이 가장 좋아하는 과목이야.
⑤ 여: 학교 축제는 언제야?
  남: 다음 주 목요일이야!

어휘 bulletin board 게시판 computer lab 컴퓨터실

해설 학교에 어떻게 오는지 묻는 질문에 '이 버스는 학교에 가지 않는다.'는 대답은 적절하지 않다.
Q 가장 부자연스러운 대화를 고르시오.

14 ⑤

(전화벨이 울린다)
남: 여보세요?
여: 안녕, Ryan. 나 Sarah야. 나 감기 때문에 오늘 학교를 결석했어. 우리 숙제가 있니?
남: 그거 안됐구나. 그리고 응, 우리는 영어 교과서에 나오는 한 작가에 대해 보고서를 써야 해.
여: 알겠어. 혼자 해야 하니?
남: 아니, 이건 조별 과제야. Mike와 Helena가 너의 조원이야. 그리고 두 장 이상이되 다섯 장 이하여야 해.
여: 내일까지니?
남: 아니, 그런데 이번 주까지니까 금요일까지 끝내야 해.
여: 알겠어. 고마워.

어휘 absent[ǽbsənt] 형 결석한 writer[ráitər] 명 작가 by oneself 혼자 group project 그룹 프로젝트, 조별 과제

해설 숙제의 제출 기한은 내일이 아니라 금요일까지다.

해야 할 숙제
① 과목: 영어
② 형태: 조별 과제
③ 숙제: 작가에 대해 보고서 쓰기
④ 페이지: 2~5
⑤ 기한: 내일

15-16 ·· 15 ④ 16 ⑤

남: 넌 누가 다음 학생회장이 될 것 같니?

여: 잘 모르겠어. Kevin과 Aria 둘 다 장점이 있잖아.

남: 맞아. Kevin은 친절하고 Aria는 아주 근면해. 넌 어떻게 생각해?

여: 난 Aria의 공약들이 마음에 들어. 그 애는 학교 식당의 점심 메뉴를 개선하겠다고 했어.

남: 응, 그거 좋다. 많은 학생들이 그걸 좋아할 거야. Kevin의 공약은 뭐야?

여: Kevin은 교장 선생님께 새 수영장을 지어달라고 건의한다고 약속했어.

남: 수영장이라고? 와, 그거 좋은 생각이다.

여: 응, 하지만 그게 가능할까?

남: 음, 그는 최선을 다할 거야. 정말 결정하기 어렵다!

어휘 school president 학생회장 strong point 장점 friendly [fréndli] ⑱친절한 hard-working [hàːrdwɔ́ːrkiŋ] ⑱근면한 promise [prámis] ⑲약속, 공약 ⑧약속하다 improve [imprúːv] ⑧개선하다 principal [prínsəpəl] ⑲교장 swimming pool 수영장 [문제] select [silékt] ⑧선발하다 choose [tʃuːz] ⑧선택하다 vote for …에 투표하다

해설 **15** 두 사람은 학생회장 선거의 후보인 Kevin과 Aria의 성격과 공약을 언급하며 누구를 뽑을 것인지에 대해 이야기하고 있다.

Q 화자들은 주로 무엇에 대해 이야기하고 있는가?
① 학생회장은 어떻게 선발되는가
② 학생회장은 무슨 일들을 하는가
③ 그들은 왜 학생회장이 되고 싶어 하는가
④ 그들은 학생회장으로 누구를 선택할 것인가
⑤ 학생회장 선거에 투표하는 것이 왜 중요한가

16 남자가 결정하기 어렵다고 말한 것으로 보아 남자는 누구에게 투표할지 고민하고 있다는 것을 알 수 있다.

Q 대화에 따르면 옳지 <u>않은</u> 것은?
① Aria는 근면하다.
② 여자는 Aria가 하겠다고 약속한 것을 마음에 들어 한

다.
③ Aria는 학교 식당의 점심 메뉴를 개선하겠다고 약속했다.
④ Kevin은 새로운 수영장을 약속했다.
⑤ 남자는 Kevin에게 투표하기로 결정했다.

Dictation

01 what are you doing, science report, are so good at science, English is my favorite, really interesting

02 how do you like, How about your classmates, They help me a lot, a little far, to get there, get up earlier

03-04 sounds interesting, I'm not sure, how to play the guitar, play soccer, why don't you join, once a month, join that one

05 do you have English class, borrow your English textbook, right after lunch, give you my book, What other classes, forgot to bring mine

06 an important change, was going to be held, because of the bad weather, heavy rain, as usual

07 see a movie, finished your Korean paper, due tomorrow, totally forgot, very important for my grade

08 won yesterday's game, waiting for the final match, on Saturday, Don't worry, be sunny, It's been raining, just be cloudy, much better, wins the game

09 I got my report card, did my best, stayed up late, What's wrong with me

10 cleaning the classroom, during class, Are you going home now, going to the library, writing a report, check out the book, I'll bring it

11 have my cell phone back, know the rules, bothered other students, turn your phone off, next time, rules are rules, give it back to you

12 between classes, during my breaks, prepare for my next class, talk with my classmates, when I'm hungry, get a snack

13 the school bulletin board, anything new, How do you come to school, What is your favorite subject, next Thursday

14 was absent, because of a cold, write a report, by myself, a group project, more than, less than, due this week

15-16 the next school president, have strong points, the school cafeteria's lunch menu, build a new swimming pool, is it possible, do his best, difficult to decide

Review Test

본문 p. 056

A 1 ⓓ 2 ⓐ 3 ⓖ 4 ⓔ 5 ⓒ 6 ⓑ 7 ⓕ 8 ⓗ
B 1 ⓑ 2 ⓐ
C 1 before class begins　　2 stayed up late
　　3 I was absent

A

1 ⓓ 2 ⓐ 3 ⓖ 4 ⓔ 5 ⓒ 6 ⓑ 7 ⓕ 8 ⓗ

1 성적: ⓓ 학생의 성과가 얼마나 뛰어난지 보여주는 점수

2 쉬는 시간: ⓐ 짧은 기간의 휴식

3 결석한: ⓖ 있어야 하는 특정 장소에 없는

4 약속하다: ⓔ 어떤 일을 틀림없이 하겠다고 말하다

5 개선하다: ⓒ 어떤 것을 전보다 더 좋게 만들다

6 신경 쓰이게 하다: ⓑ 누군가를 걱정하게 하거나 속상하게 만들다

7 과목: ⓕ 학교에서 공부하는 지식의 분야

8 빌리다: ⓗ 무언가를 돌려주기 전에 특정 기간 동안 가져와 사용하다

B

1 ⓑ 2 ⓐ

1 점심시간 이후에 무슨 수업이 있니?
　ⓐ 아니, 그건 이번 주까지야.
　ⓑ 나는 역사와 수학, 미술 수업이 있어.

2 누가 새로운 학생회장이 될 것 같니?
　ⓐ 나는 Susan이 새로운 회장이 될 것 같아.
　ⓑ 너는 학생회장 선거에 투표해야 해.

Unit 04 Appearance

Words Preview

본문 p. 058

01 날씬한　**02** 마른　**03** 금발의　**04** 줄무늬가 있는　**05** 무늬　**06** 목걸이　**07** 잘생긴　**08** 곱슬머리　**09** 민감한 피부　**10** 패션 감각　**11** 안경을 쓰다　**12** 살을 빼다　**13** 다이어트를 하다　**14** 여드름이 나다　**15** …에 완벽하다, 꼭 알맞다　**16** 머리를 염색하다　**17** …에게 잘 맞다　**18** 옷을 갈아입다

Getting Ready

본문 p. 059

A 1 weight, ⓐ　2 pimples, ⓑ　3 go on, ⓓ
　4 color, hair, ⓔ　5 change, clothes, ⓒ
B 1 1) T 2) F 3) T　2 1) F 2) T 3) F
C 1 ⓑ　2 ⓑ

B

1 1) T 2) F 3) T　2 1) F 2) T 3) F

1 1) He has curly, brown hair.
　그는 곱슬거리는 갈색 머리이다.

　2) He is wearing glasses.
　그는 안경을 쓰고 있다.

　3) He is wearing a blue-striped shirt.
　그는 파란 줄무늬 셔츠를 입고 있다.

2 1) She has long, straight hair.
　그녀는 긴 생머리이다.

　2) She is wearing a headband.
　그녀는 머리띠를 하고 있다.

　3) She is wearing green pants.
　그녀는 녹색 바지를 입고 있다.

C

1 ⓑ　2 ⓑ

1 Which one looks better on me?
어느 것이 내게 더 잘 어울리니?
　ⓐ 너는 저기서 옷을 갈아입으면 돼.
　ⓑ 너는 흰 원피스가 훨씬 더 잘 어울려.

2 What should I wear to the interview?
면접에 무엇을 입고 가야 할까?

ⓐ 면접관은 큰 목걸이를 하고 있어.
ⓑ 네 새 검은색 원피스를 입는 게 어때?

Topic Listening

본문 pp. 060~063

01 ⑤	02 ②	03 ④	04 ③	05 ④	06 ⓑ	07 ⓒ
08 ③	09 ①	10 ④	11 ⑤	12 1) T 2) F 3) T		
13 ②	14 ④	15 ④	16 ②			

01 ⑤

남: 엄마, 뭐하고 계세요?
여: 내 오래된 사진들을 보고 있단다. 너도 보고 싶니?
남: 물론이죠. 와, 이 소녀는 누구예요? 아름다운 파란 눈을 가졌어요.
여: 금발 머리 소녀 말이니? 그 애는 Nora란다. 내 룸메이트였어.
남: 아뇨, 키가 작은 소녀 말이에요. 그녀는 긴 곱슬머리에 머리띠를 하고 있어요.
여: 오, 그건 나란다.
남: 정말이요? 놀라워요!

어휘 mean[miːn] 통 …을 의미하다, …을 뜻하다 blond [bland] 형 금발의 roommate[rú(ː)mmèit] 명 방을 함께 쓰는 사람, 룸메이트 curly[kə́ːrli] 형 곱슬곱슬한 headband[hédbæ̀nd] 명 머리띠

해설 키가 작고 긴 곱슬머리에 머리띠를 한 파란 눈의 소녀가 남자의 엄마다.

02 ②

남: 자, 앉으세요. 어떤 스타일을 원하십니까?
여: 여기 Jessica의 사진이 있어요. 제 머리를 그녀의 머리처럼 잘라주시겠어요?
남: 알겠습니다. 머리 염색도 해 드리길 원하세요?
여: 네. 연한 갈색이 좋겠어요.
남: 연한 갈색이요? 알겠습니다.
여: 어서 제 새 머리 모양을 보고 싶어요.
남: 하하, 최선을 다할게요.

어휘 color[kʌ́lər] 통 염색하다 light[lait] 형 밝은; *연한 do one's best 최선을 다하다

해설 머리를 자르고 염색해 달라고 하는 것으로 보아, 대화가 이루어지고 있는 장소는 미용실이다.

03 ④

남: 안녕하세요, 쇼핑객 여러분. 주목해 주시겠습니까? 길 잃은 아이, Nancy Rogers를 찾고 있습니다. 아이는 키가 약 120cm입니다. 아이는 줄무늬 셔츠에 노란색 치마를 입고 있습니다. 또한, 물방울무늬의 작은 가방을 들고 있습니다. 혹시 이 아이를 보신다면, 2층 경비실로 와주시길 바랍니다.

어휘 shopper[ʃápər] 명 쇼핑객 attention[əténʃn] 명 주의, 주목 look for …을 찾다 striped[straipt] 형 줄무늬가 있는 carry[kǽri] 통 들고 있다 dot[dat] 명 동그란 점 security office 경비실

해설 찾고 있는 아이는 줄무늬 셔츠, 노란색 치마, 물방울무늬의 가방을 착용하고 있는 여아이다.

04 ③

여: 'Ella의 Styling Show'에 오신 걸 환영합니다. 여러분이 키가 작아서 그것이 불만이라면, 걱정하지 마세요. 여기, 키가 더 커 보이도록 도와줄 몇 가지 조언이 있습니다. 먼저, 노란색이나 빨간색과 같이 밝은 색상의 티셔츠를 입으세요. 만약 커다란 무늬가 있다면 훨씬 더 좋습니다. 하지만 기억하세요, 그것들이 당신의 몸에 잘 맞아야 합니다. 또한, 어두운 색상의 바지와 동일한 색상의 신발을 신는 것이 더 좋습니다. 이것이 여러분의 다리를 더 길어 보이게 해 줄 겁니다.

어휘 tip[tip] 명 끝; *조언 bright[brait] 형 (색이) 밝은, 선명한 pattern[pǽtərn] 명 무늬 remember[rimémbər] 통 기억하다 fit[fit] 통 (의복 등이) (꼭) 맞다 dark[dark] 형 캄캄한; *(색이) 어두운

해설 몸에 꼭 맞는 티셔츠를 입으라고 했다.

05 ④

여: Parker, 나 오늘 소개팅이 있어. 근데 뭘 입어야 할지 모르겠어.
남: 글쎄, 내 생각에 여자애들은 티셔츠와 청바지를 입을 때 멋져 보이는 것 같아. 하지만 대부분의 내 친구들은 치마를 더 좋아해.
여: 정말? 그럼 이 검은색 치마는 어때?
남: 그건 너무 어두워. 이 분홍색 원피스를 입는 게 어때?
여: 흠…. 잘 모르겠어.
남: 날 믿어. 그저 목걸이만 해, 그럼 넌 완벽해 보일 거야.
여: 알았어. 조언 고마워.

어휘 blind date 소개팅 dress[dres] 몡드레스, 원피스
trust[trʌst] 통…을 믿다 necklace[néklis] 몡목걸이
perfect[pə́ːrfikt] 톙완벽한 advice[ədváis] 몡조언

해설 여자는 남자의 조언에 따라 분홍색 원피스를 입을 것이다.

06-07 ────────────────── **06** ⓑ **07** ⓒ

남: 너희 나라에서는 학생들이 교복을 입니?

여: 응, 입어. 근데 난 그걸 좋아하지 않아.

남: 왜?

여: 우린 모두 다른데, 교복은 우리가 똑같이 보이게 만들
잖아.

남: 이해해, 근데 한 가지 좋은 점이 있어.

여: 정말? 그게 뭔데?

남: 매일 아침 뭘 입어야 할지 생각할 필요가 없잖아. 그것
은 시간을 절약하게 해 줘.

여: 흠…. 맞는 말이야. 하지만 난 내가 누구인지를 보여줄
수 있는 옷을 입고 싶어. 그게 나한테는 더 중요해.

어휘 school uniform 교복 look the same 똑같이 보이다
understand[ʌ̀ndərstǽnd] 통이해하다 good point 장
점 save[seiv] 통절약하다, 아끼다 make sense 말이
되다, 이치에 맞다

해설 **06** 여자는 자신이 누구인지를 보여줄 수 있는 옷을 입고 싶기
때문에 교복을 좋아하지 않는다.

07 남자는 교복을 입으면 아침마다 옷을 고르지 않아도 되기 때
문에 좋다고 생각한다.

---

08 ───────────────────────── ③

남: 안녕하세요. 저는 Wilson 형사입니다. 당신이 어젯밤
도둑을 목격하셨다고 들었습니다.

여: 네, 그랬어요.

남: 그는 어떻게 생겼던가요?

여: 그는 몹시 키가 컸고 말랐어요.

남: 얼마나 컸나요?

여: 180cm 정도였어요. 또, 그는 짧은 갈색 머리에 어두운
피부였어요.

남: 알겠습니다. 다른 것은요?

여: 그는 까만 티셔츠에 청바지를 입고 있었어요.

남: 도와주셔서 감사합니다. 그를 잡기 위해 최선을 다하겠
습니다.

어휘 detective[ditéktiv] 몡형사 thief[θiːf] 몡도둑
thin[θin] 톙마른 catch[kætʃ] 통잡다

해설

수배 중	
① 마름	② 180cm 정도의 키
③ 짧은 금발 머리	④ 어두운 피부
⑤ 검은 티셔츠에 청바지	

---

09 ───────────────────────── ①

여: Justin, 너 저 키가 크고 잘생긴 소년을 아니?

남: 누구? 안경을 쓴 애 말이야?

여: 아니, 그 애가 아니야. 난 빨간 모자를 쓴 애를 말하는
거야.

남: 벤치에 앉아있는 애? 저 애는 Max야.

여: 아니, 그는 농구 코트 위에 있어!

남: 음…. 물 마시고 있는 소년을 말하는 거니?

여: 아니. 그 애는 지금 공을 드리블하고 있어.

남: 오, 그 애는 Jack이야! 그래…. 그 애는 잘생겼어. 넌 잘
생긴 소년은 다 좋아하는구나.

여: 맞아. 어쨌든 난 그 애에게 가서 인사할 거야.

어휘 handsome[hǽnsəm] 톙잘생긴 court[kɔːrt] 몡(테니
스 등을 하는) 코트 dribble[dríbl] 통(공을) 드리블하다
say hello to …에게 인사하다

해설 빨간 모자를 쓰고 공을 드리블하고 있는 소년이 Jack이다.

---

10 ───────────────────────── ④

여: Brian, 너 걱정스러워 보여. 무슨 일이니?

남: 나 여드름이 너무 많아. 이것들 때문에 너무 스트레스
를 받아.

여: 여드름을 위한 특수 비누를 쓰는 건 어때? 내 남동생이
그걸 쓰는데, 효과가 있어!

남: 정말? 한번 써 봐야겠다.

여: 또, 규칙적으로 자는 것이 중요해. 그리고 튀기거나 기
름진 음식을 먹는 건 좋지 않아.

남: 햄버거와 도넛처럼? 하지만 난 그것들을 좋아하는데!

여: 그것들은 더 많은 여드름을 유발할 수 있어. 덜 자주 먹
도록 노력해 봐.

남: 알았어. 네 조언을 따를게.

어휘 pimple[pímpl] 몡여드름, 뾰루지 stressed[strest] 톙
스트레스를 받는 because of … 때문에 work[wəːrk]
통일하다; *효과가 있다 regularly[régjələrli] 퇴규칙적
으로 fried[fraid] 톙기름에 튀긴 oily[ɔ́ili] 톙기름진,
기름기가 함유된 cause[kɔːz] 통야기하다, 초래하다
follow[fálou] 통따라가다; *(지시 등을) 따르다

여드름으로 스트레스를 받는 남자에게 여자가 여드름을 줄일 수 있는 여러 방법을 알려주고 있다.

11 ⑤

여: Rob, 너 심각해 보여. 무엇이 문제니?

남: 이번 토요일에 데이트가 있어. 그런데 나는 패션 감각이 없어.

여: 음…. 패션 잡지를 몇 권 읽어보는 것이 어때?

남: 해봤어. 하지만 잡지의 모든 옷들은 너무 비싸. 그리고 몇몇은 너무 이상해서 입을 수 없어.

여: 패션 블로그를 방문해보는 건 어때? 많은 블로거들은 그냥 우리 같은 사람들이고, 그들은 옷을 저렴하게 입고, 잘 입을 수 있는 유용한 팁을 알려줄 수 있어!

남: 그거 좋은 생각이야! 지금 확인해 볼래.

어휘 serious[sí(:)əriəs] 형 심각한, 진지한   fashion sense 패션 감각   magazine[mӕɡəzíːn] 명 잡지   strange[streindʒ] 형 이상한   useful[júːsfəl] 형 유용한   dress[dres] 동 옷을 입다   check out …을 확인하다

해설 남자는 여자의 조언에 따라 패션 블로그를 확인하겠다고 했다.

12 1) T 2) F 3) T

남: 소년 여러분, 소녀들을 위한 화장품만 너무 많다고 생각하시나요? 소년들만을 위해 만들어진 무언가를 가지고 싶지 않으세요? 그럼, M-Face 17을 사용해 보세요! 그것은 십 대 소년들을 위한 신제품입니다. 당신의 피부에 맞는 종류의 M-Face 17을 선택하기만 하세요. 당신의 피부가 건조하다면, 노란색 세트를 구매하세요. 당신이 지성 피부라면, 파란색 세트를 선택하세요. 그리고 녹색 세트는 민감성 피부에 꼭 알맞습니다. 저희 매장들 중 한 곳에 들르신다면, M-Face 17의 무료 샘플을 받을 수 있습니다. 이 행사는 이번 주말까지 계속됩니다.

어휘 skincare[skínkèr] 명 피부 관리   product[prάdəkt] 명 상품, 제품   teenage[tíːnèidʒ] 형 십 대의   right[rait] 형 알맞은   type[taip] 명 유형, 종류   be perfect for …에 완벽하다, 꼭 알맞다   sensitive[sénsətiv] 형 예민한; *민감한   stop by …에 잠시 들르다   last[læst] 동 (특정 기간 동안) 계속되다   through[θruː] 전 …까지

해설 2) 지성 피부라면 파란색 세트를 사용해야 한다.

13 ②

여: 어느 색이 나한테 더 잘 어울리니?

남: _____

① 너 멋져 보여!

② 너 빨간색 코트가 더 잘 어울려.

③ 옷을 갈아입을 필요는 없어.

④ 녹색은 나에게 잘 안 어울려.

⑤ 저희는 흰색, 검은색, 그리고 녹색이 있어요.

어휘 change one's clothes 옷을 갈아입다   suit[sjuːt] 동 편리하다, 괜찮다; *어울리다

해설 어느 색이 더 잘 어울리는지 질문했으므로, 특정 색의 옷을 언급하는 대답을 해야 한다.

Q 남자의 응답으로 가장 적절한 것을 고르시오.

14 ④

남: Amelia, 네 스마트폰으로 뭘 하고 있니?

여: 난 이번 토요일에 미용실에 갈 거야. 그래서 머리 모양을 고르는 애플리케이션을 써 보고 있어.

남: 그건 네가 각각 다른 머리 모양을 했을 때 어떻게 보일지를 보여주니?

여: 응. 봐, 이건 긴 생머리의 나야. 어때 보여?

남: 글쎄…. 다른 스타일을 시도해 보는 게 어때?

여: 알았어. 이건 어때? 이건 짧은 곱슬머리를 한 내 모습이야.

남: 그게 너한테 잘 어울려! 아주 예뻐 보여.

여: 나도 이게 마음에 들어. 이 모양으로 머리를 해야겠다.

어휘 beauty shop 미용실   application[ӕpləkéiʃən] 명 (스마트폰의) 응용 프로그램, 애플리케이션 (= app)   look good on …에게 잘 어울리다

해설 여자는 짧은 곱슬머리를 하기로 결정했다.

Q 여자는 어느 머리 모양을 선택할 것인가?

15-16 15 ④ 16 ②

여: 여러분은 자신의 몸무게에 만족하십니까? 여러분 중 많은 분들이 아마도 '아뇨, 전 비만이에요. 살을 좀 빼야 해요.'라고 생각하고 있을 겁니다. 그런데 왜 우리는 비만이 아닌데도 이런 식으로 생각할까요? 우리는 아름답기 위해서는 날씬해야 한다고 믿고 있습니다. 이 때문에 몇몇 사람들은 과도한 다이어트를 합니다. 그러나 이는 그들의 건강을 심하게 해칠 수 있습니다. 또한, 그들은 나중에 더 안 좋아 보일 수 있습니다. 그것이 그들의 신체와 피부가 더 빨리 늙어 보이게 만들 수 있기 때문입니다. 과도한 다이어트는 우리 사회에서 많은 불행을 야기하고 있습니다.

어휘 weight[weit] 명 무게, 체중   probably[prάbəbli] 부 아

마 **overweight**[òuvərwéit] ⑲과체중의, 비만의 **even if** …에도 불구하고 **slim**[slim] ⑲날씬한 **go on a diet** 다이어트를 하다 **extreme**[ikstrí:m] ⑲극도의 **badly** [bǽdli] ⑭틀리게; 나쁘게; *몹시, 심하게 **damage** [dǽmidʒ] ⑧손상을 주다, 해치다 **society**[səsáiəti] ⑲ 사회 [문제] **advantage**[ədvǽntidʒ] ⑲이점, 장점 **danger**[déindʒər] ⑲위험

15 과도한 다이어트는 건강 악화, 노화, 불행 등을 야기할 수 있다고 이야기하고 있다.

Q 화자는 주로 무엇에 대해 이야기하고 있는가?
① 체중 감량을 위한 조언
② 다이어트를 하는 것의 이점
③ 날씬한 신체의 아름다움
④ 과도한 다이어트의 위험성
⑤ 스스로 아름답다고 생각하는 방법

16 과도한 다이어트가 초래하는 부정적인 영향들에 대하여 이야기하고 있으므로 분위기는 부정적(negative)이다.

Q 담화의 분위기는 어떤가?
① 희망적인   ③ 평화로운
④ 신나는   ⑤ 불가사의한

Dictation
본문 pp. 064~069

01 looking at my old pictures, beautiful blue eyes, has long, curly hair, wearing a headband, How amazing

02 What kind of style, cut my hair, color your hair, can't wait to see, do my best

03 have your attention, looking for a lost child, carrying a small bag, on the second floor

04 unhappy about it, help you look taller, in bright colors, fit you well, the same color, look longer

05 have a blind date, what to wear, look good, like skirts better, Why don't you, look perfect, Thanks for the advice

06-07 wear school uniforms, all different, look the same, one good point, saves us time, makes sense, show who I am

08 saw the thief, What did he look like, How tall was he, short, brown hair, Anything else, for your help, to catch him

09 handsome boy, wearing glasses, not that one, sitting on the bench, drinking water, dribbling the ball, say hello

10 look worried, really stressed, it works, I should try it, sleeping regularly, less often, follow your advice

11 you look serious, have a date, too expensive, too strange to wear, people just like us, about how to dress, check them out

12 made just for boys, a new product, choose the right type, for sensitive skin, get a free sample, last through this weekend

13 looks better on me, look better, change your clothes, suit me well

14 go to the beauty shop, choose a hairstyle, with different hairstyles, How do I look, with short, curly hair, looks good on you, get my hair done

15-16 with your weight, lose some weight, feel this way, be slim to be beautiful, badly damage their health, look older more quickly, causing a lot of unhappiness

Review Test
본문 p. 070

A 1 ⓓ 2 ⓐ 3 ⓒ 4 ⓕ 5 ⓑ 6 ⓗ 7 ⓔ 8 ⓖ
B 1 ⓐ 2 ⓑ
C 1 change my clothes   2 a striped shirt
3 lose some weight

A ⋯⋯⋯ 1 ⓓ 2 ⓐ 3 ⓒ 4 ⓕ 5 ⓑ 6 ⓗ 7 ⓔ 8 ⓖ

1 금발의: ⓓ 밝은 노랑이나 금빛 머리의

2 옷을 입다: ⓐ 자기 자신에게 옷을 입히다

3 상품, 제품: ⓒ 만들어져서 판매되는 물건

4 스트레스를 받는: ⓕ 어떤 것 때문에 긴장하거나 걱정하는

5 따르다: ⓑ 제안받거나 들은 대로 하다

6 주의, 주목: ⓗ 누군가나 무언가를 주의 깊게 생각하거나, 듣거나, 보는 행위

7 민감한: ⓔ 외부의 영향에 의해 쉽게 변하거나 손상되는

8 극도의: ⓖ 정도가 몹시 엄청난; 정상인 것을 넘는

B ⋯⋯⋯ 1 ⓐ 2 ⓑ

1 너의 강아지는 어떻게 생겼니?

ⓐ 그 애는 큰 갈색 귀와 긴 꼬리가 있어.

ⓑ 나는 내일 내 강아지를 애완동물 가게에 데려갈 거야.

2 어떤 머리 모양을 원하세요?

ⓐ 나는 내 머리 모양이 지겨워.

ⓑ 제 머리를 어두운 갈색으로 염색하고 싶어요.

Unit 05 Friends

Words Preview

본문 p. 072

01 수줍음이 많은 02 동의하다 03 웃다 04 활동적인 05 조언, 충고 06 인기 있는 07 소개하다 08 우정 09 관점 10 공통 관심사 11 …을 우연히 만나다 12 …을 잘하다 13 친구를 사귀다 14 사이좋게 지내다 15 …에 관심[흥미]이 있다 16 …와 싸우다 17 유머 감각이 있다 18 공통점이 있다

Getting Ready

본문 p. 073

A 1 run, ⓓ **2** make, ⓑ **3** be interested, ⓔ
4 get along, ⓒ **5** have a fight, ⓐ
B 1 ⓑ **2** ⓒ **3** ⓐ
C 1 ⓐ **2** ⓑ

B
1 ⓑ 2 ⓒ 3 ⓐ

1 W: Why is Charles so popular?

M: He enjoys helping his friends.

여: Charles는 왜 그렇게 인기 있니?

남: 그 애는 친구들을 돕는 것을 즐겨.

2 W: Can you introduce me to Ian?

M: Of course. No problem.

여: 나를 Ian에게 소개해 줄 수 있니?

남: 그럼. 물론이지.

3 W: Why are you here alone? Where is your best friend, Mike?

M: I had a big fight with him yesterday.

여: 왜 너 여기 혼자 있니? 네 가장 친한 친구 Mike는 어디 있니?

남: 어제 그 애와 크게 싸웠어.

C
1 ⓐ 2 ⓑ

1 What is your best friend like?

네 가장 친한 친구는 어떤 사람이니?

ⓐ 그 애는 매우 친절하고 활동적이야.

ⓑ 나의 가장 친한 친구와 나는 같은 동아리였어.

2 It's difficult for me to make new friends.

나는 새 친구를 사귀는 게 어려워.
ⓐ 나는 친구들과 사이좋게 지내고 싶어.
ⓑ 먼저 인사하고 그들에 대해 좋은 점을 이야기해.

Topic Listening

01 ⑤	02 Grace	03 Justin	04 ①	05 ⑤	06 ①
07 ②	08 ④	09 ⓒ	10 ⓑ	11 ③	12 ⑤	13 ③
14 ⑤	15 ③	16 ②			

01 ⑤

여: Hannah가 곧 새 학교로 전학 간다니 믿을 수가 없어.
남: 나도 그래. 그 애에게 인형이나 책 같은 선물을 주는 게 어때?
여: 그거 좋은 생각이야. 근데 그런 것들은 그다지 특별하지 않은 것 같아.
남: 그건 그래. 더 좋은 생각이 있니?
여: 목걸이는 어때?
남: 글쎄, 그건 매우 비쌀 수 있어.
여: 사진 앨범을 만드는 건 어때?
남: 그거 좋네. Hannah가 아주 좋아할 거야.

어휘 believe[bilíːv] 통믿다 neither[níːðər] 뒤 (부정문에서) …도 마찬가지이다 present[prézənt] 명선물 doll[dɑːl] 명인형 enough[inʌ́f] 뒤충분히

해설 두 사람은 Hannah에게 선물로 사진 앨범을 만들어 주기로 했다.

02 Grace

남: 사람들은 내가 매우 활동적이라고 말해. 나는 스포츠를 하는 것과 보는 것 둘 다 좋아해. 나는 나와 많이 비슷한 친구를 찾고 있어.

어휘 active[ǽktiv] 형활동적인 like[laik] 전…와 비슷한 [문제] activity[æktívəti] 명활동 go camping 캠핑 가다 draw[drɔː] 통그리다

해설 활동적이고 스포츠를 좋아하는 사람은 Grace다.

	Andrew	Grace	Justin
가장 좋아하는 활동	영화 보러 가기	캠핑 가기	음악 듣기
취미	그림 그리기	축구 하기	독서하기
장래희망	화가	치어리더	작가

03 Justin

여: 나는 매우 수줍음이 많고 조용해. 나는 책을 읽거나 클

래식 음악을 듣는 것을 좋아해. 나는 이런 활동들을 즐기는 친구를 원해.

어휘 shy[ʃai] 형수줍음이 많은 classical music 클래식 음악

해설 음악을 좋아하고 독서가 취미인 사람은 Justin이다.

04 ①

여: 준호야, 이번 일요일에 함께 테니스를 치는 게 어때?
남: 미안하지만 난 계획이 있어. 난 공항에 갈 거야.
여: 너 어디 가니?
남: 아니. 내 미국인 친구인 Ben이 한국을 방문할 거야.
여: 오, 너한테 외국인 친구가 있구나! 넌 그 애를 어떻게 만났어?
남: 우린 온라인 K-pop 팬클럽을 통해 만났어. 그 애는 나와 K-pop 콘서트에 가려고 여기에 오는 거야.
여: 무척 신나겠다! 네가 그 애와 즐거운 시간을 보내길 바라.

어휘 airport[ɛ́ərpɔ̀ːrt] 명공항 somewhere[sʌ́mhwɛ̀ər] 뒤어딘가에[로] through[θruː] 전…을 통해

해설 남자는 일요일에 한국을 방문하는 미국인 친구 Ben을 마중하기 위해 공항에 갈 예정이다.

05 ⑤

여: 나의 가장 친한 친구는 Emily이다. 우리는 학교의 영화 동아리에서 만났다. 우리는 둘 다 영화에 관심이 있다. 우리는 주로 주말에 함께 영화를 보러 간다. 또, 우리는 둘 다 멕시코 음식을 좋아해서 종종 멕시코 식당에 간다. Emily는 노래를 잘하지만, 나는 아니다. 또, 나는 디자이너가 되고 싶은 반면, Emily의 꿈은 비행기 승무원이 되는 것이다. 나는 우리의 우정이 영원하기를 바란다.

어휘 both[bouθ] 대둘 다 be interested in …에 관심[흥미]이 있다 be good at …을 잘하다 flight attendant 비행기 승무원 while[hwail] 접…하는 동안; *…인 반면 friendship[fréndʃip] 명우정 go on (어떤 상황이) 계속되다 forever[fərévər] 뒤영원히

해설 여자는 Emily의 꿈이 비행기 승무원(flight attendant)이 되는 것이라고 했다.
① 요리사 ② 가수 ③ 디자이너 ④ 영화감독

06 ①

남: 여보세요? (기침 소리) Jane, 나 Max야.
여: 안녕. 너 괜찮니? 목소리가 아주 안 좋아.
남: 몸이 안 좋아. 독감에 걸린 것 같아.

024 | 정답 및 해설

여: 오, 그거 안됐구나.

남: 부모님은 지금 직장에 계시고 누나는 전화를 받지 않아. Jane, 나에게 약을 좀 사다 줄 수 있니?

여: 물론이지, 하지만 넌 병원에 가야 해. 뭐 좀 먹었니?

남: 응. 수프를 먹었고 내일 병원에 갈 거야. 정말 고맙다.

여: 애, 친구 좋다는 게 뭐니?

어휘 sound[saund] 동 …하게 들리다 terrible[térəbl] 형 끔찍한; *몸이 안 좋은 medicine[médsn] 명 약 hospital[háspitl] 명 병원

07 ⸺②

남: 나는 내 가장 친한 친구 민재에 대해 이야기하고 싶어. 3년 전 내가 한국에 왔을 때 나는 학교에 친구가 없었어. 내가 한국어를 하지 못했기 때문에 아무도 내게 말을 걸지 않았지. 그런데 민재가 내게 와서 먼저 '안녕'이라고 말했어. 그 이후로, 그 애는 내 모든 걸 도와 주었어. 그리고 우리는 배드민턴을 치고 노래를 부르며 많은 시간을 함께 보냈어. 비록 지금은 서로 다른 동네에 살지만 우리는 여전히 사이좋게 지내.

어휘 nobody[nóubàdi] 대 아무도 come over to …에(게) 오다, 건너오다 spend[spend] 동 (시간을) 보내다 although[ɔːlðóu] 접 비록 …이긴 하지만 still[stil] 동 아직(도) (계속해서) get along well 사이좋게 지내다

해설 남자는 한국어를 할 줄 몰라 친구가 없던 때에 민재가 먼저 다가와 친구가 되어 주었으므로 고마울 것이다.

08 ⸺④

남: 몇몇 사람들이 길에서 춤을 추고 있어. 한번 보자.

여: 그래. 와, 내 눈을 믿을 수가 없어!

남: 뭔데 그래?

여: 저 애는 Noah야. 우리 반 친구야. 저기 저 애를 봐! 춤을 정말 잘 추네!

남: 왜 그렇게 놀라니?

여: 난 그 애가 조용하고 수줍음이 많다고 생각했어. 그 애는 도서관에서 공부만 하는 사람처럼 보이거든.

남: 표지만으로 책을 판단할 순 없어.

여: 네 말이 맞아.

어휘 take a look (한번) 보다 surprised[sərpráizd] 형 놀란, 놀라는 look like …인 것처럼 보이다 judge[ʤʌʤ] 동 판단하다 cover[kʌ́vər] 명 (책이나 잡지의) 표지

해설 겉보기와는 다른 모습의 Noah를 보고 놀란 여자에게, 남자는 겉모습만으로 판단해서는 안 된다고 말했다.

09 ⸺ⓒ

남: 너 왜 파티에 혼자 왔니? Jeff는 어디 있어?

여: 나 오늘 그 애랑 크게 싸웠어.

남: 무슨 일이 있었니?

여: 내가 늦게 일어나서 그 애가 나를 한 시간 동안 기다렸거든. 내가 도착했을 때, 그 애는 내게 화를 냈고, 그러고 나서 집으로 가버렸어.

남: 그 애한테 전화해서 미안하다고 말하지 그랬어?

여: 내가 전화했을 때 그 애는 받지 않았어. 지금 문자 메시지를 보내야 할 것 같아.

어휘 alone[əlóun] 부 혼자 have a fight with …와 싸우다 wait for …을 기다리다 arrive[əráiv] 동 도착하다 be angry at …에게 화를 내다 text message 문자 메시지

해설 여자가 약속에 늦어 남자가 화가 난 상황이므로, 사과의 뜻이 담긴 메시지가 적절하다.
ⓐ 그런 얘길 들어서 유감이야. 기운 내!
ⓑ 내 친구를 너에게 소개해도 될까?
ⓒ 그런 일은 다시는 일어나지 않을 거야! 미안해.
ⓓ 오늘 농구를 하자!

10 ⸺ⓑ

남: Layla, 너 Edgar를 아니?

여: Edgar Wilson 말이야? 응, 그 애는 우리 반이야.

남: 그 애는 어떤 사람이야?

여: 그 애는 매우 활동적이야. 학교의 모든 행사에 참여해.

남: 오, 그 애한테 나를 소개해 줄 수 있니?

여: 물론이지. 그런데 이유를 물어봐도 될까?

남: 난 그 애와 농구를 하고 싶어. 그 애가 정말 농구를 잘한다고 들었거든.

여: 알았어. 내가 그 애한테 문자를 보낼게.

어휘 take part in …에 참여[참가]하다 introduce [ìntrədjúːs] 동 소개하다 text[tekst] 동 (휴대전화로) 문자를 보내다

해설 여자는 남자의 부탁을 받고 Edgar에게 남자를 소개해 주려는 상황이다.

11 ⸺③

남: Estelle, 너 Luke에 대해 어떻게 생각하니?

여: Luke? 왜 물어보니?

남: 그 애는 매우 인기가 있잖아. 난 그 애처럼 많은 친구들이 있었으면 좋겠어.

여: 음, 우선, 그 애는 아주 재미있어. 사람들을 많이 웃게

만들어.

남: 그 애가 뛰어난 유머 감각을 가지고 있다는 것에 동의해.

여: 또, 그 애는 매우 친절해. 다른 사람들을 돕는 걸 좋아해.

남: 그래?

여: 응. Colin의 다리가 부러졌을 때, Luke가 매일 그 애를 도왔어.

남: 그렇구나. 이제 알겠어.

어휘 popular[pάːpjələr] 형 인기 있는 first of all 우선, 다른 무엇보다 먼저 laugh[læf] 통 웃다 agree[əgríː] 통 동의하다 sense of humor 유머 감각 break one's leg 다리가 부러지다

해설 Luke처럼 친구가 많았으면 좋겠다는 남자의 말에, 유머 감각과 친절한 성격 등 왜 Luke가 인기가 있는지에 대해 이야기하고 있다.

12 ⑤

여: 너 그거 알아? 나 어제 내 첫 남자친구와 커피를 마셨어. 그 애를 오랫동안 보지 못했었는데 말이야.

남: 정말? 무슨 일이 있었니? 길에서 우연히 그 애를 만난 거야?

여: 아니. 나는 Finding Friends 웹사이트를 이용했어.

남: 아, 나 그 사이트 알아. 그 애를 찾는 게 어렵지 않았어?

여: 아니. 그 애의 이름, 학교명, 그리고 그 애가 졸업한 연도를 입력하기만 했어.

남: 오, 그렇구나. 그 애를 다시 만날 거야?

여: 응. 우리는 이번 주 토요일에 다시 만날 거야.

어휘 for a long time 오랫동안 run into …을 우연히 만나다 site[sait] 명 위치; *(인터넷) 사이트 type in 입력하다 graduate[grǽdʒueit] 통 졸업하다 [문제] free[friː] 형 자유로운: *다른 계획이 없는, 한가한

해설 다시 그를 만날 거냐는 남자의 물음에는 만남에 대한 의향이나 예정을 말하는 것이 가장 적절하다.

① 나는 월요일에 한가해.
② 그 애는 몹시 잘생겼었어.
③ 나랑 같이 거기에 가면 돼.
④ 우리 여섯 시에 만나는 게 어때?

13 ③

여: 너희들은 얼마나 오랫동안 친구로 지냈니?

남: _____

① 우리는 같은 반이었어.

② 우리는 서로 매우 잘 알아.

③ 우리는 3년 동안 서로 알고 지냈어.

④ 우리는 공통점이 많아.

⑤ 우리는 여가를 함께 보내.

어휘 [문제] each other 서로 have in common 공통점이 있다, 공통적으로 지니다

해설 친구로 지내 온 기간을 물었으므로 3년 동안 알고 지냈다는 대답이 가장 적절하다.

Q 남자의 응답으로 가장 적절한 것을 고르시오.

14 ⑤

남: 너 걱정스러워 보여. 뭐가 문제니, Emily?

여: 학교에서 새로운 친구를 사귀는 것이 저에게 어려워요.

남: 걱정하지 마. 네가 생각하는 것보다 더 쉽단다.

여: 정말요? 제게 조언을 좀 해 주실래요?

남: 물론. 새로운 사람을 만나면 네가 그들에게 관심이 있다는 것을 보여주려 노력해 봐. 예를 들어, 그들의 머리 모양, 옷이나 그런 것에 대해 이야기해 보렴.

여: '그 신발 새것이니?'와 같이요?

남: 그거 좋지. 하지만, 가장 좋은 방법은 '너 오늘 멋져 보여.'와 같이 그들에 대해 좋은 점을 이야기하는 거란다. 네가 그렇게 말한다면 그건 그 사람을 기분 좋게 만들 거야.

여: 아, 알겠어요. 해볼게요.

어휘 worried[wə́ːrid] 형 걱정하는, 걱정스러워 하는 hard[hɑːrd] 형 힘든, 어려운 make friends 친구를 사귀다 advice[ədváis] 명 조언, 충고 stylish[stáiliʃ] 형 멋진, 우아한 [문제] common interest 공통 관심사

해설 새 친구를 사귀는 데 어려움을 겪는 여자에게 남자는 사람들의 좋은 점을 이야기하여 그들을 기분 좋게 만들어 주라고 조언했다.

Q 여자를 위한 남자의 조언은 무엇인가?
① 공통 관심사를 찾아라.
② 다른 사람들의 말을 주의 깊게 들어라.
③ 사람들이 가장 좋아하는 것을 찾아라.
④ 먼저 인사하고 이야기를 많이 해라.
⑤ 다른 사람들에 대해 좋은 점을 말해라.

15-16 15 ③ 16 ②

남: 안녕. 내 이름은 Harris야. 때때로 처음에는 남자와 여자가 친구가 될 수 있는 것처럼 보이기도 해. 하지만 많은 경우에 한 사람이 사랑에 빠져. 그 후에는 남자와 여자는 더 이상 그냥 친구일 수 없어. 그래서, 나는 남자

와 여자가 친구가 되는 것은 어렵다고 생각해.

여: 안녕, 나는 Claire야. 나는 Harris에게 동의하지 않아. 나는 남자와 여자가 친구가 될 수 있다고 생각해. 모든 사람들이 그들의 친구와 사랑에 빠지는 건 아니야. 나는 몇 명의 남자인 친구들이 있는데, 그들은 종종 여자인 친구들보다 더 좋은 조언을 해 줄 수 있어. 특히 내가 내 남자친구와 문제가 있을 때, 그들은 내게 남자의 관점을 이야기해 줘. 우리는 이렇게 서로를 도울 수 있어. 그건 남자와 여자가 친구일 때의 좋은 점이지.

어휘 seem[siːm] 통 …인 것 같다   case[keis] 명 경우
fall in love 사랑에 빠지다   male[meil] 형 남자의
female[fíːmèil] 형 여자의   point of view 관점
[문제] difference[dífərəns] 명 차이, 다름   destroy
[distrɔ́i] 통 파괴하다

해설 15 남자는 남녀가 친구로 지내는 것은 어렵다고 이야기하고 있고, 여자는 남녀가 친구가 될 수 있다고 주장하고 있다.

Q 화자들은 주로 무엇에 대해 이야기하고 있는가?
① 진정한 우정은 있는가?
② 우리는 어떻게 좋은 친구를 사귈 수 있는가?
③ 남자와 여자는 친구가 될 수 있는가?
④ 왜 남자와 여자는 다른가?
⑤ 사랑과 우정의 차이는 무엇인가?

16 여자는 자신의 남자친구와의 문제에 대하여 남자인 친구들이 여자인 친구들보다 더 나은 조언을 해 주기도 한다고 했다.

Q 여자의 의견은 무엇인가?
① 많은 친구들을 갖는 것은 당신을 행복하게 만든다.
② 남자인 친구들은 정말 좋은 조언을 해 줄 수 있다.
③ 사랑에 빠지는 것은 많은 우정을 깨뜨린다.
④ 여자인 친구들은 서로를 더 잘 이해한다.
⑤ 남자와 여자는 서로 다른 관점들을 가지고 있다.

Dictation

본문 pp. 078~083

01 moving to a new school, give her a present, special enough, have a better idea, really expensive, making a photo album

02 very active, both playing and watching, looking for a friend

03 shy and quiet, enjoys these activities

04 I have plans, going somewhere, visiting Korea, a friend from another country, You must be excited

05 in our school's movie club, go to the movies, on weekends, is good at singing, to become a flight attendant, goes on forever

06 sound terrible, have a bad cold, at work, buy me some medicine, go to the hospital, what are friends for

07 my best friend, had no friends, came over to me, helped me with everything, get along well

08 take a look, can't believe my eyes, my classmate, so surprised, quiet and shy, studies in the library, by its cover

09 come to the party alone, had a big fight, woke up late, angry at me, went home, send a text message

10 in my class, takes part in every event, introduce me to him, ask you why, I'll text him

11 very popular, a lot of friends, makes people laugh, very kind, helping other people, broke his leg

12 hadn't seen him, What happened, run into him, difficult to find him, the year he graduated, meet him again

13 each other, a lot in common, spend our free time

14 look worried, to make new friends, easier than you think, give me some advice, try to show, talk about, to say something good, make the person feel good

15-16 can be friends, falls in love, to be friends, don't agree with, give better advice, a male point of view, help each other, being friends

Review Test

본문 p. 084

A 1 ① 2 ⓔ 3 ⓑ 4 ⓒ 5 ⓖ 6 ⓗ 7 ⓐ 8 ⓓ
B 1 ⓑ 2 ⓑ
C 1 sense of humor   2 spent, together playing
3 had a big fight with

A .... 1 ① 2 ⓔ 3 ⓑ 4 ⓒ 5 ⓖ 6 ⓗ 7 ⓐ 8 ⓓ

1 수줍음이 많은: ① 다른 사람들과 있으면 불편하고 긴장하는

2 활동적인: ⓔ 많은 것에 참여하거나 많이 움직이는

3 인기 있는: ⓑ 많은 사람들이 좋아하거나 지지하는

4 공통의: ⓒ 둘 또는 그 이상의 사람들에게 공유되거나 사용되는

5 동의하다: ⓖ 다른 누군가와 어떤 것에 대해 같은 의견을 가지다

6 판단하다: ⓗ 주의 깊게 생각한 후 누군가나 무언가에 대해 결정하거나 의견을 가지다

7 졸업하다: ⓐ 학교를 성공적으로 끝내다

8 소개하다: ⓓ 누군가가 다른 사람을 만나게 하다

B ──────────────────── 1 ⓑ 2 ⓑ

1 너는 네 가장 친한 친구를 어떻게 만났니?
　ⓐ 우리는 칠 년째 친구로 지내오고 있어.
　ⓑ 우리는 여름 영어 캠프에서 만났어.

2 너와 네 가장 친한 친구는 공통의 관심사가 있니?
　ⓐ 우리는 항상 사이좋게 지내.
　ⓑ 응, 우리는 둘 다 음악에 관심이 있어.

Unit 06 Shopping

Words Preview
본문 p. 086

01 주문하다 **02** 받다 **03** 거스름돈 **04** 부분, 구획 **05** 배달 **06** 할인, 할인하다 **07** 교환하다 **08** 새로운, 신품의 **09** 탈의실 **10** 백화점 **11** 무료로 **12** 한 쌍의 … **13** 세일하다 **14** 현금으로 지불하다 **15** 둘러보다 **16** …에게 잘 어울리다 **17** …을 입어[신어] 보다 **18** 온라인 결제를 하다

Getting Ready
본문 p. 087

A 1 a pair, ⓑ **2** good on, ⓔ **3** a sale, ⓐ
　4 online payment, ⓓ **5** try, on, ⓒ
B 1 ⓑ **2** ⓓ **3** ⓐ **4** ⓒ
C 1 ⓑ **2** ⓑ

B ──────────────────── 1 ⓑ 2 ⓓ 3 ⓐ 4 ⓒ

1 This T-shirt is 10% off now.
　이 티셔츠는 지금 10% 할인이 됩니다.

2 This one doesn't fit me well.
　이것은 저에게 잘 맞지 않아요.

3 I want to exchange it for a larger one.
　그것을 더 큰 것으로 교환하고 싶어요.

4 I'll use my credit card.
　제 신용카드를 사용할게요.

C ──────────────────── 1 ⓑ 2 ⓑ

1 Where can I try this on?
　어디서 이것을 입어 볼 수 있나요?
　ⓐ 당신은 이 초록색을 입어 봐야 해요.
　ⓑ 탈의실은 2층에 있습니다.

2 How do you want to pay?
　어떻게 지불하시겠습니까?
　ⓐ 총 47달러입니다.
　ⓑ 현금으로 지불할게요.

Topic Listening

본문 pp. 088~091

01 ③	02 ⑤	03 ③, ⑤	04 1) ⓑ, ⓒ 2) ⓐ	05 ④

06 54, ⓑ　07 3, ⓐ, ⓒ　08 ④　09 1) Brown 2) Double
3) Credit card　10 ④　11 ②　12 ③　13 ③　14 ③
15 ⑤　16 ③

01 ③

남: 안녕, Stella. 넌 크리스마스 쇼핑을 끝냈니?
여: 아직이야. 나는 여동생을 위해 양말 한 켤레를 샀어.
남: 부모님을 위해서는 뭘 샀니?
여: 아빠를 위해서는 지갑을, 엄마를 위해서는 스웨터를 사고 싶었는데 그것들은 너무 비쌌어.
남: 장갑은 어때? 나는 아빠를 위해 장갑을 샀어. 그리고 너희 엄마를 위해서는 스카프가 좋을 것 같아.
여: 음… 생각해 볼게.

어휘 finish[fíniʃ] 용끝내다, 마치다　yet[jet] 부아직　a pair of 한 쌍의 …　wallet[wɑ́lit] 명지갑

해설 여자는 동생을 위한 양말은 샀으나, 부모님 선물을 고민하고 있다.

02 ⑤

남: Lily, 난 이 흰색 티셔츠가 마음에 들어. 그걸 살래.
여: 오, 그거 멋지네. 근데 여기는 겨우 첫 번째 가게잖아. 다른 가게들을 둘러보자.
남: 이봐, 우리가 모든 가게를 가 볼 필요는 없잖아.
여: 네가 다른 가게에서 더 멋진 옷을 발견할지도 모르잖아. 둘러보지 않고 물건을 사는 건 현명하지 않아.
남: 무슨 말인지 알아. 근데 벌써 7시야. 나 배고파.
여: 그럼 가게 딱 한 곳만 더 가보는 게 어때? 그 이후에 저녁을 먹자.
남: 알았어, 근데 한 곳만이야!

어휘 look around 둘러보다　wise[waiz] 형지혜로운, 현명한　without doing …하지 않고

해설 두 사람은 여자의 제안에 따라 다른 가게를 한 곳 더 가 보기로 했다.

03 ③, ⑤

여: 저 체크무늬 셔츠를 봐. 멋지지 않아?
남: 응, 좋아 보여. 근데 난 이미 체크무늬 옷이 너무 많아.
여: 그럼 그 옆에 있는 저 데님 셔츠는 어때?
남: 오, 마음에 든다. 아마도 저 흰색 바지와 같이 그걸 입어 봐야겠어.
여: 그건 좋은 생각이 아닌 것 같아. 데님 셔츠와 검은색 바

지를 입어 보는 게 어때?
남: 그래. 그럼 그 옷들을 입으면 내가 어때 보이는지 말해 줄래?
여: 물론이지!

어휘 checkered[tʃékərd] 형체크무늬의　already[ɔːlrédi] 부이미, 벌써　denim[dénim] 명데님(특히 청바지를 만드는 데 쓰이는 면직물)　next to …의 바로 옆에　try (something) on …을 입어[신어] 보다

해설 남자는 여자의 권유에 따라 데님 셔츠와 검은색 바지를 입어 보기로 했다.

04 1) ⓑ, ⓒ 2) ⓐ

남: 얘, Mia! 우리 함께 쇼핑하러 가는 게 어때?
여: 응, 좋지. 우리 어디로 갈까?
남: Eaton Mall 어때? 그곳은 여기 근처이고, 다양한 종류의 가게들이 있잖아.
여: 하지만 그 쇼핑몰은 너무 붐비지 않니? 항상 사람들이 많아.
남: 그건 사실이야. 그럼 우리 어디로 가야 할까?
여: Victoria's Mall은 어때? 지금 세일을 하고 있다고 들었어.
남: 정말? 잘됐네. 거기로 가자.

어휘 mall[mɔːl] 명쇼핑센터, 상점가　kind[kaind] 명종류　crowded[kráudid] 형붐비는, 복잡한　have a sale 세일하다

05 ④

남: 도와 드릴까요?
여: 안녕하세요, 제가 어제 여기서 이 아이보리색 블라우스를 샀는데요. 그것을 다른 것으로 교환하고 싶어요.
남: 그렇군요. 그것에 문제가 있습니까?
여: 아뇨, 블라우스 자체는 괜찮아요. 그런데 그게 저한테 잘 맞지가 않네요. 더 큰 걸 입어 볼 수 있을까요?
남: 물론이죠. (잠시 후에) 여기 있습니다. 저희 탈의실은 저쪽에 있습니다.
여: 감사합니다.

어휘 ivory[áivəri] 형상아색의, 아이보리색의　exchange A for B A를 B로 교환하다　fit[fit] 동(모양·크기가) 맞다　fitting room 탈의실

해설 여자는 어제 구매한 블라우스가 잘 맞지 않아 더 큰 사이즈로 교환하기 위해 가게를 방문했다.

06 ────────────────────── 54, ⓑ

남: 찾으시는 것 있어요?

여: 제 남자친구를 위해 시계를 사고 싶은데요.

남: 이건 어떠세요? 요즘 아주 인기가 있어요.

여: 얼마인가요?

남: 60달러였는데, 오늘은 10% 할인됩니다.

여: 그럼, 전 6달러를 아낄 수 있군요. 그걸로 할게요. 신용
카드 받으시나요?

남: 물론이죠.

어휘 look for …을 찾다   cost[kɔ(:)st] 동(값·비용이) …이다
[들다]   off[ɔːf] 부할인되어   save[seiv] 동아끼다
credit card 신용 카드

해설 여자는 신용카드로 54달러(60달러-6달러)를 지불할 것이다.

07 ────────────────────── 3, ⓐ, ⓒ

남: 무엇을 도와 드릴까요?

여: 저는 무료 도넛 쿠폰이 있어요. 그걸 오늘 사용하고 싶
어요.

남: 알겠습니다. 손님은 도넛 두 개를 무료로 고르실 수 있
어요.

여: 그럼, 초콜릿 도넛 두 개로 할게요.

남: 다른 건요?

여: 음, 따뜻한 커피도 한 잔이요. 얼마예요?

남: 3달러입니다.

여: 알겠습니다. 현금으로 낼게요.

어휘 coupon[kjúːpan] 명쿠폰   for free 무료로   anything
else 그 밖의 다른 것   pay[pei] 동지불하다   in cash 현
금으로

해설 여자는 쿠폰을 이용해 도넛 두 개를 사고, 추가 주문한 커피값
3달러는 현금으로 지불하겠다고 했다.

08 ────────────────────── ④

(전화벨이 울린다)

여: Elliot 서점입니다. 어떻게 도와 드릴까요?

남: 안녕하세요. 제가 사흘 전에 그쪽 온라인 매장에서 책
을 몇 권 샀어요. 근데 아직 그것들을 받지 못했어요.

여: 오, 정말 죄송합니다. 고객님의 성함을 말씀해 주시겠
어요?

남: Adam Hudson이에요.

여: 네… 고객님의 책들이 어제인 3월 18일에 발송된 것을
확인했습니다. 오늘 그것들을 받으실 거예요.

남: 잘됐네요. 기다릴게요.

여: 알겠습니다. 그리고 다시 한 번 정말 죄송합니다.

어휘 online store 온라인 매장   receive[risíːv] 동받다
once[wʌns] 부한 번

해설 주문한 책들이 어제인 3월 18일에 발송되어 오늘 도착할 것이
라고 했으므로, 남자가 책을 받을 날짜는 3월 19일이다.

09 ────────── 1) Brown 2) Double 3) Credit card

(전화벨이 울린다)

남: Buy More 홈쇼핑입니다. 도와 드릴까요?

여: 네, 저는 지금 텔레비전에 나오는 침대를 사고 싶어요.

남: 알겠습니다. 무슨 색상을 원하세요? 고객님께서는 흰
색, 베이지색, 또는 갈색 중에서 고르실 수 있습니다.

여: 갈색 것을 원해요.

남: 알겠습니다. 그리고 저희는 싱글, 더블, 그리고 퀸 사이
즈의 침대가 있습니다. 어느 것을 원하시나요?

여: 흠… 제 생각엔 퀸 사이즈의 것은 제 방에 너무 큰 것
같아요. 더블로 할게요.

남: 알겠습니다. 신용카드로 지불하시겠어요, 아니면 온라
인 결제를 하시겠어요?

여: 신용카드를 사용할게요.

어휘 on TV 텔레비전에 (방송되는·나오는)   online payment
온라인 결제   [문제] order report 주문서   item[áitem]
명물품, 품목

해설 여자는 홈쇼핑에서 갈색의 더블 침대를 구매하고 신용카드로 지
불하겠다고 했다.

┌─────────────────────────────┐
│   Buy More 홈쇼핑 - 주문서   │
│ 품목: 침대   │
│ 색상: 1) 흰색 / 베이지색 / 갈색 │
│ 크기: 2) 싱글 / 더블 / 퀸   │
│ 결제: 3) 신용카드 / 온라인 결제 │
└─────────────────────────────┘

10 ────────────────────── ④

여: 네 생일이 다가오고 있구나! 선물로 무엇을 원하니?

남: 엄마, 이 잡지에 나오는 운동화를 사주실래요?

여: 넌 이미 너무 많은 신발을 가지고 있잖니. 새 청바지는
어떠니?

남: 아니요, 제 청바지들은 괜찮아요. 엄마… 비싼 건 알지
만, 태블릿을 받을 수 있을까요?

여: 태블릿? 안돼. 넌 그걸로 온종일 게임을 할 거잖니.

남: 아니에요, 안 그럴 거예요! 그건 제가 공부하는 데 도움
이 될 거예요.

여: 약속하니? 알겠다, 그럼 그걸 사줄게. 하지만 기억하

렴, 그건 네 크리스마스 선물이기도 하단다.

어휘 gift[gift] 몡선물 sneaker[sníːkər] 몡 pl. 운동화
magazine[mæ̀gəzíːn] 몡잡지 brand-new[bræ̀ndnjúː]
혱새로운, 신품의

해설 남자는 게임을 하지 않겠다는 약속을 하고 태블릿을 받기로 했다.

11 ··· ②

남: 무엇을 도와 드릴까요?
여: 저는 여행 가방을 사고 싶어요.
남: 이 검은색 가방은 어떠세요? 지금 10% 할인 중이에요.
여: 오, 그거 좋은데요. 근데 다른 색상으로도 있나요?
남: 네, 빨간색과 보라색으로도 있어요.
여: 그럼, 전 빨간색으로 할게요. 얼마예요?
남: 80달러입니다. 근데 말씀 드렸듯이, 그것도 10% 할인
됩니다.
여: 현금으로 지불할게요. 여기 100달러요.
남: 감사합니다. 여기 거스름돈 있습니다.

어휘 suitcase[súːtkèis] 몡여행 가방 mention[ménʃən]
통말하다, 언급하다 discount[diskáunt] 통할인하다
change[tʃeindʒ] 몡변화; *거스름돈

해설 여행 가방의 가격은 원래 80달러인데, 10% 할인하여 72달러이다.

12 ··· ③

남: 여러분은 쇼핑하러 가면 계획했던 것보다 더 많이 사
나요? 그럼, 제 조언을 따르세요. 먼저, 여러분이 정말
로 필요로 하는 상품들을 적고, 목록에 있는 품목들만
을 사도록 노력하세요. 둘째로, 계획하지 않은 상품들
을 구입하기 전에 시간을 좀 가지세요. 30분에서 1시간
정도가 가장 좋습니다. 마지막으로, 자주 쇼핑하러 가
지 마세요. 친구들을 만나거나 책을 읽는 것과 같이 다
른 일들을 하세요. 그럼 여러분은 추가로 물건들을 사
는 일이 더 적을 겁니다.

어휘 plan[plæn] 통계획하다 advice[ədváis] 몡조언, 충고
write down …을 적다 list[list] 몡목록 unplanned
[ʌnplǽnd] 혱미리 계획하지 않은 lastly[lǽstli] 閏마지
막으로, 끝으로 be likely to do …하기 쉽다 extra
[ékstrə] 혱여분의, 추가의

해설 계획한 것 외의 것을 사는 충동구매를 줄이는 방법에 대해 이야
기하고 있다.

13 ··· ③

① 여: 이것을 입어 봐도 되나요?

남: 물론이죠, 탈의실은 저쪽입니다.
② 여: 저 이 재킷 입으니 어떤가요?
남: 그 색이 당신에게 잘 어울려요.
③ 여: 어떻게 지불하시겠어요?
남: 너무 비싸요.
④ 여: 어느 사이즈를 입으시나요?
남: 저는 특대 사이즈를 입어요.
⑤ 여: 아동복 코너는 어디인가요?
남: 2층으로 올라가세요.

어휘 dressing room 탈의실 extra[ékstrə] 閏특별히
section[sékʃən] 몡부분, 구획

해설 어떤 방법으로 지불하겠는지를 묻는 질문에 대해서는 현금이나
신용카드와 같은 지불 수단으로 답해야 한다.
Q 가장 부자연스러운 대화를 고르시오.

14 ··· ③

여: 즐거운 밸런타인데이입니다! Elsanna 백화점은 연인
들을 위한 몇 가지 특별한 품목들을 제공하고 있습니
다. 반지를 구매하시면, 무료 귀걸이 한 쌍을 받게 됩니
다. 또한, 맛있는 수제 초콜릿을 12달러에 판매합니다.
초콜릿 상자는 하트 모양입니다. 얼마나 달콤한가요!
게다가, 저희 매장에 있는 모든 향수가 7% 할인됩니다.
이 행사는 2월 14일 오후 8시에 종료됩니다. 저희 매장
에서의 선물로 당신의 사랑을 보여주세요!

어휘 offer[ɔ́(ː)fər] 통제공하다 ring[riŋ] 몡반지 earring
[íərriŋ] 몡귀걸이 handmade[hǽndméid] 혱손으로
만든 shaped[ʃeipt] 혱…의 형태의 in addition 게다
가, 덧붙여 perfume[pə́ːrfjúːm] 몡향수 end[end] 통
끝나다

해설 하트 모양의 상자에 담긴 초콜릿은 12달러이다.

발렌타인데이 특별 행사!
•장소: ① Elsanna 백화점
•반지 구매 시: ② 무료 귀걸이
•하트 모양 상자에 담긴 초콜릿: ③ 각 15달러
•특별 할인: ④ 7% 할인된 향수
행사의 마지막 날은 ⑤ 2월 14일입니다.

15-16 ··· 15 ⑤ 16 ③

여: 그 상자 안에 뭐가 들었니? 온라인으로 뭔가 샀어?
남: 응. 스마트폰 케이스를 샀어.
여: 인터넷에서 자주 물건을 구매하니?

남: 응. 편리하잖아. 네 책상을 떠나지 않고 여러 가지 다양한 물건들을 찾을 수 있어. 나는 상점들을 돌아다니는 걸 싫어해.

여: 그건 사실이야. 하지만 우리는 상품을 직접 볼 수 없고 그것들은 때때로 사진들과 달라.

남: 응. 하지만 또 다른 장점이 있어. 물건들은 훨씬 더 저렴해. 또한, 나는 온라인에서 가격을 비교할 수 있어.

여: 음, 배송과 관련된 문제도 있어. 한번은 나는 흰색 치마를 주문했는데, 그들은 파란색 치마를 보냈어!

어휘 convenient [kənvíːniənt] 혭 편리한 walk around 걸어 다니다, 돌아다니다 in person 직접 much [mʌtʃ] 뿐 (비교급 앞에서) 훨씬 compare [kəmpéər] 통 비교하다 price [prais] 혭 가격 delivery [dilívəri] 혭 배달, 배송 order [ɔ́ːrdər] 통 주문하다 [문제] shop [ʃap] 통 물건을 사다, 쇼핑하다

해설 **15** 남자는 온라인 쇼핑의 장점에 대해, 여자는 단점에 대해 이야기하고 있다.

Q 화자들은 주로 무엇에 대해 이야기하고 있는가?
① 그들이 얼마나 자주 온라인으로 쇼핑하는지
② 왜 온라인에서 물건들이 더 저렴한지
③ 어디서 스마트폰 케이스를 살지
④ 쇼핑할 때 고려할 것들
⑤ 온라인 쇼핑의 장점과 단점

16 상점들을 돌아다니는 것을 좋아하지 않는 것은 남자이다.

Q 대화에 따르면, 옳지 <u>않은</u> 것은?
① 남자는 온라인으로 스마트폰 케이스를 구매했다.
② 남자는 온라인 쇼핑이 편리하다고 생각한다.
③ 여자는 상점들을 돌아다니는 것을 좋아하지 않는다.
④ 남자는 온라인에서 물건을 사는 것이 더 저렴하다고 말한다.
⑤ 여자는 온라인 몰에서 틀린 물건을 받았다.

Dictation
본문 pp. 092~097

01 Christmas shopping, a pair of socks, for your parents, too expensive, be good for your mom, think about that

02 only the first store, look around, visit every store, not wise, without looking around, what you mean, 7 o'clock, just one more shop, get some dinner

03 Look at that checkered shirt, looks good, try it on, that's a good idea, how I look in them

04 go shopping together, near here, many kinds of shops, too crowded, That's true, having a sale

05 exchange it for another one, fit me well, try a larger one, fitting room

06 looking for something, buy a watch, How much does it cost, 10% off today, I'll take it

07 have a coupon, for free, Anything else, How much is it, pay in cash

08 from your online store, haven't received them yet, tell me your name, your books were sent, get them today, once again

09 May I help you, on TV right now, choose from, Which one do you want, too big for my room, pay by credit card

10 birthday is coming, as a gift, it's expensive, play games all day, help me study, buy it for you

11 What can I do, What about, 10% off, in another color, How much is it, as I mentioned, pay in cash, your change

12 go shopping, more than you planned, write down, on the list, unplanned products, meeting friends, reading books, be less likely to buy

13 Can I try this on, looks good on you, What size, an extra large, Go up, second

14 is offering some special items, buy a ring, delicious handmade chocolate, is shaped like, will end on February 14th

15-16 buy something online, on the Internet, It's convenient, without leaving your desk, walking around stores, in person, another good point, much cheaper, compare the prices, a problem with delivery

Review Test
본문 p. 098

A 1 ⓔ 2 ⓗ 3 ⓓ 4 ⓐ 5 ⓒ 6 ⓕ 7 ⓑ 8 ⓖ
B 1 ⓑ 2 ⓑ
C 1 looking for 2 for free 3 looks good on
  4 having a sale

A ·············· 1 ⓔ 2 ⓗ 3 ⓓ 4 ⓐ 5 ⓒ 6 ⓕ 7 ⓑ 8 ⓖ

1 (모양·크기가) 맞다: ⓔ 사람 또는 무언가에 맞는 크기나 형태이다

2 거스름돈: ⓗ 고객이 제품의 가격보다 돈을 더 지불했을 때 반환되는 돈

3 (값·비용이) …이다[들다]: ⓓ 구매되기 위해 특정 액수의 돈을 필요로 하다

4 받다: ⓐ 누군가로부터 무언가를 얻다

5 지불하다: ⓒ 상품이나 서비스를 위해 누군가에게 돈을 내다

6 비교하다: ⓕ 사물이나 사람들이 어떻게 다르고 비슷한지 고려하다

7 할인하다: ⓑ 제품이나 서비스의 가격을 낮추다

8 교환하다: ⓖ 상점에 물건을 가져다 주고 대신 다른 것을 가져오다

B
1 ⓑ 2 ⓑ

1 이 파란색 원피스 다른 색상으로도 있나요?
　ⓐ 네, 이 파란색의 것은 특대 사이즈입니다.
　ⓑ 네, 검은색과 흰색으로도 있습니다.

2 이것은 얼마인가요?
　ⓐ 저는 무료 쿠폰을 가지고 있어요.
　ⓑ 80달러였는데 이번 주는 15% 할인됩니다.

Unit 07 Entertainment

Words Preview

01 상영[방송]되는　02 생방송의, 생중계의　03 (TV·라디오 프로그램을) 진행하다　04 재방송　05 (경기장의) 관중석　06 표현하다　07 예고편　08 (TV 연속 프로그램의) 1회 방송분　09 줄거리　10 등장인물　11 리모컨　12 방청객　13 프로그램을 놓치다　14 주연을 맡다　15 컴백하다　16 채널을 바꾸다　17 프로그램에 출연하다　18 프로그램을 다운로드하다

Getting Ready
본문 p. 101

A 1 download, ⓔ　2 make, ⓐ　3 change, ⓒ
　4 check, schedule, ⓓ　5 the main role, ⓑ
B 1 T　2 F　3 T
C 1 ⓐ　2 ⓑ

B
1 T　2 F　3 T

1 The cartoon *Jamie the Lion* begins at 7:00 p.m.
만화 'Jamie the Lion'은 오후 7시에 시작한다.

2 The baseball game is on Channel CNA.
야구 경기는 채널 CNA에서 한다.

3 KTN News comes on after the talk show *The Liam Butler Show*.
KTN 뉴스는 토크쇼 'The Liam Butler Show' 다음에 한다.

C
1 ⓐ　2 ⓑ

1 Did you watch the soccer game yesterday?
어제 축구 경기 봤니?
　ⓐ 아니, 나는 그 경기를 놓쳤어.
　ⓑ 그 경기는 채널 CBC에서 했어.

2 Who is the guest on *Tonight Live* this week?
이번 주 'Tonight Live'의 초대 손님은 누구니?
　ⓐ 나는 'Tonight Live' 웹사이트에 글을 올리고 있어.
　ⓑ 디자이너 Nicholas Coleman이 그 쇼에 출연할 거야.

01 ⓓ	02 ⓐ	03 ④	04 ②	05 ②	06 ③	07 ②
08 ⑤	09 ⑤	10 ③	11 ③	12 ①	13 ③	14 ④
15 ①	16 ⑤					

01 ⓓ

남: 너 어제 야구 경기 보러 갔지, 그렇지 않니?

여: 너 어떻게 알았니? 난 너한테 그것에 대해 말하지 않았는데.

남: 실은 TV에서 널 봤어. 카메라가 관중석에 있는 널 잡았거든. 너 경기를 아주 진지하게 보고 있더라.

여: ⓓ 정말? 나 TV에서 예뻐 보였니?

어휘 catch[kætʃ] ⑧(물체를) 잡다, 받다; *(잠깐·언뜻)보다, 포착하다 stand[stænd] ⑨(경기장의) 관중석 seriously [sí(ː)əriəsli] ⑨심각하게, 진지하게 [문제] trust[trʌst] ⑧신뢰하다

해설 남자가 TV에서 여자를 봤다고 했으므로 자신이 어떻게 보였는지 묻는 대답이 가장 적절하다.
ⓑ 저는 당신을 신뢰할 수 없어요!
ⓒ 아니, 게임은 그렇게 진지하지 않았어.

02 ⓐ

남: 정답은… 맞습니다! 당신은 방금 백만 달러를 획득하셨습니다!

여: 오, 와!

남: 당신은 모든 질문에 매우 침착하게 답하셨어요. 긴장돼 보이지 않았어요.

여: 하지만 전 긴장했어요! 카메라 앞에서 질문에 답하는 게 쉽지 않았죠. 하지만 전 최선을 다했어요.

남: 네, 축하합니다! 지금 기분이 어떠세요?

여: ⓐ 제가 운이 좋다고 느껴요.

어휘 correct[kərékt] ⑨맞는, 정확한 million[míljən] ⑨100만 calmly[kɑ́ːmli] ⑨고요히; *침착하게 nervous[nə́ːrvəs] ⑨불안해 하는, 긴장한 try one's best 최선을 다하다

해설 모든 정답을 맞힌 참가자에게 심정을 물었으므로 자신이 느끼는 바를 말하는 대답이 가장 적절하다

03 ④

남: ① 만화 영화는 5시 정각에 시작한다.
② 퀴즈쇼는 만화 영화 다음에 방송된다.
③ 'Sports World'는 두 시간 동안 생방송된다.
④ 'Sherlock Holmes'의 마지막 회는 8시 30분에 시작한다.
⑤ 드라마 다음에 뉴스를 시청할 수 있다.

어휘 cartoon[kɑːrtúːn] ⑨만화 영화 come on 방송되다 live[laiv] ⑨생방송으로, 생중계로 episode[épisòud] ⑨(TV 연속 프로그램의) 1회 방송분

해설 'Sherlock Holmes'는 새로운 드라마이다.

04 ②

여: 저는 여러 다양한 프로그램에 나옵니다. 저는 TV 쇼, 영화, 만화, 그리고 광고를 위해 일하죠. 그러나 저는 TV 화면에는 나오지 않습니다. 저는 다양한 등장인물들에게 목소리를 줍니다. 때때로 저는 아이가 되고, 다른 때에는 노파가 됩니다. 심지어 동물이 될 수도 있습니다! 제 목소리를 이용해서 여러 가지를 표현하는 것은 정말 재미있습니다. 전 제 직업이 정말로 좋습니다!

어휘 on[ən] ⑨상영[방송]되는 advertisement [ædvərtáizmənt] ⑨광고 voice[vɔis] ⑨목소리 various[vɛ́(ː)əriəs] ⑨다양한 character[kǽriktər] ⑨등장인물 express[iksprés] ⑧나타내다, 표현하다

해설 TV 화면에는 나오지 않지만 여러 등장인물들의 목소리를 표현하는 직업은 성우이다

05 ②

남: HBS의 저녁 프로그램 편성입니다. 오후 8시에 드라마 'How I Met Andrew'가 방영될 것입니다. 젊은 연인의 삶과 사랑을 놓치지 마세요. 오후 9시에 'Secret History Book'은 한 왕의 죽음의 미스터리에 대해 이야기할 것입니다. 누가 왕을 죽였을까요? 오늘 밤에 알아보세요. 'Delicious World'는 오후 10시에 방송됩니다. 전국의 유명한 식당들을 보실 수 있습니다. HBS와 함께 여러분의 저녁을 즐겁게 보내세요.

어휘 schedule[skédʒuːl] ⑨일정; *프로그램 편성표 miss[mis] ⑧그리워하다; *놓치다 mystery[místəri] ⑨신비, 미스터리 death[deθ] ⑨죽음 kill[kil] ⑧죽이다 find out 발견하다, 알아내다

06 ③

남: 너는 주로 어떤 TV 프로그램을 보니?

여: 나는 정보를 주는 프로그램들을 좋아해.

남: 다큐멘터리 같은 것 말이니?

여: 응. 나는 그것들로부터 많은 것을 배울 수 있어. 어제, 나는 정글의 야생동물에 대한 것을 봤어. 너는 어때?

남: 나는 코미디 프로그램을 보는 것을 좋아해. 나는 재미있는 농담을 들으며 많이 웃을 수 있어. 나는 웃는 것으로 내 스트레스를 해소할 수 있어.

어휘 information[ìnfərméiʃən] 몡정보 documentary [dὰkjuméntəri] 몡기록물, 다큐멘터리 learn[ləːrn] 통 배우다 wild animal 야생동물 joke[dʒouk] 몡농담 laugh[læf] 통웃다 release stress 스트레스를 해소하다

해설 두 사람은 각자 좋아하는 TV 프로그램의 종류에 대해 이야기하고 있다.

07 ───────────────────── ②

남: 오, 이런! 내가 가장 좋아하는 TV 프로그램인 'Perfect Chef'를 놓쳤어.

여: 'Perfect Chef'? 일요일 아침에 그 프로그램의 재방송이 있어. 그때 그걸 보는 게 어때?

남: 그럴 수가 없어. 이번 주말에 조부모님을 방문해야 하거든.

여: 그럼 너는 그걸 온라인으로 볼 수 있어.

남: 좋은 생각이야! 인터넷을 이용할 수 있구나. 다운로드해야 하니?

여: 아니. 'Perfect Chef'의 웹사이트를 방문하면 거기서 바로 동영상을 볼 수 있어.

남: 그거 좋네. 얘기해 줘서 고마워.

어휘 rerun[ríːrὰn] 몡재방송 download[dáunlòud] 통다운로드하다[내려받다]

해설 여자는 남자에게 해당 프로그램의 웹사이트에 들어가면 방송 영상을 볼 수 있다고 알려 주었다.

08 ───────────────────── ⑤

남: 리모컨을 내게 줘. 난 축구 경기를 보고 싶어.

여: 안돼! 넌 어제 야구 경기를 봤잖아! 오늘 밤에는 내가 채널을 선택할 거야.

남: 알았어. 우리가 뭘 볼 건데?

여: 7시 30분에 'Supernatural'이라는 TV 드라마를 볼 거야.

남: 난 줄거리를 몰라. 우리 둘 다 즐길 수 있는 프로그램을 보는 게 어때?

여: 좋아. TV 편성표를 확인해 보자. 오! 영화를 보는 건 어때? 곧 'The Hobbit'이 방송돼.

남: 아, 'Movie of the Week' 프로그램에서 그것이 굉장하다고 했어. 그걸 보자.

어휘 remote control 리모컨 match[mætʃ] 몡경기, 시합

choose[tʃuːz] 통선택하다, 고르다 channel[tʃǽnəl] 몡(TV의) 채널 storyline[stɔ́ːrilain] 몡줄거리 check the TV schedule TV 편성표를 확인하다

해설 두 사람의 마지막 말에서 영화 'The Hobbit'을 볼 것임을 알 수 있다.

09 ───────────────────── ⑤

여: 6시야. 채널을 KBC로 돌려 줘.

남: 특별한 프로그램이 하니?

여: 내가 가장 좋아하는 밴드인 Sugar Box가 컴백을 해. 난 그들의 신곡을 듣고 싶어.

남: 그들이 어느 프로그램에 나와?

여: 'Music Chart Show'에 나와. 난 세 달 동안 그들을 기다려 왔어.

남: 넌 대단한 팬이구나! (잠시 후에) 근데 KBC에서는 지금 만화 영화가 하고 있어.

여: 뭐? 그 프로그램은 매주 수요일 6시에 하는데.

남: 오, 어제가 수요일이었어. 내 생각에 넌 그것을 놓친 것 같아.

여: 뭐라고? 믿을 수가 없어!

어휘 make a comeback 컴백하다 [문제] disappointed [dìsəpɔ́intid] 헝실망한

해설 여자는 보고 싶었던 프로그램을 놓쳐서 실망하고(disappointed) 있다.
① 지루한 ② 겁먹은 ③ 걱정하는 ④ 불안해하는

10 ───────────────────── ③

여: 어제 밤에 'Broken Scene' 봤니?

남: 당연하지! 난 그 TV 프로그램을 정말 좋아해. 이야기가 정말 좋아.

여: 응, 경찰서에서 일어나는 일을 보는 게 재미있어.

남: 어제, 나는 그들이 범인을 놓칠까 봐 정말 걱정됐어. 하지만 결국 Matthew가 그를 잡았지!

여: Matthew는 내가 가장 좋아하는 등장인물이야. 그는 똑똑하고 신비로워. 또, 그는 정말 잘생겼어!

남: 난 Nicole이 좋아. 그녀는 차가워 보이지만, 실은 따뜻한 마음씨를 지녔어.

여: 맞아. 난 Matthew와 Claire 사이의 연애에 대해서도 궁금해. 그들이 사귈 거라고 생각하니?

어휘 criminal[kríminl] 몡범인, 범죄자 finally[fáinəli] 분마침내, 결국 mysterious[mistí(ː)əriəs] 헝불가사의한; *(사람이) 신비한 wonder[wΛ́ndər] 통궁금하다

romance[róumæns] 명 연애, 로맨스   go out 사귀다,
데이트하다

해설 경찰서에서 일어나는 일을 다루고 범인을 잡는 내용의 드라마는
수사극이다.

11 ────────────────────────── ③

여: 너 지금 뭘 보고 있니?

남: 'Who's the Next Top Singer'야. 내가 가장 좋아하
는 TV 프로그램이야.

여: 응, 나도 그걸 좋아해. 그걸 보는 것은 정말로 재미있
어. 누가 우승할 거라고 생각해?

남: 난 Layla가 우승자가 되어야 한다고 생각해. 그녀는 아
름답게 노래를 하는 데다 춤도 정말 잘 춰.

여: 난 Andrew가 좋아. 그의 목소리는 정말 감미로워.

남: 너 오늘 밤에 그에게 투표했어? 난 이미 Layla에게 투
표하는 문자 메시지를 보냈어.

여: 아니, 난 그에게 투표한 적 없어.

남: 왜 하지 않았어? 네 투표가 그를 우승자로 만들 수 있
어. 그에게 네 지지를 보여줘.

어휘 winner[wínər] 명 우승자   smooth[smuːð] 형 매끈한;
*(소리가) 부드러운[감미로운]   vote for …에 (찬성) 투표하
다   text message 문자 메시지   support[səpɔ́ːrt] 명
지지, 지원

해설 남자는 여자에게 Andrew를 지지하는 문자를 보내라고 했다.

12 ────────────────────────── ①

남: 많은 사람들이 여가를 TV를 보면서 보냅니다. 한 조사
에 따르면, 십 대들은 일주일에 9시간 정도 TV를 시청
합니다. 이것은 모든 연령대 중에서 가장 적은 양입니
다. 청년층은 일주일에 13시간 TV를 시청합니다. 40
대의 사람들은 청년층보다 오직 한 시간을 더 시청합니
다. 그리고 50대의 사람들은 TV를 시청하는 데 17시간
을 보냅니다. 마지막으로, 60세 이상의 사람들은 그 어
느 연령대보다 TV를 더 많이 시청합니다. 그들은 TV
를 시청하는 데 일주일에 20시간을 보냅니다.

어휘 according to …에 따르면   survey[sə́ːrvei] 명 (설문)
조사   least[liːst] 명 가장 적은 양[것]   young adults
청년   age group 연령대

해설 십 대들은 일주일에 9시간 TV를 시청한다고 했다.
[그래프] 일주일에 TV를 시청하는 시간

13 ────────────────────────── ③

남: 그 토크쇼의 오늘 밤 초대 손님은 누구니?

여: _____

① Nolan Anderson이 그 토크쇼를 진행해.

② 그 웹사이트에서 예고편들을 볼 수 있어.

③ 여배우 Ariana Stark가 그 프로그램에 출연할 거야.

④ 그 토크쇼는 채널 17번에서 할 거야.

⑤ 당신의 이름은 손님 명단에 없습니다.

어휘 host[houst] 동 (TV·라디오 프로그램을) 진행하다
preview[príːvjùː] 명 예고편   available[əvéiləbl] 형
이용할 수 있는   actress[ǽktris] 명 여배우   appear
[əpíər] 동 나타나다; *출연하다

해설 토크쇼의 초대 손님을 묻는 질문이므로 출연자에 대한 대답이 와
야 한다.
Q 여자의 응답으로 가장 적절한 것을 고르시오.

14 ────────────────────────── ④

여: 너 뭐 하고 있니?

남: 난 'Sunday Live Show'의 홈페이지에 글을 올리고
있어.

여: 버라이어티 쇼 말이야? 왜?

남: 어젯밤에 그 프로그램에 몹시 실망했거든. 그 프로그램
에 나온 사람들은 잡담만 했어. 재미없었어.

여: 이해해. 나도 TV에서 잡담을 듣는 걸 좋아하지 않아.

남: 그게 다가 아니야. 그들은 비속어도 많이 사용하더라
고. 그건 어린아이들에게 나쁘잖아.

여: 네 말이 맞아. 프로그램을 만드는 사람들은 더 주의해
야 해.

어휘 post[poust] 동 (웹사이트에) 올리다, 게시하다   gossip
[gásip] 동 잡담하다, 험담을 퍼뜨리다 명 잡담, 험담   bad
language 욕설, 비속어   [문제] complain[kəmpléin]
동 불평[항의]하다   audience member 방청객

해설 남자는 잡담만 하고 비속어를 사용한 TV 버라이어티 쇼에 실망
하여 홈페이지에 항의하는 글을 올리고 있다.
Q 남자는 왜 그 웹사이트에 방문했는가?
① 재방송을 보려고
② 금주의 초대 손님을 확인하려고
③ 프로그램 편성표를 찾으려고
④ 프로그램에 대해 항의하려고
⑤ 방청객 신청을 하려고

15-16 ────────────────── 15 ①   16 ⑤

여: 너 그거 아니? Two Directions의 Robert가 새 TV
드라마의 주인공을 맡을 거래!

남: 뭐? 그는 가수잖아. 난 가수들이 연기하는 게 마음에 안

들어.

여: 왜 싫어? 그들은 인기가 있잖아. 많은 사람들이 드라마에서도 그들을 보고 싶어해.

남: 그럴 수도 있겠지. 하지만 그들의 연기는 좋지 않아. 드라마의 질에 나쁘다고.

여: 그들 중 몇몇은 처음에는 연기를 못하지만, 점점 더 나아져. 우린 좀 인내할 필요가 있어.

남: 하지만 난 많은 가수들이 연습을 할 충분한 시간이 없다고 생각해. 그들은 너무 바빠.

여: 그러니까 넌 그들이 한 가지 일에만 전념해야 한다고 생각하니?

남: 응, 그게 더 낫지.

어휘 play the main role 주연을 맡다　act[ækt] 통연기하다
quality[kwɑ́ləti] 명질　get better 나아지다　patient
[péiʃənt] 형참을성 있는　enough[inʌ́f] 형충분한
practice[prǽktis] 통연습하다　focus on …에 초점을
맞추다, 전념하다　[문제] entertainer[èntərtéinər] 명연
예인　area[ériə] 명지역; *분야

해설 **15** 가수들이 드라마에 출연하여 연기를 하는 것에 대해 여자는 찬성, 남자는 반대의 의견을 펼치고 있다.

Q 화자들은 주로 무엇에 대해 이야기하고 있는가?
① 드라마에서 연기를 하는 가수들
② 아무런 일이 없는 배우들
③ 노래를 연습하지 않는 가수들
④ 어린 나이에 연기를 시작하는 배우들
⑤ 가수들의 바쁜 일정에 관한 문제들

16 남자는 가수들이 한 가지 분야에만 전념해야 한다고 주장하고 있다.

Q 대화에 따르면, 옳은 것은?
① 여자는 TV 드라마를 보지 않는다.
② 남자는 배우로서의 Robert의 팬이다.
③ 남자는 새 TV 드라마를 볼 것이다.
④ 여자는 배우들보다 가수들을 더 좋아한다.
⑤ 남자는 연예인들이 한 분야에 전념해야 한다고 생각한다.

---

03 at 5 o'clock, comes on, on live, The last episode, watch the news

04 work for, not on the TV screen, become an old woman, fun to use my voice

05 schedule for the evening, will be shown, of a king's death, Find out, is on, Enjoy your evening

06 What kind of TV programs, give information, learn many things, wild animals in the jungle, hear funny jokes, release my stress

07 missed my favorite TV show, There's a rerun, watch it online, use the Internet, download it, watch the video

08 watched the baseball game, choose the channel, know the storyline, check the TV schedule, watch a movie

09 change the channel, making a comeback, I've waited for them, such a fan, you missed it, can't believe it

10 last night, in the police station, missed the criminal, finally got him, smart and mysterious, looks cold, has a warm heart

11 What are you watching, fun to watch, sings beautifully, dances very well, vote for him, sent a text message, Show him your support

12 spend their free time, the least among all ages, one more hour than, people over 60 years old, any other age group

13 guest on the talk show, available on the website, appear on the show, on the guest list

14 posting a message, was very disappointed with the program, hearing gossip on TV, a lot of bad language, should be more careful

15-16 play the main role, when singers act, the quality of the drama, get better, be patient, have enough time to practice, focus on one thing

---

Dictation　　　　　　　　　　本문 pp. 106~111

01 went to the baseball game, tell you about it, in the stands

02 won one million dollars, answered all the questions, look nervous, tried my best

Review Test　　　　　　　本문 p. 112

A 1 ⓒ　2 ⓗ　3 ⓓ　4 ⓕ　5 ⓖ　6 ⓑ　7 ⓐ　8 ⓔ
B 1 ⓑ　2 ⓑ
C 1 vote for　2 making a comeback
　3 play the main role

A

1 ⓒ 2 ⓗ 3 ⓓ 4 ⓕ 5 ⓖ 6 ⓑ 7 ⓐ 8 ⓔ

1 재방송: ⓒ 다시 방영되는 TV 프로그램이나 영화

2 웃다: ⓗ 얼굴, 몸으로 움직임과 소리를 만들어 행복함을 표현하다

3 출연하다: ⓓ 초대 손님으로 TV 프로그램이나 행사에 참가하다

4 (웹사이트에) 올리다, 게시하다: ⓕ 사람들이 볼 수 있는 인터넷에 정보와 같은 무언가를 게시하다

5 예고편: ⓖ 영화나 TV 프로그램이 방영되기 전에 일부를 광고로 보여주는 것

6 1회 방송분: ⓑ 텔레비전이나 라디오 시리즈의 한 편

7 등장인물: ⓐ 영화, 책 또는 연극에 나오는 사람

8 잡담하다, 험담을 퍼뜨리다: ⓔ 특히 사람들의 사적인 생활에 대해 누군가에게 격식 없이 말하다

B

1 ⓑ 2 ⓑ

1 내가 가장 좋아하는 TV 프로그램인 'You Can Cook'을 놓쳤어.
  ⓐ 나는 그 프로그램에 몹시 실망했어.
  ⓑ 오늘 밤 8시에 그 프로그램의 재방송이 있어.

2 너는 주로 어떤 TV 프로그램을 보니?
  ⓐ 내가 가장 좋아하는 TV 프로그램은 13번에서 해.
  ⓑ 나는 정보를 주는 프로그램을 보는 것을 좋아해.

Unit 08 Health

Words Preview
본문 p. 114

01 기침하다 02 재채기하다 03 환자 04 약 05 증상 06 치통 07 약국 08 고열 09 응급실 10 산책하다 11 다치다 12 감기에 걸리다 13 진찰을 받다 14 …에 알레르기가 있다 15 아침을 거르다 16 눈이 충혈되다 17 목이 아프다 18 …의 체온을 재다

Getting Ready
본문 p. 115

A 1 catch, ⓓ 2 see, ⓒ 3 walk, ⓐ 4 red, ⓔ
  5 good for, ⓑ
B 1 ⓑ 2 ⓓ 3 ⓒ 4 ⓐ
C 1 ⓑ 2 ⓑ

B

1 ⓑ 2 ⓓ 3 ⓒ 4 ⓐ

1 She fell down and broke her wrist.
  그녀는 넘어져서 팔목이 부러졌다.

2 She had a tooth pulled out.
  그녀는 이를 뽑았다.

3 She is stretching in her room.
  그녀는 방에서 스트레칭을 하고 있다.

4 She still has a runny nose.
  그녀는 아직도 콧물을 흘리고 있다.

C

1 ⓑ 2 ⓑ

1 Why did you leave school early yesterday?
  어제 왜 학교를 조퇴했니?
  ⓐ 전보다 집을 일찍 나섰어.
  ⓑ 고열이 나고 목이 아팠기 때문이야.

2 You keep sneezing. What's wrong?
  자꾸 재채기를 하는구나. 무슨 일이야?
  ⓐ 나는 마스크를 써야겠어.
  ⓑ 저 꽃들이 보이니? 난 꽃 알레르기가 있거든.

Topic Listening

본문 pp. 116~119

01 ⓓ 02 ⓐ 03 ⑤ 04 ① 05 ⓐ 06 ⓓ 07 ⑤
08 ③ 09 ② 10 ④ 11 ④ 12 1) headache
2) straight neck 3) special care 13 ③ 14 ⑤
15 ① 16 ③

01 ────────────────── ⓓ

여: 이제 겨우 2시잖니. 너 왜 벌써 집에 있는 거니?
남: 저 아파요, 엄마. 그래서 학교를 조퇴했어요.
여: 오! 무슨 일이니?
남: 두통이 너무 심해요. 어젯밤에 제대로 잠을 자지 못했어요.
여: 그거 참 안됐구나. 기다리렴. 내가 약을 좀 줄게.

어휘 leave school early 학교를 조퇴하다 headache
[hédèik] 몡두통 hold on 기다리다 medicine
[médsn] 몡약

02 ────────────────── ⓐ

여: Aiden, 너 괜찮니? 무슨 일이 있었던 거야?
남: 지난 주말에 스키를 타러 갔다가 다쳤어.
여: 정말? 너 넘어졌어?
남: 응. 난 스키를 잘 못 타. 그래서 넘어져서 손가락이 부러졌어.
여: 그 얘길 들으니 안됐구나. 네가 곧 좋아지길 바랄게.

어휘 hurt oneself 다치다 fall down 넘어지다 break
one's finger 손가락이 부러지다 get better (병·상황
따위가) 좋아지다

03 ────────────────── ⑤

남: 안녕하세요, 무엇을 도와 드릴까요?
여: 제가 심한 치통이 있어서요. 약국에 가서 약을 먹었어요. 그런데 나아지지 않아요.
남: 어디 한번 보죠. 입을 크게 벌리세요.
여: 알겠어요. 아….
남: 정말 심각하군요. 이를 뽑으셔야 합니다.
여: 오, 이런!

어휘 terrible[térəbl] 혱끔찍한; *심한 toothache[túːθèik]
몡치통 pharmacy[fáːrməsi] 몡약국 take medicine
약을 먹다 wide[waid] 붐완전히, 활짝 pull out 뽑다,
빼내다

해설 여자는 이가 아파 치과에서 진찰을 받고 있는 상황이다.

04 ────────────────── ①

(전화벨이 울린다)
남: 안녕하세요. 저는 Thomas예요. 저는 지금 전화를 받을 수 없어요. 메시지를 남겨 주세요. (삐 소리)
여: 안녕, Thomas. 나 Julia야. 미안하지만 오늘 난 야구 경기를 보러 갈 수가 없어. 난 어제 수영장에 갔었어. 그 이후로 고열이 있고 목이 아파. 내 생각에 감기에 걸린 것 같아서, 진찰을 받으려고 해. 야구 경기에는 다음에 가자. 나중에 전화할게.

어휘 take a call 전화를 받다 leave a message 메시지를
남기다 since[sins] 쪈…이후 have a fever 열이 나다
have a sore throat 목이 아프다 catch a cold 감기에
걸리다 see a doctor 진찰을 받다

해설 여자는 병원에 가게 되어 야구 경기를 보기로 한 약속을 취소하려고 남자에게 전화를 걸었다.

05-06 ────────────── 05 ⓐ 06 ⓓ

남: 몇몇 음식들은 당신의 건강에 정말 좋습니다. 당근은 당신의 눈에 좋습니다. 당근에는 비타민 A가 많습니다. 이는 당신의 눈을 건강하게 유지하는 데 도움이 됩니다. 너무 많이 먹지 않는다면 다크 초콜릿은 심장에 좋습니다. 호두는 당신의 뇌를 더 건강하게 만들 수 있습니다. 또, 그것들을 먹으면 포만감을 느끼게 됩니다. 그러니 다이어트 중일 때 그것들을 소량 섭취하세요.

어휘 be good for …에 좋다 keep[kiːp] 동유지하다
healthy[hélθi] 혱건강한 heart[hɑːrt] 몡심장
brain[brein] 몡뇌 full[ful] 혱가득한; *배부르게 먹은
amount[əmáunt] 몡총액; *양 be on a diet 다이어트
중이다

07 ────────────────── ⑤

남: Grace, 너 계속 재채기하고 눈이 빨갛구나. 무슨 일이야?
여: 봄이잖아, 나는 꽃에 알레르기가 있어.
남: 오, 그렇구나. 그게 네가 마스크를 쓰고 있는 이유로구나.
여: 응. 난 외출할 때는 마스크를 쓰려고 해.
남: 내 남동생도 같은 문제가 있어. 그래서 그 애는 눈을 보호하기 위해 늘 안경을 써.
여: 난 안경을 좋아하지 않기 때문에 콘택트렌즈를 끼고 있어.
남: 오, 그건 좋지 않아. 콘택트렌즈가 너의 눈을 더욱 충혈되게 할 수 있거든. 봄엔 안경을 쓰도록 해.

여: 알겠어. 충고 고마워.

어휘 keep *doing* 계속 …하다 sneeze[sni:z] 통재채기하다
red[red] 형빨간; *(눈이) 충혈된 be allergic to …에 알
레르기가 있다 outside[àutsáid] 부밖에
protect[prətékt] 통보호하다 contact lens 콘택트렌즈

해설 남자는 여자에게 콘택트렌즈가 눈을 더 충혈되게 할 수 있으므
로, 봄에는 안경을 쓰라고 충고했다.

08 .... ③

남: Parker 박사님, 전 늘 피곤해요.
여: 흠…. 보통 아침을 드십니까?
남: 아뇨, 먹지 않아요. 저는 아침에 시간이 없거든요.
여: 아침 식사를 거르지 마세요. 그건 하루를 위한 에너지
   를 제공해 주거든요. 간단하게 우유 한 잔을 마시거나
   과일을 먹는 것이 좋아요.
남: 전 과일을 안 좋아해요. 대신 과일 주스를 마셔도 될까
   요?
여: 일부 주스에는 설탕이 많이 들어있어요. 그러니 너무
   많이 마시지 마세요.
남: 오, 그렇군요. 또 다른 것이 있나요?
여: 네. 운동은 매우 중요해요. 일주일에 3회 운동을 하도
   록 노력 하세요.

어휘 skip[skip] 통거르다, 빼먹다 simply[símpli] 부간단히
instead[instéd] 부대신에 exercise[éksərsaiz] 명운동
통운동하다 time[taim] 명시간; *…번

09 .... ②

여: 안녕, Jake. 오늘은 상태가 어떠니?
남: 오늘은 훨씬 좋아요. 기침이 멈췄어요.
여: 그 말을 들으니 기쁘구나. 네가 괜찮은지 확인해 보자
   꾸나. 입을 벌리고 '아' 하렴.
남: 아….
여: 좋아. 이제, 체온을 재 보자.
남: 어때요? 저 아직도 열이 있어요?
여: 이젠 없구나. 오늘 집에 가도 되겠어.
남: 정말이요? 감사해요! 전 병원에 있는 동안 정말 지루했
   어요.
여: 이해한다. 하지만 반드시 며칠 더 쉬도록 하렴.

어휘 cough[kɔ(:)f] 통기침하다 whether[hwéðər] 접…인
지 (아닌지) temperature[témpərətʃər] 명온도; *체온
make sure 반드시 …하다 rest[rest] 통휴식을 취하다

해설 남자의 체온을 재고 퇴원을 지시하는 것으로 보아 여자는 의사,

남자는 환자임을 알 수 있다.

10 .... ④

여: 눈에 문제가 있나요? 그럼 Clean Eye 병원으로 오세
   요. 저희 안과에는 훌륭한 의사 선생님들이 있고, 여
   러분께 최고의 의료 서비스를 약속 드립니다. 저희는
   Chelsea 가에 있는 Greenwood 건물 6층에 있습니
   다. 월요일부터 금요일까지는 오전 9시부터 오후 6시까
   지 그리고 토요일에는 오전 9시부터 오후 3시까지 열
   려 있습니다. 저희 웹사이트인 www.cleaneye.kor을
   방문해 주세요. 거기에서 병원 사진들을 보실 수 있고,
   저희 환자들의 의견을 읽으실 수 있습니다. 문의 사항
   이 있으면 2107-0389로 전화해 주세요.

어휘 clinic[klínik] 명(전문) 병원 promise[prάmis] 통약속
하다 medical[médikəl] 형의학[의료]의 patient
[péiʃənt] 명환자 comment[kάment] 명논평, 언급

11 .... ④

여: 너 뭘 하고 있니, Michael?
남: 어깨에 통증이 있어서 스트레칭을 하는 중이야.
여: 나도 어깨가 아픈데. 어떻게 하는지 가르쳐 줄래?
남: 물론이지, 간단해. 먼저, 네 왼팔을 머리 위로 올리고
   팔꿈치를 구부려.
여: 내 왼팔을 올리고, 구부려.
남: 이제 왼손은 네 등에 있지, 그렇지?
여: 응, 그래.
남: 이제, 오른손으로 너의 왼쪽 팔꿈치를 잡고 머리 뒤로
   잡아당겨.
여: 이렇게?
남: 좋아. 열까지 세고 나서 다른 손으로 똑같이 하면 돼.

어휘 pain[pein] 명통증 hurt[hərt] 통아프다 raise[reiz]
통(들어) 올리다 bend[bend] 통구부리다 elbow
[élbou] 명팔꿈치 back[bæk] 명등 grab[græb] 통붙
잡다 pull[pul] 통잡아당기다 count[kaunt] 통세다

해설 여자는 왼팔을 들어 팔꿈치를 구부리고, 오른손으로 그 팔꿈치를
잡아당기는 자세를 취하고 있다.

12 .... 1) headache 2) straight neck 3) special care

여: 제 검사 결과를 확인하셨나요, 선생님? 왜 제게 심한 두
   통이 있는 거죠?
남: 목 엑스레이를 봅시다. 목이 곧은 것이 보이십니까?
여: 네. 그게 문제인가요?
남: 그렇습니다. 목은 약간 구부러져 있어야 해요, 곧지 않

고요. 제 생각에 이것이 두통의 이유인 것 같네요.

여: 오, 그럼 제가 어떻게 해야 하나요? 수술이 필요한가요?

남: 아뇨, 그렇지 않습니다. 그리 심각한 건 아니에요. 하지만 한 달간 특별 치료가 필요합니다.

여: 알겠어요. 고맙습니다.

어휘 result[rizʌ́lt] 명결과 straight[streit] 형곧은, 똑바른 curved[kə́ːrvd] 형곡선의, 약간 굽은 surgery [sə́ːrdʒəri] 명수술 care[kɛər] 명치료 [문제] symptom [símptəm] 명증상 backache[bǽkèik] 명요통 cause[kɔːz] 명원인, 이유 treatment[tríːtmənt] 명치료, 처치

해설
```
진료 기록
• 증상: 1) 두통 / 요통
• 원인: 2) 나쁜 수면 습관 / 일자목
• 처치: 3) 수술 / 특별 치료
```

13 ·· ③

남: 일주일에 얼마나 자주 운동을 하니?

여: _____

① 난 여전히 콧물이 나.
② 아니, 수영은 좋은 운동이야.
③ 응, 난 매일 아침 한 시간씩 테니스를 쳐.
④ 과도한 운동을 해서는 안돼.
⑤ 응. 요즘에 더 건강한 기분이야.

어휘 have a runny nose 콧물이 나다

해설 일주일에 얼마나 자주 운동을 하는지 물었으므로 매일 아침 한 시간씩 테니스를 친다는 대답이 가장 적절하다.
　　　Q 여자의 응답으로 가장 적절한 것을 고르시오.

14 ·· ⑤

(전화벨이 울린다)

남: 911입니다. 어떻게 도와 드릴까요?

여: 오, 제발 제 딸을 구해 주세요!

남: 진정하세요, 부인. 제 질문에 답해 주셔야 합니다. 딸이 몇 살입니까?

여: 여섯 살이에요.

남: 무엇이 문제인가요?

여: 생선 뼈가 그 애의 목에 걸렸어요. Queen's 가 15번지예요. 빨리 서둘러주세요!

남: 알겠습니다, 부인, 저희는 지금 따님을 병원으로 데려가기 위해 갑니다.

여: 하지만 일요일 밤이잖아요. 병원들이 모두 문을 닫았어

요.

남: 걱정하지 마세요. 응급실은 24시간 열려 있습니다.

어휘 save[seiv] 동구하다 bone[boun] 명뼈 stuck[stʌk] 형박힌, 걸린 throat[θrout] 명목구멍 be on one's way 길을 떠나다, 막 출발하다 emergency room (병원의) 응급실

해설 Q 대화에 따르면 옳지 않은 것은?
```
응급 전화 기록
• 발신자: ① 환자의 엄마
• 환자: ② 6세 소녀
• 문제: 소녀의 목에 ③ 생선 뼈가 걸림
• 주소: ④ Queen 가 15번지
  1월 20일 ⑤ 토요일 오후 11시 30분
```

15-16 ·· 15 ① 16 ③

남: 당신은 스트레스가 어디서 온다고 생각하십니까? 연구원들은 지나치게 걱정하는 것이 스트레스의 주된 원인이라고 말합니다. 그것은 당신이 일어날지도 모르는 나쁜 일들에 대해 계속 생각한다는 것을 뜻합니다. 그럼 어떻게 걱정하는 것을 멈출 수 있을까요? 먼저, 당신이 걱정하는 일들의 목록을 작성하세요. 그런 다음, 매일 15분에서 30분 동안 '걱정하는 시간'을 가지세요. 자신이 다른 시간에 걱정하고 있는 것을 발견한다면, '멈춰' 라고 말하고 뭔가 긍정적인 것에 대해 생각하세요. 또한, 운동은 당신의 정신을 맑게 하는 데 도움이 됩니다. 예를 들어, 산책을 함으로써 당신은 걱정거리들을 머릿속에서 몰아낼 수 있습니다. 이것이 당신이 스트레스를 덜 받도록 도와줄 겁니다.

어휘 researcher[risə́ːrtʃər] 명연구원 main[mein] 형주된 make a list 목록을 작성하다 positive[pázitiv] 형긍정적인 refresh one's mind 정신을 맑게 하다 take a walk 산책하다 out of …의 밖으로 [문제] reduce [ridjúːs] 동줄이다 relieve[rilíːv] 동없애 주다, 완화하다 take a bath 목욕하다

해설 **15** 남자는 스트레스의 주원인이 지나친 걱정이며, 그것을 줄이는 방법에 대해 이야기하고 있다.
　　　Q 화자는 주로 무엇에 대해 이야기하고 있는가?
　　　① 스트레스를 줄이는 방법
　　　② 다양한 종류의 스트레스
　　　③ 사람들은 왜 걱정하는가
　　　④ 스트레스는 어디서 오는가
　　　⑤ 스트레스를 완화에 좋은 운동들

16 목욕해야 한다는 내용은 언급되지 않았으며, 15분에서 30분 동안 해야 할 일은 '걱정하는 시간'을 갖는 것이다.

Q 담화에 따르면, 언급되지 않은 것은?
① 걱정하는 것이 스트레스의 원인이다.
② 걱정하는 일들의 목록을 작성해야 한다.
③ 15분에서 30분간 목욕해야 한다.
④ '걱정하는 시간' 외에는 걱정을 해서는 안 된다.
⑤ 운동은 스트레스 완화에 도움을 준다.

Dictation

본문 pp. 120~125

01 left school early, have a bad headache, sleep well, give you some medicine

02 What happened, hurt myself, fall down, broke my finger, get better soon

03 have a terrible toothache, took medicine, Open your mouth wide, have the tooth pulled out

04 can't take your call, leave a message, go to the baseball game, had a high fever, see a doctor

05-06 good for your health, keep your eyes healthy, make your brain healthier, eat a small amount of them

07 have red eyes, allergic to flowers, wearing a mask, when I go outside, to protect his eyes, wearing contact lenses, in the spring, Thanks for your advice

08 eat breakfast, Don't skip breakfast, a cup of milk, has lots of sugar, exercise three times a week

09 How do you feel today, glad to hear that, take your temperature, have a fever, while staying in the hospital, for a few more days

10 with your eyes, have excellent doctors, promise you, on the sixth floor, from 9, to 6, visit our website, If you have any questions

11 have a pain, Can you teach me how, raise your left arm, bend your elbow, on your back, grab your left elbow, behind your head, Count to ten, with your other hand

12 checked my test results, a terrible headache, your neck is straight, a little curved, the reason for your headaches, not that serious

13 How often, have a runny nose, play tennis for an hour, feel healthier

14 save my daughter, answer my questions, is stuck in her throat, Please hurry, take her to the hospital, The hospitals are all closed

15-16 too much worrying, bad things that might happen, make a list, for 15 to 30 minutes, refresh your mind, get worries out of your head

Review Test

본문 p. 126

A 1 ⓕ 2 ⓗ 3 ⓑ 4 ⓖ 5 ⓒ 6 ⓐ 7 ⓔ 8 ⓓ
B 1 ⓑ 2 ⓑ
C 1 see a doctor   2 keep, healthy   3 took my temperature   4 keeps sneezing, has red eyes

A
1 ⓕ 2 ⓗ 3 ⓑ 4 ⓖ 5 ⓒ 6 ⓐ 7 ⓔ 8 ⓓ

1 붙잡다: ⓕ 무언가나 누군가를 갑자기 손으로 쥐다

2 보호하다: ⓗ 누군가나 무언가를 위험하거나 나쁜 것으로부터 안전하게 지키다

3 상쾌하게 하다: ⓑ 누군가를 덜 넙거나 덜 피로하게 만들다

4 약국: ⓖ 약이 구비되어 판매되는 상점 또는 상점의 일부

5 거르다: ⓒ 평소 하던 것을 하지 않다

6 구부러진: ⓐ 원의 일부 같은 형태로 구부러진

7 막혀버린, 갇힌: ⓔ 움직이지 못하는; 특정한 위치 또는 장소에 고정된

8 체온: ⓓ 사람 신체의 열의 정도

B
1 ⓑ 2 ⓑ

1 너는 주로 아침을 먹니?
ⓐ 응, 오늘은 아침 먹었어.
ⓑ 아니, 아침은 주로 거르는 편이야.

2 오늘 상태는 어떠니?
ⓐ 어제는 끔찍했어.
ⓑ 어제보다 훨씬 상태가 나아.

Unit 09 Travel

Words Preview

본문 p. 128

01 야생의, 자연 그대로의 02 현지의, 지역의 03 사원 04 선택(권) 05 축제, 카니발 06 위치 07 여권 08 이용할 수 있는 09 방향 10 (여행) 안내서 11 돌아오는 티켓 12 …으로 떠나다 13 여행을 가다 14 사진을 찍다 15 기념품을 사다 16 짐을 싸다 17 이름의 철자를 대다 18 예약하다

Getting Ready

본문 p. 129

A 1 arrive, ⓓ 2 check, ⓔ 3 read, ⓑ 4 souvenir, ⓒ
  5 pack, ⓐ
B 1 ⓐ 2 ⓓ
C 1 ⓑ 2 ⓑ

B

1 ⓐ 2 ⓓ

1 M: Can I go to the restroom now?
   W: Sorry, sir. The plane is taking off soon. Please stay in your seat.
   남: 지금 화장실 가도 되나요?
   여: 손님, 죄송합니다. 곧 비행기가 이륙합니다. 그대로 자리에 계시기 바랍니다.

2. M: Did you make a reservation?
   W: Yes. I booked a double room.
   남: 예약하셨나요?
   여: 네. 더블 룸으로 예약했습니다.

C

1 ⓑ 2 ⓑ

1 How do you get travel information?
   너는 어떻게 여행 정보를 얻니?
   ⓐ 나는 이 정보가 유용하지 않다고 생각해.
   ⓑ 나는 정보를 얻기 위해 주로 인터넷을 검색해.

2 Have you done your shopping for this summer vacation?
   이번 여름 휴가를 위한 쇼핑은 다 했니?
   ⓐ 응. 난 그것이 정말 기대돼.
   ⓑ 응. 나는 자외선 차단제와 선글라스 같은 걸 많이 샀어.

Topic Listening

본문 pp. 130~133

01 ⓐ 02 ⓓ 03 ② 04 ④ 05 ③
06 1) Fantastic Italy 2) Venice and Rome 3) 9 days
07 ③ 08 ① 09 ② 10 ② 11 ③ 12 ⑤ 13 ⑤
14 ④ 15 ③ 16 ②

01 ──────────────────────── ⓐ

여: 사람들은 여행할 때 이것을 사용한다. 이것은 한 국가, 도시 또는 마을과 같은 한 지역의 그림이다. 이것은 건물의 위치나 거리의 이름을 보여준다. 사람들은 이것을 이용해 길을 찾을 수 있다. 이것은 무엇일까?

어휘 travel[trǽvəl] ⑧여행하다 drawing[drɔ́ːiŋ] ⑲그림
location[loukéiʃən] ⑲위치 find one's way 길을 찾아가다

해설 건물의 위치와 거리의 이름이 나와있고 사람들이 길을 찾기 위해 사용하는 그림은 지도이다.

02 ──────────────────────── ⓓ

남: 이것은 사람들이 방향을 찾기 위해 사용할 수 있는 작은 도구이다. 이것은 동그란 형태이고 이것에는 N, S, E, W의 네 글자가 있다. 이것은 또한 항상 북쪽을 가리키는 바늘을 가지고 있다. 이것은 무엇일까?

어휘 tool[tuːl] ⑲도구 direction[dirékʃən] ⑲방향
round[raund] ⑱둥근, 동그란 shape[ʃeip] ⑲모양, 형태 letter[létər] ⑲편지; *글자 needle[níːdl] ⑲바늘
point[pɔint] ⑧ 가리키다

해설 동그란 형태에 북쪽을 가리키는 바늘이 달린 도구는 나침반이다.

03 ──────────────────────── ②

여: 넌 상하이로 가는 여행 준비가 되었니?
남: 응, 거의. 난 여행 안내서를 샀고 여행 계획을 세웠어.
여: 좋아. 짐 싸는 건 끝냈니?
남: 아직이야. 오늘 저녁에 그걸 해야 해.
여: 뭐? 내일 아침 일찍 떠날 거잖아, 그렇지 않니?
남: 응, 하지만 챙겨야 할 것이 많지는 않아. 난 상하이에서 딱 사흘 동안 있을 거야.

어휘 almost[ɔ́ːlmoust] ⑨거의 guidebook[gáidbùk] ⑲(여행) 안내서 finish[fíniʃ] ⑧끝내다 pack one's bags 짐을 싸다, 챙기다

04 ──────────────────────── ④

남: Zoe, 휴가를 위한 쇼핑을 전부 끝냈니?

여: 응. 난 내가 필요로 하는 모든 게 있어.

남: 좋아. 뭘 샀니?

여: 난 새 수영복을 샀어. 내 낡은 수영복이 너무 작아서.

남: 오, 너 해변에 갈 거구나! 그밖에 뭘 샀니?

여: 난 샌들 한 켤레와 선글라스도 샀어. 해변에서 그것들도 필요할 거야.

남: 자외선 차단제와 모자는?

여: 자외선 차단제는 이미 한 병이 있어, 하지만 모자는 새로 샀어!

vacation[veikéiʃən] 몡방학; *휴가 swimsuit [swímsùːt] 몡수영복 sunscreen[sʌ́nskriːn] 몡자외선 차단제

해설 여자는 자외선 차단제가 이미 있어서 사지 않았다고 했다.

05 ────────────────────────────────── ③

여: 실례합니다. 저를 도와 주시겠어요?

남: 물론이죠. 어떻게 도와 드릴까요?

여: 이 지도는 여기 근처에 미술관이 있다고 하는데, 저는 그걸 찾을 수가 없어요.

남: 오, 거의 다 왔어요. 이 지도상 우리는 여기에 있어요. 은행 앞에서 길을 건너세요. 그럼 영화관 옆에 있는 미술관이 보일 거예요.

여: 고맙습니다. 그곳이 몇 시에 문을 닫는지 아시나요?

남: 제 생각에는 오후 6시에 문을 닫아요.

여: 알겠어요. 고맙습니다.

어휘 map[mæp] 몡지도 art gallery 미술관 cross[krɔːs] 통건너다

06 ┈┈┈ 1) Fantastic Italy 2) Venice and Rome 3) 9 days

(전화벨이 울린다)

여: Red Balloon 여행사입니다. 도와드릴까요?

남: 저는 이탈리아로 여행을 가고 싶은데요. 괜찮은 여행 상품이 있나요?

여: 한번 보겠습니다…. 가고 싶은 도시가 있나요?

남: 저는 베니스의 축제를 보고 싶어요.

여: 그러한 경우라면 두 가지 선택 사항이 있습니다. 'Love Italy'는 베니스에서 5일동안 머무르는 것이고, 'Fantastic Italy'는 5일은 베니스에서 4일은 로마에서 머무는 것입니다.

남: 저는 10일 휴가가 있어요. 그러니 'Fantastic Italy'로 할게요.

여: 좋습니다. 그럼, 고객님, 성함을 알려주시겠어요?

어휘 take a trip 여행 가다 tour[tuər] 몡여행 carnival [káːrnivl] 몡축제, 카니발 case[keis] 몡경우 option [ápʃən] 몡선택(권) fantastic[fæntǽstik] 혱환상적인

해설 남자는 베니스에서 5일, 로마에서 4일을 머무는 'Fantastic Italy'를 선택했다. 10일은 남자의 휴가 일수이며 여행 일수는 9일이다.

> ### Red Balloon 여행사
> • 국가: 이탈리아
> • 여행 계획: 1) Lovely Italy / Fantastic Italy
> • 도시: 2) 베니스만 / 베니스와 로마
> • 여행 일수: 3) 9일 / 10일

07 ────────────────────────────────── ③

여: 난 이번 주 금요일에 프랑스로 떠날 거야. 공항까지 어떻게 갈 수 있니?

남: 공항 셔틀을 타는 게 어때? 난 항상 그걸 타. 40분밖에 안 걸려.

여: 빠르구나! 얼마야?

남: 15,000원이야.

여: 좀 비싸네. 다른 방법을 아니?

남: 넌 공항 철도로 그곳에 갈 수도 있어. 그게 셔틀보다 훨씬 더 싸다고 들었어.

여: 공항까지 얼마나 걸려?

남: 서울역에서 한 시간.

여: 그리 길진 않네. 난 그걸 타겠어.

어휘 leave for …으로 떠나다 airport[ɛ́ərpɔ̀ːrt] 몡공항 shuttle[ʃʌ́tl] 몡셔틀버스 railroad[réilròud] 몡철로; *철도 much[mʌtʃ] 뷔훨씬

08 ────────────────────────────────── ①

남: 여권 좀 보여주시겠습니까?

여: 그럼요, 여기 있습니다.

남: 방문 목적이 무엇이죠?

여: 비즈니스 회의 때문에 여기 왔어요. 이 곳에 10일간 머무를 거예요.

남: 어디에서 머무를 건가요?

여: Weston 가에 있는 Palace 호텔에서 지낼 거예요. 여기 호텔 주소예요.

남: 알겠습니다. 돌아오는 티켓이 가지고 계십니까?

여: 네, 가지고 있어요.

남: 알겠습니다. 여권 여기 있습니다. 이곳에서 즐거운 여행 되시길 바랍니다.

어휘 passport[pǽspɔːrt] 명여권 purpose[pə́ːrpəs] 명
목적, 용도 address[ǽdres] 명주소 return ticket
돌아오는 티켓

해설 남자가 여자의 입국심사를 하고 있는 상황으로 대화가 일어나는
장소는 공항임을 알 수 있다.

09 ──────────────────────────── ②

남: 안녕하세요, 저는 여러분의 여행 가이드인 Daniel
Smith입니다. 이것은 여행 일정표입니다. 우리는 낮
12시에 방콕에 도착할 거예요. 그러고 나서, 우리는 시
내 관광을 할 겁니다. 여러분은 방콕의 여러 유명한 곳
을 볼 수 있습니다. 또한 저녁 식사로 신선한 해산물을
드시기 전에 전통 사원을 방문할 겁니다. 사원에 들어가
려면 반바지를 입으면 안 된다는 것을 기억하세요. 다음
날 아침에는 현지 시장에 쇼핑을 하러 갈 것입니다. 마
지막에는 신나는 음악과 춤이 있는 전통 공연을 관람할
것입니다. 여러분은 방콕을 사랑하게 될 겁니다!

어휘 tour guide 여행 가이드 arrive in …에 도착하다
famous[féiməs] 형유명한 traditional[trədíʃənəl] 형
전통의, 전통적인 temple[témpl] 명사원, 절 shorts
[ʃɔːrts] 명반바지 local 형현지의, 지역의 market
[máːrkit] 명시장

해설 사원은 저녁식사를 하기 전에 방문한다고 했다.

Orange Umbrella 여행 계획	
첫째 날	• ① 정오에 방콕 도착 • 시내 관광하기 • ② 저녁 식사 후 전통 사원 방문하기 • ③ 저녁 식사로 해산물 먹기
둘째 날	• ④ 시장으로 쇼핑 가기 • ⑤ 전통 공연 관람하기

10 ──────────────────────────── ②

(전화벨이 울린다)

여: Sky Top 항공사입니다. 어떻게 도와 드릴까요?

남: 안녕하세요. 제가 비행기 표를 샀는데, 일정을 변경하
고 싶어요.

여: 알겠습니다. 고객님 성함이 무엇입니까?

남: Justin Collins입니다. 항공편은 4월 14일 오전 11시
에 토론토로 가는 거예요.

여: 알겠습니다. 고객님 성의 철자를 말씀해 주시겠어요?

남: Collins예요. C-o-l-l-i-n-s입니다.

여: 감사합니다. 그걸 어느 날짜로 변경하길 원하십니까?

남: 4월 17일이요. 근데 동일한 시간에 출발할 수 있나요?

여: 물론이죠. 그래서 고객님의 새 항공편은 4월 17일 오전
11시에 시카고에서 토론토로 가는 것입니다.

어휘 plane[plein] 명비행기 flight[flait] 명비행; *항공편
spell[spel] 동철자를 말하다[쓰다] the same 같은, 동
일한

해설 남자는 예약한 항공편의 날짜를 변경하려고 전화했다.

11 ──────────────────────────── ③

(전화벨이 울린다)

여: Royal 호텔에 전화 주셔서 감사합니다. 어떻게 도와
드릴까요?

남: 안녕하세요. 저는 예약을 하고 싶은데요. 7월 15일에
도착해서 3일 밤을 머물 거예요.

여: 알겠습니다. 그럼 손님께서는 7월 18일에 체크아웃을
하시겠네요. 어떤 종류의 방을 원하십니까?

남: 전 트윈룸을 원해요. 웹사이트에서는 3박에 330달러라
고 되어있던데 맞나요?

여: 죄송하지만 트윈룸은 그 날에 이용하실 수 없습니다.
더블룸은 어떠세요?

남: 더블룸도 괜찮아요. 얼마가 들까요?

여: 30달러 더 저렴합니다. 손님의 성함은 어떻게 되시나요?

남: David Wilcox예요.

어휘 make a reservation 예약하다 check out 퇴실하다,
체크아웃하다 available[əvéiləbl] 형이용할 수 있는
date[deit] 명(특정한) 날짜 cost[kɔ(ː)st] 동(값·비용
이) …이다[들다]

해설 더블룸은 330달러인 트윈룸보다 30달러 더 저렴하다고 했다.

12 ──────────────────────────── ⑤

여: 여행 정보를 어떻게 얻으십니까? 전 주로 여행 전에 인
터넷을 검색합니다. 제 생각에는 그게 여행 안내서를
보는 것보다 더 나은 것 같습니다. 왜냐고요? 온라인
상에 많은 정보가 있거든요. 음식, 호텔, 교통, 즐길 거
리, 그리고 심지어 날씨에 관해서도 찾을 수 있습니다!
그리고 이 정보는 아주 최신이죠. 또, 그것은 저와 같은
평범한 여행자들에 의해 쓰이기 때문에 정직한 의견을
얻는 게 가능합니다. 그래서 저는 인터넷에서 정보를
얻는 것을 좋아하죠. 마지막으로, 인터넷에 있는 모든
정보는 무료입니다!

어휘 search the Internet 인터넷을 검색하다 find out …을
알아내다, 찾아내다 transportation[trænspərtéiʃən] 명

교통   entertainment[èntərtéinmənt] 똉오락(물)
even[íːvən] 뵞…도[조차]   possible[pásəbl] 뼹가능한
honest[ánist] 뼹정직한   opinion[əpínjən] 똉의견, 견
해   normal[nɔ́ːrməl] 뼹보통의, 평범한   free[friː] 뼹자
유로운; *무료의

여행에 대한 최신의 다양한 정보가 무료로 제공되는 인터넷 이용
의 장점에 관한 내용이다.

13 ·· ⑤

남: ① 남자가 지도를 보고 있다.
   ② 남자가 기념품을 사고 있다.
   ③ 여자가 사진을 찍고 있다.
   ④ 남자가 여자의 여권을 확인하고 있다.
   ⑤ 여자가 시내 관광 버스를 타고 있다.

어휘 read a map 지도를 보다   souvenir[sùːvəníər] 똉기념
품   take a picture 사진을 찍다   ride …에 타다

해설 여자는 관광 버스가 아닌 여객선에 탑승하고 있다.
   Q 그림과 일치하지 않는 문장은 무엇인가?

14 ·· ④

여: 신사숙녀 여러분, 뉴욕에 오신 것을 환영합니다. 저희
는 방금 JFK 국제공항에 도착했습니다. 현지 시각은 오
전 11시 40분입니다. 일기 예보에 따르면, 뉴욕은 화창
하고 맑지만 바람이 많이 붑니다. 기온은 섭씨 14도입
니다. 안전벨트 표시등이 꺼질 때까지 여러분의 좌석에
그대로 계시기 바랍니다. 오늘 저희와 함께 비행해 주
셔서 감사합니다. 저희는 여러분께서 여행을 즐기셨기
를 바라며, 곧 다시 저희와 비행하시기를 바랍니다. 안
녕히 가십시오.

어휘 according to …에 따르면   weather report 일기 예보
temperature[témpərətʃər] 똉온도, 기온   degree
[digríː] 똉(온도 단위인) 도   Celsius[sélsiəs] 뼹섭씨의
seat belt 안전띠

해설 비행기 착륙 시 안내 방송을 하는 사람은 비행기 승무원(flight
attendant)이다.
   Q 여자의 직업은 무엇인가?
   ① 여행 가이드   ② 여행사 직원
   ③ 공항 경찰   ⑤ 일기 예보관

15-16 ···································· **15** ③ **16** ②

남: Ashley, 넌 어디를 가장 여행 하고 싶니?
여: 난 전 세계를 여행하고 싶어! 근데 난 특히 이집트에 가
   보고 싶어.

남: 거기에 가고 싶은 특별한 이유가 있니?
여: 작년에 내가 클레오파트라의 일생에 관한 책을 읽었거
   든, 이집트의 여왕 말이야. 그게 너무 좋아서 이집트에
   관심을 갖게 됐어.
남: 그렇구나. 내 꿈은 정글에 가는 거야. 난 자연 그대로인
   곳들을 보고 싶어.
여: 아마존처럼? 넌 모험을 좋아하는구나!
남: 응! 난 뱀이나 악어 같은 야생동물들을 매우 좋아해!
여: 언젠가는 우리가 그곳들로 정말 여행을 갈 수 있기를
   바라.

어휘 wild[waild] 뼹야생의, 자연 그대로의   jungle[dʒʌ́ŋgl]
똉정글, 밀림(지대)   the Amazon 아마존 강
adventure[ədvéntʃər] 똉모험   crocodile
[krákədàil] 똉악어   someday[sʌ́mdèi] 뵞언젠가

해설 **15** 가장 여행하고 싶은 장소로 여자는 이집트, 남자는 정글이라
고 이야기하고 있다.
   Q 화자들은 주로 무엇에 대해 이야기하고 있는가?
   ① 그들이 여행하는 것을 좋아하는 이유
   ② 여행 시 기억해야 할 것들
   ③ 그들이 여행하고 싶은 곳
   ④ 그들이 가본 가장 좋은 곳
   ⑤ 여행자들에게 인기 있는 장소들

16 남자는 정글을 가고 싶다고 말했으며 모험을 좋아하냐는 여
자의 말에 그렇다고 답했다.
   Q 대화에 따르면 옳은 것은?
   ① 여자는 곧 이집트에 갈 것이다.
   ② 남자는 모험을 하길 원한다.
   ③ 남자와 여자 둘 다 동물을 좋아한다.
   ④ 여자는 이집트에 관해 책을 썼다.
   ⑤ 여자는 작년에 아마존에 갔었다.

Dictation
본문 pp. 134~139

01 a drawing of an area, locations of buildings, find
their way

02 to find direction, four letters on it, points north

03 ready for your trip, made my travel plans, finish
packing your bags, in the morning tomorrow,
have many things to pack, for just three days

04 have you done all your shopping, everything I
need, too small, going to the beach, a pair of
sandals, a bottle of

05 Can you help me, there's an art gallery, Cross
the road, what time they close, close at 6 p.m.

06 take a trip, have any good tours, have two options, have a ten-day vacation, can I have your name

07 leaving for, get to the airport, just 40 minutes, a little expensive, by airport railroad, How long does it take

08 May I see your passport, the purpose of your visit, for a business meeting, the address of the hotel, return ticket, enjoy your trip here

09 our schedule for the trip, arrive in, take a city tour, visit a traditional temple, wear shorts to enter, at the local market, with exciting music and dancing

10 want to change the schedule, on April 14th, spell your last name, leave at the same time, new flight is on April 17th

11 make a reservation, What kind of room, $330 for three nights, not available on that date, How much will it cost, $30 cheaper

12 get travel information, search the Internet, find out about, very new, honest opinions, normal travelers like me

13 reading a map, taking a picture, is riding

14 arrived at, According to the weather report, 14 degrees, stay in your seats, is turned off, enjoyed your trip

15-16 travel all around the world, any special reason, became interested in, see wild places, like adventures, wild animals, travel to those places

장소를 보여주다

4 사원: ⓑ 종교 의식을 위한 건물

5 지도: ⓖ 사람들이 길을 찾을 수 있도록 지역이나 장소를 보여주는 그림

6 목적: ⓒ 어떤 일을 하는 이유 또는 목적

7 의견: ⓗ 주로 감정이나 신념을 바탕으로 한 무언가나 누군가에 대한 생각들

8 모험: ⓔ 신나거나 위험한 체험, 여행, 또는 경험

B

1 ⓑ   2 ⓐ

1 어디를 가장 여행하고 싶어요?
ⓐ 저는 여기에 관광하려고 왔어요.
ⓑ 저는 특히 이탈리아를 가보고 싶어요.

2 인천 국제 공항에 도착하려면 얼마나 걸리나요?
ⓐ 이 호텔에서부터 한 시간 걸립니다.
ⓑ 공항 셔틀을 타고 갈 수 있습니다.

Review Test

본문 p. 140

A 1 ⓓ 2 ⓐ 3 ⓕ 4 ⓑ 5 ⓖ 6 ⓒ 7 ⓗ 8 ⓔ
B 1 ⓑ 2 ⓐ
C 1 finish packing 2 next to 3 leaving for

A

1 ⓓ 2 ⓐ 3 ⓕ 4 ⓑ 5 ⓖ 6 ⓒ 7 ⓗ 8 ⓔ

1 철자를 대다: ⓓ 단어의 글자를 순서대로 말하거나 쓰다

2 위치: ⓐ 특정한 장소 또는 위치

3 가리키다: ⓕ 보통 기호나 상징을 사용해서 특정 방향이나

Unit 10 Parties

Words Preview

01 가면　02 나누다, 공유하다　03 제공하다　04 복장, 의상
05 장식하다　06 밤새, 하룻밤 동안　07 초대(장)　08 훌륭한
09 의미 있는, 뜻 깊은　10 송별회　11 재미있게 놀다　12 재미로
13 (행사 등이) 열리다　14 …에 들르다　15 아기를 낳다　16 파티를 계획하다　17 …을 고대하다　18 …을 염두에 두다, 생각하다

Getting Ready

A 1 step, ⓑ　2 go bad, ⓐ　3 look forward, ⓒ
　4 for free, ⓓ　5 in mind, ⓔ
B 1 ⓒ　2 ⓓ　3 ⓑ　4 ⓐ
C 1 ⓑ　2 ⓑ

B
1 ⓒ　2 ⓓ　3 ⓑ　4 ⓐ

1 She is decorating a room with balloons for the party.
그녀는 파티를 위해 풍선으로 방을 꾸미고 있다.

2 She is wearing a costume.
그녀는 의상을 입고 있다.

3 She is giving a present to her friend.
그녀는 친구에게 선물을 주고 있다.

4 She is having a baby soon.
그녀는 곧 아기를 낳을 것이다.

C
1 ⓑ　2 ⓑ

1 What are you going to do this Friday?
너는 이번 금요일에 무엇을 할 거니?
　ⓐ 어제 나는 아무것도 하지 않았어.
　ⓑ 나는 Amy의 생일 파티에 갈 거야.

2 Julie, did you buy a present for Jack?
Julie, 너 Jack에게 줄 선물을 샀니?
　ⓐ 물론이지. 같이 사도록 하자.
　ⓑ 아직 안 샀어. 나는 내일 살 거야.

Topic Listening

01 ⓒ　02 ⓐ　03 1) Sally's farewell party　2) Sunday
3) 1 o'clock　04 1) So-so　2) Good　3) Good
05 ⓒ, ⓓ　06 ⓐ　07 ④　08 ③　09 ①　10 ②
11 ④　12 ⑤　13 ③　14 ⑤　15 ②　16 ③

01 ─────────────────────── ⓒ
(전화벨이 울린다)
여: 여보세요.
남: Mila, 나야, Lucas. 내가 내일 파티를 계획하고 있거든. 네가 올 수 있는지 궁금해서.
여: 오, 미안하지만 못 가. 이번 주에 시험이 있어서 공부해야 해.
남: 알겠어. 시험 잘 봐!

어휘 plan[plæn] ⑧계획하다　wonder[wʌ́ndər] ⑧궁금하다
good luck ((표현)) 행운을 빌어요

02 ─────────────────────── ⓐ
(전화벨이 울린다)
여: 안녕, Mark. 나 Allison이야.
남: 안녕, Allison. 내일 내 바비큐파티에 오니?
여: 그게, 나 너에게 갈 수 없다고 말하려고 전화했어. 나는 가족과 캠핑을 가거든. 미안해.
남: 괜찮아. 즐거운 주말 보내.

03 ──────── 1) Sally's farewell party　2) Sunday　3) 1 o'clock
남: Amy, 너 다음 일요일에 Sally의 송별회에 올 거니?
여: 다음 일요일? 토요일 아니야?
남: 아니. 일요일 Joe's 레스토랑에서 해.
여: 아마도 내가 헷갈렸나 봐. 파티가 언제 시작하는데?
남: 2시에 시작하지만 우린 1시에 만나야 해. 우리는 그곳을 장식해야 하거든.
여: 알겠어. 오, 내가 뭔가 가져가야 할까?
남: 응. 그 애를 위해 편지를 써서 가져와.
여: 알겠어.

어휘 farewell party 송별회　confused[kənfjúːzd] ⑧
혼란스러워하는　decorate[dékərèit] ⑧장식하다
bring[briŋ] ⑧가져오다

해설 Sally를 위한 송별회가 다음 일요일에 열릴 것이며, 파티 장소를
장식하기 위해 1시에 만날 것이다.

┌─────────────────────────────┐
│　　　　Sally를 위한 파티　　　　│
│ 파티: 1) Sally의 생일 파티 / Sally의 송별회 │
└─────────────────────────────┘

04 ──────────────────────── 1) So-so 2) Good 3) Good

여: 얘, Luis, Peter의 파티는 어땠어?

남: 대단했어. 난 많은 새 친구들을 사귀었어.

여: 그 파티에 대해 더 말해봐!

남: 여러 다양한 음식이 있었어. 그것들은 그렇게 맛있진 않았지만 그렇게 나쁘지도 않았어.

여: 흠…. 유감이구나. 음악은 어땠어?

남: 음악은 정말 좋았어! Peter는 내가 가장 좋아하는 밴드의 음악을 틀어 주었어.

여: 그렇구나. 너희들은 뭘 했니? 게임을 했니?

남: 응, 우린 'Drum Hero'라는 게임을 했어. 처음에 지루할 거라고 생각했는데, 아주 재미있었어.

어휘 wonderful[wʌ́ndərfəl] 형 훌륭한 dish[diʃ] 명 접시; *요리 either[íːðər] 부 (부정문에서) …도 또한 at first 처음에는

05-06 ──────────────────── 05 ⓒ, ⓓ 06 ⓐ

여: 선호야, 난 이번 토요일 밤에 포트럭 디너를 열 거야. 올 수 있니?

남: 물론이지. 나 그때 시간 있어. 근데 포트럭 디너가 뭐야, Hailey?

여: 포트럭 디너에서는 사람들이 서로 다른 음식을 가져와서 모든 걸 나눠 먹어.

남: 재미있겠다. 넌 뭘 가져갈 거야?

여: 난 쿠키를 좀 구울 거야. 그리고 과일도 좀 가져갈 거고.

남: 난 치킨 샐러드를 만들 수 있어. 그거 괜찮아?

여: 실은 Henry가 치킨 샐러드를 가져오겠다고 했어. 넌 참치 샌드위치를 만드는 게 어때?

남: 알았어, 그건 쉬워. 파티가 정말 기대된다!

여: 나도 그래. 토요일 밤에 보자.

어휘 potluck[pɑ́ːtlʌ́k] 명 각자 음식을 가져와서 나눠 먹는 식사 free[friː] 형 자유로운; *한가한 share[ʃɛər] 동 나누다, 공유하다 bake[beik] 동 굽다 actually[ǽktʃuəli] 부 사실은 tuna[túːnə] 명 참치

해설 **05** Hailey는 쿠키를 만들고 과일을 가져오기로 했다.

　　06 선호는 치킨 샐러드를 가져가려 했으나 참치 샌드위치를 만들어 오기로 했다.

07 ─────────────────────────────── ④

여: 졸업 무도회는 어제였다. 나는 그것을 몇 주 동안 기대해 왔다. 나는 길고 부드러운 산호빛 드레스를 입고 금색 구두를 신었다. 내 무도회 상대인 Nathaniel은 내가 매우 예뻐 보인다고 말했다. 모든 것이 잘 되어가는 것 같았다. 그런데 그때 나의 특별한 날은 갑자기 끝나 버렸다. 내가 Nathaniel과 춤을 추고 있는 도중에, 나는 내 드레스를 밟고 넘어진 것이다! 내 드레스는 더러워졌고 무도회에 있던 모든 사람들이 나를 쳐다봤다. 나는 어찌할 바를 몰랐다. 그저 집에 가고 싶었다.

어휘 prom[prɑm] 명 (고등학교의) 졸업 무도회 look forward to …을 고대하다 date[deit] 명 데이트; *데이트 상대 suddenly[sʌ́dnli] 부 갑자기 step on …을 밟다 fall down 넘어지다

해설 여자는 예쁘게 꾸미고 졸업 무도회에 가게 되어 신이 났지만 (excited), 무도회에서 춤을 추다가 넘어져서 당황스러웠을 (embarrassed) 것이다.

① 걱정스러운 → 슬픈

② 화난 → 행복한

③ 흥겨운 → 긴장한

⑤ 실망한 → 놀란

08 ─────────────────────────────── ③

여: 너 Sofia 생일이 내일인 거 기억하고 있었니?

남: 오, 하마터면 잊을 뻔했어. 우리가 그 애에게 선물로 뭘 줘야 할까?

여: 일기장 어때? 그 애가 새 일기장이 필요하다고 들었어.

남: 그거 좋다. 그럼 하나 사자.

여: 우린 케이크도 사야 해.

남: 내일 사는 게 더 낫지 않을까? 케이크는 빨리 상하잖아.

여: 오, 네 말이 맞아. 내가 내일 아침에 제과점에 들를게.

남: 그러면 난 지금 가서 일기장을 살게.

여: 그래.

어휘 remember[rimémbər] 동 기억하다 almost [ɔ́ːlmoust] 부 거의 forget[fərgét] 동 잊다 (forgot-forgotten) diary[dáiəri] 명 일기장 go bad 상하다, 썩다 quickly[kwíkli] 부 빨리 drop by …에 들르다

해설 남자는 지금 일기장을 사러 가겠다고 했다.

09 ─────────────────────────────── ①

남: Ariana, 이번 주 일요일에 뭘 할 거야?

여: 난 베이비샤워를 위해 우리 이모네 집에 갈 거야.

남: 베이비샤워?

여: 응, 그건 곧 아기를 낳을 사람들을 위한 파티야. 우리 이모는 다음 달에 아기를 낳아서.

남: 그런 파티에서는 뭘 해?

여: 손님들이 부모와 그들의 아기를 위해 선물을 가져와.

남: 아, 아기 장난감이나 옷 같은 것? 넌 뭘 샀어?

여: 난 아기 사촌을 위해 귀여운 셔츠를 샀어. 그 위에 곰이 그려져 있어.

남: 탁월한 선택이야!

어휘 baby shower 베이비샤워 (출산을 축하하기 위해 주변 사람들이 아기용품을 선물하는 파티) have a baby 아기를 낳다 cousin[kʌ́zn] 몡사촌 choice[tʃɔis] 몡선택

10 ··· ②

남: 이런 종류의 파티에서는, 한 아이가 몇몇 친구들을 자신의 집에서 자고 가라고 초대한다. 그리고 그들은 밤새도록 함께 재미있는 것들을 한다. 이런 종류의 파티는 아이들이 그들의 친구들과 더 친해지도록 도와준다. 한 가지 중요한 규칙은 모두가 그들이 가장 좋아하는 잠옷을 입는다는 것이다. 그들은 자신의 베개를 가져와도 된다. 때때로 그들은 재미로 베개 싸움을 하기도 한다. 부모들은 그들을 위해 음식을 준비하고 가끔씩 그들이 재미있게 놀고 있는지 살핀다.

어휘 invite[inváit] 통초대하다 overnight[óuvərnàit] 튄밤새, 하룻밤 동안 rule[ru:l] 몡규칙 pajamas [pədʒá:məz] 몡잠옷 pillow fight 베개 싸움 for fun 재미로 have fun 재미있게 놀다

해설 아이들이 한 집에 모여 잠옷을 입고 베개 싸움도 하며 재미있게 노는 파자마 파티에 대한 설명이다.

11 ··· ④

여: 핼러윈 파티를 열고 싶으세요? 그럼 Perfect Halloween에 문의하세요! 당신이 멋진 핼러윈 파티를 하도록 도와 드릴 수 있습니다. 우선, 저희는 핼러윈 의상을 제공해 드립니다. 당신은 마녀, 유령, 혹은 드라큘라처럼 옷을 입으실 수 있습니다. 그리고 음식에 대해서는 걱정하지 마세요. 맛있는 컵케이크와, 검은 고양이와 거미 같은 재미있는 모양의 쿠키가 있답니다. 또한, 당신의 파티를 더 무섭게 만들 특별한 음악을 틀어 드립니다. 당신의 손님들은 장난감 호박과 사탕 같은 저희의 파티 선물들을 몹시 좋아하실 겁니다. 그러니 Perfect Halloween으로 지금 바로 전화주세요!

어휘 throw a party 파티를 열다 costume[kástʃu:m] 몡복

장, 의상 dress[dres] 통옷을 입다 witch[witʃ] 몡마녀 ghost[goust] 몡유령 shape[ʃeip] 몡모양, 형태 such as …와 같은 scary[skɛ́(:)əri] 혱무서운

해설 ① 의상 ② 컵케이크와 쿠키 ③ 무서운 음악
④ 공포 영화 ⑤ 파티 선물

12 ··· ⑤

(전화벨이 울린다)

여: 안녕하세요, Smith 씨. 여기는 Webster Books사의 Jessica Foster입니다.

남: 오, 안녕하세요. 저는 방금 출판 기념 파티의 초대장을 받았어요.

여: 저, 그것 때문에 전화를 드렸어요. 약간의 변동 사항이 있거든요.

남: 장소가 바뀌었나요?

여: 아, 아니요. 똑같이 Grand Hall에서 해요. 하지만 한 시간 일찍 시작해요.

남: 그럼 여섯 시가 아니라 다섯 시에 시작한다는 거죠.

여: 네. 작가 Evan 씨가 그 날 밤에 갑자기 인터뷰를 해야 한다고 해서요.

남: 오, 알겠어요. 그때 뵙겠습니다.

어휘 invitation[ìnvitéiʃən] 몡초대(장) release[rilí:s] 몡 (음반·서적 등의) 발매, 출시 still[stil] 튄아직(도), 계속해서

해설 여자는 파티가 한 시간 일찍 시작한다는 것을 알리기 위해 전화했다.

13 ··· ③

(전화벨이 울린다)

여: Top Class Catering입니다. 어떻게 도와드릴까요?

남: 안녕하세요. 저는 크리스마스 파티를 위해 10인분의 음식을 주문하고 싶어요.

여: 알겠습니다. 어떤 세트를 염두에 두셨나요?

남: 세트B로 하고 싶어요.

여: 알겠습니다. 세트B는 1인당 9달러입니다. 그리고 특별 크리스마스 장식 서비스도 제공합니다. 10명이라고 하셨죠, 그렇죠?

남: 네. 그리고 저는 사과 주스를 원해요.

여: 탁월한 선택입니다. 가격은 10명에 5달러예요.

남: 저 그것에 대한 무료 쿠폰을 가지고 있어요.

여: 그럼 음료는 무료로 제공될 거예요. 이제 고객님의 성함과 파티 날짜를 알려주시겠어요?

어휘 catering[kéitəriŋ] 몡 (파티 등의) 음식 조달(업)

have (something) in mind …을 염두에 두다, 생각하다
offer[ɔ́(ː)fər] ⑧제의하다; *제공하다 decoration
[dèkəréiʃən] ⑲장식 each[iːʧ] ㉮각자의, 각각의

남자는 9달러인 세트B 10인분을 주문했으며 음료는 무료 쿠폰
이 있으므로 90달러를 지불할 것이다.
Q 남자는 얼마를 지불할 것인가?

14 ⋯⋯⋯⋯⋯⋯⋯⋯⋯⋯⋯⋯⋯⋯⋯⋯⋯⋯⋯ ⑤

남: 이번 토요일 오후 6시에 Royal Hall에서 열리는 한국
문화의 밤에 오는 게 어떠세요? 한국 학생들이 이 특별
한 파티를 위해 열심히 준비했답니다. 정말 재미있을
거예요! '떡볶이'로 알려진 한 종류의 한국 음식이 있을
것입니다. 그것은 매운 양념이 된 떡이랍니다. 또한, 여
러분은 또 다른 종류의 한국 음식인 '김밥'도 만들어볼
수 있어요. 저녁 7시 30분에는 '탈춤'이라고 불리는 한
국의 가면무용을 배울 수 있습니다. 이 주요 행사들 후
에는 모든 손님들이 전통 놀이를 할 기회를 갖게 됩니
다. 우승자들은 선물을 받을 것입니다. 모든 학생들을
환영합니다! 이 즐거운 파티를 놓치지 마세요.

culture[kʌ́lʧər] ⑲문화 known as …로 알려진
spicy[spáisi] ㉮양념 맛이 강한 sauce[sɔːs] ⑲소스,
양념 mask[mæsk] ⑲가면 chance[ʧæns] ⑲기회
traditional[trədíʃənəl] ㉮전통의 miss[mis] ⑧놓치다

Q 담화에 따르면 옳지 <u>않은</u> 것은?

┌─────────────────────────────┐
│   한국 문화의 밤   │
│ • 날: ① 토요일 오후 6시   │
│ • 장소: ② Royal Hall   │
│ • 음식: ③ 떡볶이, 김밥   │
│ • 행사: ④ 한국 가면무용 배우기 │
│   ⑤ 한국 영화 보기   │
└─────────────────────────────┘

15-16 ⋯⋯⋯⋯⋯⋯⋯⋯⋯⋯⋯⋯ **15** ② **16** ③

여: 어제, 나는 엄마와 의미 있는 파티에 갔다. 그 파티는
세계의 가난한 어린이들을 돕기 위해 열렸다. 엄마는
그녀의 친구인 Darcy 씨로부터 초대장을 받았는데,
그녀는 유명한 디자이너다. 파티에서 Darcy 씨와 많
은 디자이너들은 파티 손님들에게 그들의 옷을 판매하
고 있었다. 또한, 많은 유명 가수들도 와서 그들의 앨범
을 판매했다. 나는 내가 가장 좋아하는 가수인 Jessie의
새 앨범을 사고 그녀와 함께 사진을 찍었다! Darcy 씨
는 그 돈이 병원을 짓고 약을 제공하는 데 쓰일 것이라
고 했다. 나는 의료적 도움을 받지 못하는 어린이들이

그렇게 많이 있는지 몰랐다. 나는 이와 같은 파티가 더
욱 많이 있기를 바란다.

meaningful[míːniŋfəl] ㉮의미 있는, 뜻깊은 be held
(행사 등이) 열리다 provide[prəváid] ⑧제공하다 that
[ðət] ㉵그렇게, 그만큼 medical[médikəl] ㉮의료상의
[문제] various[vé(ː)əriəs] ㉮여러 가지의, 다양한
consider[kənsídər] ⑧고려하다 entertainer
[èntərtéinər] ⑲연예인

15 화자가 참석했던 자선 파티에 대한 내용이다.
Q 화자는 주로 무엇에 대해 이야기하고 있는가?
① 아이들을 위한 다양한 파티
② 아이들을 돕기 위한 특별한 파티
③ 파티를 계획할 때 고려할 것들
④ 자주 파티를 여는 한 병원
⑤ 가난한 사람들을 돕는 많은 연예인들

16 Darcy 씨의 직업은 디자이너이다.
Q 담화에 따르면 옳지 <u>않은</u> 것은?
① 여자는 그녀의 엄마와 파티에 갔다.
② 파티는 가난한 아이들은 돕기 위한 것이었다.
③ Darcy 씨는 유명한 가수이다.
④ 여자는 가장 좋아하는 가수와 사진을 찍었다.
⑤ 파티의 수익금은 병원을 짓는 데 사용될 것이다.

Dictation
본문 pp. 148~153

01 planning a party, I was wondering if, have a test this week

02 tell you I can't go, with my family, Have a good weekend

03 farewell party, Next Sunday, I was confused, meet at 1 o'clock, decorate the place, Write a letter

04 made many new friends, many different dishes, Sorry to hear that, Did you play some games, it would be boring

05-06 this Saturday night, I'm free then, bring different food, share everything, bake some cookies, Why don't you make, excited about the party

07 looking forward to it, looked very pretty, going well, suddenly ended, stepped on, fell down, got dirty, what to do

08 Did you remember, get her as a present, Let's buy one then, be better, go bad quickly, drop by a bakery, go buy a diary

09 this Sunday, going to my aunt's house, have a baby, Guests bring presents, a cute shirt for my baby cousin

10 invites some friends, do fun things overnight together, become closer, everyone wears their favorite pajamas, for fun, prepare the food

11 Then ask, dress like, don't worry about food, in fun shapes, make your party scarier

12 got the invitation, that's why I called you, an hour earlier, begins at 5, has to do an interview

13 order food for ten people, have in mind, offers special Christmas decorations, $5 for ten people, be given for free, the date of the party

14 Why don't you come, this Saturday at 6 p.m., have worked hard, lots of fun, After these main events, play traditional games, get gifts, Don't miss

15-16 a meaningful party, to help poor children, a famous designer, were selling their clothes, took a picture with her, to build hospitals, get medical help

6 혼란스러운: ⓒ 무언가를 명확하게 생각하거나 이해할 수 없는

7 장식하다: ⓔ 무언가에 좋은 것을 놓아서 더욱 아름답게 보이도록 만들다

8 초대(장): ⓕ 파티나 식사와 같은 행사에 오라는, 글로 쓰거나 말로 하는 요청

B
1 ⓐ 2 ⓑ

1 우린 그녀에게 선물로 어떤 것을 줄까?
   ⓐ 휴대전화 케이스는 어때?
   ⓑ 오, 그녀에게 선물을 사 주는 것을 깜박했어.

2 너는 Sarah의 송별회에 갈거니?
   ⓐ 아니, 난 거기에 가지 못했어.
   ⓑ 아니, 난 할아버지 댁에 갈 거야.

Review Test
본문 p. 154

A 1 ⓐ 2 ⓗ 3 ⓑ 4 ⓖ 5 ⓓ 6 ⓒ 7 ⓔ 8 ⓕ
B 1 ⓐ 2 ⓑ
C 1 drop by 2 going well 3 for fun 4 have in mind

A
1 ⓐ 2 ⓗ 3 ⓑ 4 ⓖ 5 ⓓ 6 ⓒ 7 ⓔ 8 ⓕ

1 가난한: ⓐ 소유한 것이 거의 없거나 돈이 거의 없는

2 쿠폰: ⓗ 낮은 가격 또는 무료로 상품을 얻기 위해 쓸 수 있는 한 장의 종이

3 궁금해하다: ⓑ 어떤 것에 관해 의문을 가지며 생각하다

4 발간, 출판: ⓖ 영화나 책 또는 다른 제품을 대중이 이용할 수 있도록 만드는 행위

5 규칙: ⓓ 누군가에게 할 것과 하지 말 것을 알려주는 진술

Unit 11 Jobs

Words Preview

본문 p. 156

01 직업 02 결정하다 03 변호사 04 조언하다 05 관심, 흥미 06 경험, 경력 07 만화가 08 연예인 09 부서 10 전문적인 11 의사소통 기술 12 …을 찾다, 구하다 13 생계수단으로 14 돈을 벌다 15 …에게 맞다, 적합하다 16 어려움에 처하다 17 고객을 응대하다 18 …의 꿈을 포기하다

Getting Ready

본문 p. 157

A 1 dressed, ⓑ 2 based, ⓒ 3 earn, ⓐ
   4 deal with, ⓓ 5 give up, ⓔ
B 1 ⓒ 2 ⓑ 3 ⓐ
C 1 ⓑ 2 ⓑ

B

1 ⓒ 2 ⓑ 3 ⓐ

1 W: What do you want to be in the future?
  M: I want to be a pilot.

  여: 너는 미래에 뭐가 되고 싶니?
  남: 나는 조종사가 되고 싶어.

2 W: Are you happy with your job?
  M: No. I have to work late every day.

  여: 너는 네 직업에 만족하니?
  남: 아니. 나는 매일 늦게까지 일해야 해.

3 W: How many hours do you work a day?
  M: I work about nine hours.

  여: 하루에 몇 시간 일하니?
  남: 9시간 정도 일해.

C

1 ⓑ 2 ⓑ

1 What does your company do?
  너희 회사는 무슨 일을 해?
  ⓐ 나는 이 회사에서 일하고 싶어.
  ⓑ 우리는 컴퓨터 게임을 만들어 판매해.

2 Why did you become a movie director?
  당신은 왜 영화감독이 됐나요?

ⓐ 영화 대본을 쓰는 것은 어려웠어요.
ⓑ 어렸을 때부터 영화에 관심이 있었어요.

Topic Listening

본문 pp. 158~161

01 ⓐ 02 ⓒ 03 ④ 04 ⑤ 05 ⓑ → ⓒ 06 ①
07 ① 08 1) cell phone company 2) marketing department 3) eight 09 ② 10 1) 교사 2) 연예인 3) 의사 11 ⑤ 12 1) T 2) T 3) F 13 ⑤ 14 ②
15 ① 16 ①

01 ────────────────────── ⓐ

여: 내 직업은, 사람들이 어떤 운동이 그들에게 맞는지 찾도록 도와주는 것이다. 많은 사람들이 그들의 몸을 더 건강하고 더 탄탄하게 만드는 법을 배우기 위해 나를 찾아온다. 나는 그들과 건강 상태에 대해 이야기한 후, 그들에게 현명하게 먹고 운동하는 법에 대해 조언한다.

어휘 exercise[éksərsàiz] 명 운동 동 운동하다 be right for …에게 맞다, 적합하다 fit[fit] 형 (몸이) 탄탄한, 건강한 advise (someone) on …에게 ~에 대해 조언하다 wisely[wáizli] 부 현명하게

해설 사람들의 건강 상태에 맞게 알맞은 운동과 식단에 대해 조언하는 직업은 헬스 트레이너다.

02 ────────────────────── ⓒ

여: 사람들이 아름다워 보이도록 만드는 것이 내 직업이다. 나는 주로 연예인과 모델들과 일한다. 나는 그들의 입술이나 눈에 색을 더해준다. 나는 그들의 피부를 더 어려 보이게 만들 수도 있다. 나는 때때로 그들이 좀비나 고양이같이 보이게 만들거나 그들의 얼굴에 가짜 상처를 그리기도 한다.

어휘 entertainer[èntərtéinər] 명 연예인 add[æd] 동 더하다 fake[feik] 형 가짜의 cut[kʌt] 명 상처

해설 사람의 얼굴에 화장을 해주거나 특수 분장을 하는 직업은 메이크업 아티스트이다.

03 ────────────────────── ④

남: 나는 만화책을 보는 걸 아주 좋아한다. 또, 나는 그림을 정말 잘 그린다. 내 친구들 모두 내가 훌륭한 만화가가 될 수 있을 거라 말한다. 그래서 나는 만화가가 되기로 결심했다. 그런데 부모님께서는 이 생각을 마음에 들어 하시지 않는다. 그분들은 내가 열심히 공부해서 교수가

되어야 한다고 말씀하신다. 그분들은 만화를 그리는 것은 취미일 뿐이라고 생각하신다. 하지만 나는 정말로 만화가가 되고 싶다. 난 어떻게 해야 할까?

comic book 만화책 be good at …을 잘하다
cartoonist[kɑːrtúːnist] 명만화가 decide[disáid] 동
결정하다 professor[prəfésər] 명교수

남자는 자신의 장래 희망을 반대하시는 부모님 때문에 속상할 것이다.

04 ⑤

여: Brandon, 넌 커서 뭐가 되고 싶어?
남: 난 배우가 되고 싶어. 언젠가 넌 날 영화에서 보게 될 거야. 너는 어때, Arianna?
여: 난 요리하는 걸 좋아해서, 요리사가 되고 싶어. 우리 어머니는 내가 기자가 되길 원하시지만, 난 글쓰기에는 흥미가 없어.
남: 아, 맞아. 네 라자냐는 정말 맛있었어. 네 꿈을 포기하지 마!
여: 고마워.

grow up 성장하다, 자라다 actor[ǽktər] 명배우
someday[sʌ́mdèi] 부언젠가 cook[kuk] 동요리하다
명요리사 journalist[dʒə́ːrnəlist] 명기자
be interested in …에 관심[흥미]이 있다 give up on
one's dream …의 꿈을 포기하다

05 ⓑ → ⓒ

남: 네. 오늘 밤, 박인혜 씨가 우리의 초대 손님입니다. 쇼에 오신 것을 환영해요, 인혜 씨.
여: 고마워요.
남: 자, 최근 새 영화 '8th Son'이 주목을 받았습니다. 그것이 당신의 소설을 바탕으로 하고 있다고 들었어요.
여: 네, 맞아요.
남: 언제 그 이야기를 쓰겠다고 결심하셨나요?
여: 음, 저는 한 고등학교의 국어 선생님이었어요, 그래서 책을 많이 읽었죠. 제 진짜 관심사가 글쓰기에 있다는 것을 깨달았죠.
남: 그렇군요. 광고 후에 더 알아보도록 하겠습니다!

recently[ríːsəntli] 부최근에 get attention 주목을
받다 be based on …에 기초하다, 근거하다 novel
[nάvl] 명소설 interest[íntərəst] 명관심, 흥미
break[breik] 명휴식; *(텔레비전·라디오 프로그램 중간
의) 광고

여자는 원래 고등학교 교사였으나 지금은 소설을 쓰는 작가로 일하고 있다.

06 ①

여: 안녕하세요, 저는 Victoria Coleman입니다.
남: 안녕하세요, Lincoln Thomson입니다.
여: 앉으세요. 자신에 대해 얘기해주세요.
남: 저는 매우 외향적입니다. 저는 사람들과 이야기하는 것을 좋아하죠.
여: 왜 당신이 이 일에 적합한 사람이라고 생각하시나요?
남: 저는 좋은 전화 목소리와 뛰어난 의사소통 기술을 가지고 있다고 생각합니다. 저는 전화로 고객들을 잘 대할 수 있다고 확신합니다.
여: 그거 좋군요. 그게 저희가 원하는 타입의 사람이에요. 다른 것은요?
남: 저는 한 홈쇼핑 채널의 고객 서비스 팀에서 2년간 일한 적이 있습니다.

outgoing[áutgòuiŋ] 형외향적인, 사교적인
communication skill 의사소통 기술 sure[ʃuər] 형확
신하는 deal with …을 처리하다; *…을 대하다
customer[kʌ́stəmər] 명손님, 고객 over the phone
전화로

남자는 전화로 고객을 응대하는 전화 상담원에 지원했다.

07 ①

(전화벨이 울린다)

여: 여보세요. Frank 씨와 통화할 수 있을까요?
남: 전데요.
여: 아들의 과외 교사를 구하신다고 들었어요.
남: 오, 맞아요. 경험이 있으신가요?
여: 네, 세 명의 아이들을 가르쳤어요.
남: 좋아요. 수요일과 금요일 저녁에 일하실 수 있나요?
여: 네, 할 수 있어요.
남: 잘됐네요. 우선 당신을 만나고 싶은데요. 내일 아침 11시에 저를 방문하실 수 있나요?
여: 알겠습니다. 그때 뵐게요.

speaking ((표현)) (전화 받을 때) 접니다 look for …을
찾다, 구하다 tutor[tjúːtər] 명개인 지도 교사
experience[ikspí(ː)əriəns] 명경험, 경력 teach[tiːtʃ]
동가르치다 (taught-taught)

여자는 과외교사 일자리를 구하려고 전화를 걸었다.

여: Carter, 너희 회사는 무슨 일을 해?

남: 우린 휴대전화를 만들어서 다른 나라에 판매해.

여: 와, 멋지다! 그럼 회사에서 네 업무는 뭐야?

남: 나는 마케팅 부서에서 일해. 우린 더 많은 휴대전화를 판매할 방법을 찾아.

여: 흠. 그거 어렵겠네. 그럼, 넌 하루에 몇 시간 일하니?

남: 8시간 정도. 하지만 가끔은 한두 시간 더 일해야 해.

어휘 company[kʌ́mpəni] 몡회사 cell phone 휴대전화
marketing department 마케팅 부서 extra[ékstrə]
혱추가의 [문제] description[diskrípʃən] 몡서술, 설명

해설

직업 설명
1) 회사: 휴대전화 회사 / 시장 조사 회사
2) 부서: 영업 부서 / 마케팅 부서
3) 하루 근무 시간: 7 / 8 / 9

09 ··· ②

남: Miranda, 다음 촬영을 위해 옷을 다 갈아입었어요?

여: 네, 이제 준비됐어요.

남: 좋아요. 이제, 당신이 해변에 있다고 상상하세요. 바람을 느끼고 기쁨을 표현해 보세요.

여: 알겠어요. 이렇게요?

남: 좋아요. 몸을 옆으로 돌리고 저를 보세요. *(잠시 후에)* 완벽해요! 이제 자연스럽게 걸으세요. 카메라를 보는 걸 잊지 마세요.

여: 알겠어요, 근데 음악을 좀 틀어 주시겠어요? 그게 도움이 될 것 같아요.

남: 그거 좋은 생각이에요. 음악 좀 틀어 줘요, John. 더 크게 부탁해요. 좋아요. 이제 다시 시작합시다.

어휘 change one's clothes 옷을 갈아입다 shoot[ʃuːt] 몡
영화[사진] 촬영 imagine[imǽdʒin] 동상상하다
joy[dʒɔi] 몡기쁨 turn[təːrn] 동돌다; *돌리다
side[said] 몡(어느 한) 쪽; *옆(면) naturally[nǽtʃərəli]
븟자연스럽게 turn on 켜다 loud[laud] 븟크게

해설 여자가 옷을 바꿔 입고 카메라를 향해 포즈를 취하는 것으로 보아 여자는 모델, 남자는 사진을 찍는 사진작가임을 알 수 있다.

10 ································· 1) 교사 2) 연예인 3) 의사

여: 난 오늘 아침에 흥미로운 기사를 읽었어. 넌 십 대들이 어떤 직업을 가장 원하는지 아니?

남: 가수 같은 일종의 연예인이 되고 싶어 하니? 내 생각엔 그게 십 대들에게 요즘 아주 인기 있는 직업인 것 같아.

여: 연예인은 3위 안에 들지만, 1위는 아니야. 그건 두 번째야.

남: 그럼 가장 인기 있는 직업은 뭐야?

여: 가장 많은 수의 십 대들이 선생님이 되고 싶다고 했어. 이제 세 번째를 추측할 수 있겠니?

남: 디자이너나 컴퓨터 프로그래머야?

여: 아니. 의사야. 나도 의사가 되고 싶어.

어휘 article[áːrtikl] 몡(신문·잡지의) 글, 기사 career
[kəríər] 몡직업 teenager[tíːnèidʒər] 몡십 대
the number of …의 수 guess[ges] 동추측하다

11 ·· ⑤

남: Anna, 네 오빠는 무슨 일을 해?

여: 그는 호텔에 있는 레스토랑에서 일해.

남: 정말 멋지다! 그는 자신의 직업에 만족하니?

여: 별로 그렇진 않아. 그는 매일 밤 늦게까지 일해. 때때로 주말에도 일을 해야 해. 그는 그것을 싫어하지.

남: 맞아. 대부분의 레스토랑이 주말에 문을 열지.

여: 응, 그래서 오빠는 직업을 바꾸는 것을 생각 중이야.

남: 정말? 오빠는 뭐가 되고 싶어 하니?

여: 코미디언. 그는 다른 사람들을 웃게 하고 싶어 해. 그리고 재미있는 이야기를 잘해. 지금 코미디언이 되기 위해 열심히 노력하고 있어.

어휘 work late 늦게까지 일하다, 야근하다 hate[heit] 동싫어하다 comedian[kəmíːdiən] 몡코미디언

해설 여자의 오빠는 코미디언이 되고 싶어 한다고 했다.

12 ·· 1) T 2) T 3) F

여: 인도네시아에서는 종종 갑자기 비가 옵니다. 하지만 당신은 우산이 없더라도 걱정할 필요가 없습니다. 수많은 우산 대여업자들이 있습니다. 비 오는 날에 그들은 쇼핑몰이나 학교와 같은 건물들 앞에서 기다립니다. 그들은 당신에게 그들의 우산을 빌려주고 당신이 가는 장소까지 당신을 따라갑니다. 물론 무료는 아닙니다. 그것은 'ojek payung'이라고 불리는 특별한 직업입니다. 보통 아이들이 약간의 돈을 벌기 위해 이 일을 합니다.

어휘 suddenly[sʌ́dnli] 븟갑자기 if[if] 졉(만약) …하면;
*…하더라도 renter[réntər] 몡대여업자 lend[lend]
동빌려주다 follow[fálou] 동따라가다 normally
[nɔ́ːrməli] 븟보통(은) earn[əːrn] 동(돈을) 벌다

13 ⑤

① 여: 생계를 위해 무슨 일을 해?
　남: 나는 게임 회사에서 일해.
② 여: 미래에 뭐가 되고 싶니?
　남: 나는 신발 디자이너가 되고 싶어.
③ 여: 하루에 몇 시간 일하니?
　남: 나는 8시간 정도 일해.
④ 여: 너는 네 일에 만족하니?
　남: 응. 나는 내 일을 매우 좋아해.
⑤ 여: 회사에서 네 업무는 뭐니?
　남: 이 일은 내게 맞지 않아.

어휘 **for a living** 생계수단으로 **suit**[sju:t] 통 …에게 맞다, 괜찮다

해설 회사에서 하는 일을 물었으므로 자신의 역할에 대한 대답이 와야 한다.
　Q 가장 부자연스러운 대화를 고르시오.

14 ②

여: Jonathan, 넌 커서 뭐가 되고 싶니?
남: 어렸을 땐 음악가가 되고 싶었어요. 하지만 지금은 뭘 해야 할지 잘 모르겠어요. 엄마, 엄마는 왜 변호사가 되셨어요?
여: 난 사람들을 돕고 싶었단다. 많은 사람들이 단지 법을 모르기 때문에 어려움에 처한다는 걸 알았거든.
남: 그렇군요. 좋은 이유네요. 법을 공부하는 게 어렵진 않았나요?
여: 글쎄, 공부할 것들이 많았지만, 아주 흥미로웠어.
남: 그렇다면 전 엄마 같은 변호사가 되고 싶어요.
여: 잘됐구나. 행운을 빈다!

어휘 **musician**[mju(:)zíʃən] 명 음악가 **lawyer**[lɔ́:jər] 명 변호사 **be in trouble** 어려움에 처하다 **law**[lɔ:] 명 법 **reason**[ríːzn] 명 이유, 까닭 [문제] **abroad**[əbrɔ́:d] 부 해외에(서), 해외로

해설 여자는 법을 몰라서 어려움에 처하는 사람들을 돕고 싶어서 변호사가 되었다고 했다.
　Q 여자는 왜 자신의 직업을 선택했는가?
　　① 해외에서 일하려고
　　② 다른 사람들을 도우려고
　　③ 많은 돈을 벌려고
　　④ 부모님을 행복하게 하려고
　　⑤ 유명한 사람이 되려고

15-16 15 ① 16 ①

남: 나는 어렸을 때부터 패션에 관심이 있었다. 더 멋있어 보이기 위해 나는 옷을 입는 데 많은 시간을 보낸다. 그래서 나는 스타일리스트가 되는 것이 나에게 맞을 것이라고 생각한다. 스타일리스트는 옷, 화장, 그리고 미용 기술을 이용하여 연예인들을 더 매력적으로 보이게 만든다. 스타일리스트가 되기 위해, 나는 최고의 의상을 고를 수 있도록 탁월한 패션 감각을 가지고 있어야 한다. 나는 패션 분야에서 사용되는 전문적인 용어들을 알아야 한다. 또한 사람들과 잘 지내야 하는데, 스타일리스트는 많은 다른 사람들과 일을 하기 때문이다. 그리고 나는 패션 경향을 계속 공부해야 하는데, 그것이 빠르게 변하기 때문이다.

어휘 **since**[sins] 접 …부터, …이후 **stylish**[stáiliʃ] 형 멋진, 유행을 따른 **get dressed** 옷을 입다 **stylist**[stáilist] 명 스타일리스트 **makeup**[méikʌ̀p] 명 화장(하기) **hairstyling**[hέərstàiliŋ] 명 헤어 디자인, 미용술 **technique**[tekníːk] 명 기술 **attractive**[ətrǽktiv] 형 매력적인 **professional**[prəféʃənəl] 형 전문적인 **term**[təːrm] 명 용어 **field**[fiːld] 명 들판; *분야 **get along with** …와 잘 지내다 **trend**[trend] 명 경향, 추세, 유행 [문제] **difficulty**[dífikʌlti] 명 어려움 **fashionable**[fǽʃənəbl] 형 유행을 따른, (옷차림 등이) 멋진 **industry**[índəstri] 명 산업 **people skill** 대인 관계 기술

해설 **15** 남자는 자신의 꿈인 스타일리스트가 되기 위해 갖추어야 할 요건들에 대해 이야기하고 있다.
　Q 화자는 주로 무엇에 대해 이야기하고 있는가?
　　① 스타일리스트가 되는 꿈
　　② 직업을 구하는 것의 어려움
　　③ 연예인들의 스타일의 비밀
　　④ 멋있어 보이기 위한 가장 좋은 방법
　　⑤ 패션 산업의 미래

16 스타일리스트가 사용하는 도구를 소개할 뿐, 패션 물품들을 많이 가져야 한다고는 하지 않았다.
　Q 남자가 스타일리스트가 되기 위해 필요한 것이 아닌 것은?
　　① 많은 패션 물품들
　　② 탁월한 패션 감각
　　③ 패션 용어 배우기
　　④ 훌륭한 대인 관계 기술
　　⑤ 패션 경향들에 대한 이해

01 right for them, how to make their bodies healthier, advise them on, exercise wisely

02 work with entertainers, add color, make their skin look younger, on their faces

03 reading comic books, good at drawing, don't like this idea, study hard, become a professor, only a hobby

04 when you grow up, see me in movies, enjoy cooking, not interested in writing, give up on your dream

05 Welcome to the show, got attention, based on your novel, decide to write that story, a Korean teacher, my true interest is in writing

06 Please sit down, talking with people, the right person for this job, deal with customers, the type of person we want, for two years

07 May I speak to, looking for a tutor, any experience, have taught three children, Wednesday and Friday evening, I'd like to meet, visit me at 11

08 what does your company do, sell them, find out how to sell, how many hours do you work, extra hours

09 changing your clothes, at the beach, show your joy, Turn your body, walk naturally, look at the camera, play some music, Louder, let's start again

10 I read an interesting article, some kind of entertainer, a very popular career, in the top three, It's second, The largest number of teens, can you guess, want to be a doctor

11 what does your brother do, works late every night, work on weekends, thinking about changing his job, make other people laugh, working hard

12 it often rains suddenly, On rainy days, They lend you, follow you to the place, to earn a little money

13 for a living, What do you want to be, work a day, happy with your job, doesn't suit me

14 when you grow up, not sure what to do, become a lawyer, help people, are in trouble, Wasn't it difficult, a lot to study, very interesting, Good luck

15-16 Since I was little, To look more stylish, getting dressed, being a stylist, look more attractive, used in the fashion field, keep studying fashion trends, change quickly

Review Test

A 1 ⓓ 2 ⓑ 3 ⓕ 4 ⓐ 5 ⓔ 6 ⓒ 7 ⓗ 8 ⓖ
B 1 ⓐ 2 ⓑ
C 1 dealing with, customers 2 works late
　 3 for a living

A 1 ⓓ 2 ⓑ 3 ⓕ 4 ⓐ 5 ⓔ 6 ⓒ 7 ⓗ 8 ⓖ

1 가짜의: ⓓ 사람들을 속이기 위해 다른 무엇과 비슷해 보이도록 의도된

2 (돈을) 벌다: ⓑ 한 일에 대해 돈을 받다

3 빌려주다: ⓕ 그들이 돌려줄 것을 기대하며 누군가에게 짧은 기간 동안 무엇을 주다

4 직업: ⓐ 누군가가 오랜 시간 하는 일

5 추측하다: ⓔ 모든 사실이나 정보 없이 질문에 답하다

6 영화[사진] 촬영: ⓒ 사진을 찍거나 영화를 촬영하는 행위

7 (텔레비전·라디오 프로그램 중간의) 광고: ⓗ 텔레비전이나 라디오 프로그램 사이에 광고가 방송되는 짧은 휴지

8 경험, 경력: ⓖ 과거에 했던 일로부터 가질 수 있는 지식이나 기술

B 1 ⓐ 2 ⓑ

1 넌 커서 뭐가 되고 싶니?
　ⓐ 나는 간호사가 되고 싶어.
　ⓑ 나는 광고 회사에서 일해.

2 왜 당신이 이 일에 적합한 사람이라고 생각하나요?
　ⓐ 저는 직업을 바꾸는 것을 생각 중이에요.
　ⓑ 저는 이 분야에 많은 경험이 있어요.

Words Preview

본문 p. 170

01 유령, 귀신 02 깨뜨리다 03 행진하다 04 풍습, 관습
05 낭만적인 06 기념하다, 축하하다 07 상징하다 08 성공적인 09 용서 10 …을 요구하다 11 …을 바라다 12 우연히
13 나누어 주다 14 감사를 드리다 15 돌아다니다 16 선물을 교환하다 17 함께 모이다 18 …을 쫓아내다

Getting Ready

본문 p. 171

A 1 covered, ⓐ 2 by accident, ⓒ 3 keep, ⓑ
   4 give, life, ⓔ 5 hand, out, ⓓ
B 1 ⓒ 2 ⓑ 3 ⓐ
C 1 ⓐ 2 ⓑ

B

1 ⓒ 2 ⓑ 3 ⓐ

1 M: What do you do on Christmas Day?
  W: I usually eat delicious food and exchange gifts with my family.
  남: 너는 크리스마스에 무엇을 하니?
  여: 나는 주로 가족들과 맛있는 음식을 먹고 선물을 주고받아.

2 M: Do you have any special wedding customs in China?
  W: Yes, brides usually wear red dresses.
  남: 중국에는 특별한 결혼 풍습이 있니?
  여: 응, 신부들은 보통 빨간 드레스를 입어.

3 M: Thanksgiving Day is coming!
  W: Yes! I love eating turkey. I can't wait!
  남: 곧 추수감사절이야!
  여: 응! 난 칠면조 먹는 게 정말 좋아. 빨리 먹고 싶어!

C

1 ⓐ 2 ⓑ

1 When will the festival be held?
  그 축제는 언제 열리니?
  ⓐ 5월 15일에 열릴 거야.
  ⓑ 그 축제는 봄이 오는 것을 기념하기 위해 열려.

2 What is that tradition for?
  그 전통은 무엇을 위한 것이니?
  ⓐ 그 전통은 로즈메리를 사는 거야.
  ⓑ 우리는 그것이 행운을 가져온다고 믿어.

Topic Listening

본문 pp. 172~175

01 ② 02 ② 03 1) F 2) T 3) T 04 ⑤ 05 ⑤
06 ② 07 ④ 08 ② 09 ⓑ 10 ⓐ 11 ④ 12 ①
13 ⑤ 14 ⑤ 15 ③ 16 ①

01 ────────────── ②
여: 이걸 봐. 멋지지 않니?
남: 오, 아름다운 가면이네! 어디서 그것을 구했니?
여: 내 이탈리아인 친구가 내게 줬어. 그녀는 베니스에서 그들이 축제 중에 이걸 쓴다고 했어.
남: 정말 흥미롭구나! 그 축제가 얼마나 화려할지 상상이 돼.
여: 맞아. 친구는 내게 아름다운 가면들이 많다고 했어. 그리고 사람들은 아주 늦은 밤까지 거리에서 재밌는 시간을 보낸대.

어휘 mask[mæsk] 몡 가면 during[dúriŋ] 쩐 …동안
colorful[kʌ́lərfəl] 혱 (색이) 다채로운, 형형색색의

해설 이탈리아 베니스에서 열리는 가면 축제에 대해 이야기하고 있다.

02 ────────────── ②
남: 소연아, 나 한국에선 특별한 날에 팥을 먹는다는 걸 들었어.
여: 응, 우린 겨울에 팥으로 죽을 만들어. 팥이 귀신을 쫓아낸다고 믿거든.
남: 근데 왜 특히 겨울이야?
여: 겨울에는 밤이 길어서 귀신들이 쉽게 돌아다닐 수 있거든.
남: 그렇구나. 실은 서양에도 비슷한 개념이 있어. 마늘이 흡혈귀들을 쫓아내지!
여: 응, 맞아.

어휘 red bean 팥 keep (something) away …을 쫓아내다
ghost[goust] 몡 유령, 귀신 especially[ispéʃəli] 뷔 특히 move around 돌아다니다 easily[íːzəli] 뷔 쉽게
similar[símələr] 혱 유사한 garlic[gɑ́ːrlik] 몡 마늘
vampire[væmpaiər] 몡 흡혈귀

해설 한국의 팥과 서양의 마늘은 모두 귀신을 쫓아내는 음식으로 여겨

진다고 했다.

03 ··· 1) F 2) T 3) T

여: 미국에서 11월의 네 번째 목요일은 추수감사절이다. 그것은 성공적인 추수를 감사드리기 위해 만들어졌다. 이 명절에는 가족들이 함께 모여 추수감사절 만찬을 든다. 많은 음식이 차려지지만, 가장 중요한 음식은 칠면조다. 그래서 추수감사절은 때때로 '칠면조의 날'이라고 불린다. 그 다음 날은 쇼핑하러 가기에 가장 좋은 시기이다. 거의 모든 상점이 일 년 중 가장 큰 세일을 한다.

어휘 Thanksgiving Day 추수감사절 successful [səksésfəl] 형 성공적인 harvest [háːrvist] 명 수확, 추수 holiday [háːlədèi] 명 휴가; *공휴일, 명절 gather [gǽðər] 동 모이다 serve [səːrv] 동 (음식을) 차려 주다 turkey [tə́ːrki] 명 칠면조

해설 1) 성공적인 추수에 대해 감사하기 위해 만들어졌다고 했다.

04 ··· ⑤

남: Kate, 어머니 날이 곧 다가오지 않니?

여: 맞아. 다음 주 일요일이야. 엄마를 위해 무엇을 할까?

남: 우린 멋진 레스토랑에서 외식을 할 수 있어.

여: 아마도, 하지만 그건 지난해에 우리가 한 거잖아. 난 뭔가 특별한 걸 하고 싶어.

남: 엄마를 위해 우리가 직접 아침을 만드는 건 어때?

여: 그거 좋은 생각이야! 무엇을 요리할까?

어휘 Mother's Day 어머니 날 (미국에서는 5월 두 번째 일요일) eat out 외식하다 [문제] full [ful] 형 배부른 downtown [dàuntáun] 부 시내에[로]

해설 남자가 제안을 했으므로, 여자는 그에 대한 의견을 말해야 한다.
① 아니, 괜찮아. 배가 불러.
② 너 아침으로 무엇을 요리했니?
③ 응. 나는 아침을 정말 맛있게 먹었어.
④ 나는 시내에 유명한 식당을 알아.

05 ··· ⑤

여: Jake, 크리스마스가 다가오고 있어. 근데 난 남자친구가 없어서 외로워.

남: 무슨 뜻이야, 민주야? 크리스마스를 위해 남자친구가 필요하니?

여: 응. 한국에서 크리스마스는 연인들을 위한 낭만적인 날이야. 많은 연인들이 그 날을 함께 보내.

남: 그거 정말 다르구나. 미국에선 사람들이 보통 가족과 함께 크리스마스를 보내거든.

여: 정말? 가족과 무엇을 하니?

남: 우린 크리스마스 쿠키 같은 맛있는 음식을 먹고, 선물을 주고받아. 그래서 크리스마스 전에는 모두가 선물을 사러 쇼핑을 가.

어휘 lonely [lóunli] 형 외로운 romantic [roumǽntik] 형 낭만적인 delicious [dilíʃəs] 형 아주 맛있는 exchange [ikstʃéindʒ] 동 교환하다, 주고받다 gift [gift] 명 선물

해설 두 사람은 한국과 미국의 각기 다른 크리스마스 문화에 대하여 이야기하고 있다.

06 ··· ②

남: 지은아, 넌 멕시코의 방식으로 새해를 시작할 준비가 됐니?

여: 응, Fernando. 난 포도 열두 알을 가지고 있어.

남: 좋아. 정확히 자정에 포도를 먹기 시작해. 시계 종이 울릴 때마다 포도 한 알씩 먹어.

여: 알겠어. 근데 이 전통은 무엇을 위한 거야?

남: 열두 알의 포도는 새해의 열두 달을 상징해. 그래서 네가 열두 알의 포도를 성공적으로 다 먹으면 우린 열두 달 동안 행운이 있을 거라고 믿어.

여: 재미있네! 근데 나 긴장돼.

남: 넌 할 수 있어. 오, 카운트다운을 시작하자! 10, 9, 8….

어휘 be ready to do …할 준비가 되다 way [wei] 명 방법, 방식 right [rait] 부 정확히, 바로 midnight [mídnàit] 명 자정 ring [riŋ] 동 (종이) 울리다 tradition [trədíʃən] 명 전통 symbolize [símbəlàiz] 동 상징하다 successfully [səksésfəli] 부 성공적으로 countdown [káuntdàun] 명 카운트다운 (거꾸로 초를 세기)

해설 새해 첫날 자정에 시계 종이 울릴 때마다 포도 한 알씩, 총 열두 알을 먹는 멕시코 새해 풍습을 준비하고 있다.

07 ··· ④

남: 너는 겨울방학에 계획이 있니?

여: 응. 난 일본의 삿포로 눈 축제에 갈 거야.

남: 와! 전 세계 약 2백만 명의 사람들이 매년 2월에 그 축제에 간다고 들었어.

여: 맞아. 많은 눈 조각상과 얼음 조각품들을 볼 수 있어. 그것들 중 몇몇은 높이가 15m야!

남: 놀랍다. 그 축제 기간 동안에 다른 건 또 무엇을 할 수 있니?

여: 축제 기간 동안에 패션쇼와 음악회가 있어. 얼음의 여왕을 선발하는 미인 대회도 있지.

어휘 million[míljən] 명100만 statue[stǽtʃuː] 명(조각)상
어휘 million[míljən] 명100만 statue[stǽtʃuː] 명(조각)상
sculpture[skʌ́lptʃər] 명조각품 amazing[əméiziŋ]
형(감탄스럽도록) 놀라운 beauty contest 미인 대회
choose[tʃuːz] 동고르다, 선정하다

08 ·· ②

남: 많은 나라들이 전통적으로 그들의 기후에 적합한 이것
의 한 종류를 사용한다. 이것은 보통 매우 더운 나라에
서 착용된다. 사람들은 뜨거운 태양으로부터 그들의 얼
굴을 보호하기 위해 이것을 쓴다. 이것은 대개 야자나
무 잎으로 만들어진다. 이것은 빨리 마르기 때문에 비
가 올 때 매우 유용하다. 어떤 사람들은 이것이 커다란
원뿔같이 생겼다고 생각한다.

어휘 traditionally[trədíʃənli] 부전통적으로 climate
[kláimit] 명기후 wear[wɛər] 동…을 입다, …을 쓰다
(wore-worn) protect[prətékt] 동보호하다
palm[pɑːm] 명야자나무 useful[júːsfəl] 형유용한
dry[drai] 동마르다 look like …인 것처럼 보이다
cone[koun] 명원뿔

해설 태양으로부터 얼굴을 보호하기 위해 쓸 수 있는 원뿔 형태의 물
건은 모자이다.

09-10 ··· 09 ⓑ 10 ⓐ

남: 내 독일인 친구 Jacob의 결혼식이 내일이야. 난 낡은
접시들과 컵들을 가져가야 해.
여: 뭐? 그것들이 왜 필요해?
남: 독일에서는 친구들이 결혼식 전에 접시나 컵을 깨뜨려.
그건 그들이 오래된 나쁜 것들을 깨뜨리고 미래에 좋은
일들을 바란다는 의미야.
여: 그거 재미있다!
남: 응, 그래. 미국에도 결혼식 풍습이 있지 않니?
여: 응. 하객들이 결혼식 후 신부와 신랑이 퇴장할 때 그들
에게 쌀을 던져.
남: 그건 왜 하는거니?
여: 그 부부에게 여러 자녀와 많은 돈을 기원하기 위해서야.

어휘 German[dʒə́ːrmən] 형독일의 break[breik] 동깨뜨리
다 dish[diʃ] 명접시 wish[wiʃ] 동기원하다, 바라다
custom[kʌ́stəm] 명관습, 풍습 throw[θrou] 동던지다
bride[braid] 명신부 groom[gru(ː)m] 명신랑
as[əz] 접…하는 동안에 leave[liːv] 동떠나다

해설 **09** 독일에서는 친구들이 결혼식 전에 접시나 컵을 깨뜨린다고
했다.

10 미국에서는 하객들이 신부와 신랑에게 쌀을 던진다고 했다.

11 ·· ④

남: Cindy, 내가 스페인에서 찍은 이 사진들을 좀 봐.
여: 오, 이 사진 속에서 넌 무언가 빨간 것으로 뒤덮여 있구
나!
남: 응. 난 스페인의 작은 마을인 Buñol의 토마토 축제에
갔었어. 그 축제에서 사람들은 서로에게 재미로 토마토
를 던져.
여: 정말? 누가 그런 축제를 만들어 냈니?
남: 그건 우연히 시작됐어. 몇몇 젊은 사람들이 싸우는 동
안 서로에게 토마토를 던지기 시작했어. 나중에 그것이
축제가 됐지.
여: 그렇구나. 축제는 언제야?
남: 매년 8월이야. 많은 사람들이 그 축제를 즐기려고 스페
인을 방문해.

어휘 be covered in …로 덮이다 each other 서로
create[kriéit] 동창조하다 by accident 우연히
fight[fait] 명싸움

해설 토마토 축제에 많은 사람들이 방문한다고 했지만, 구체적인 참가
인원수는 언급되지 않았다.

12 ·· ①

여: 이리 와! 내가 왕의 케이크를 잘라서 모두에게 한 조각
씩 나눠 줄 거야.
남: 왕의 케이크? 그게 뭐야?
여: 그건 안에 작은 인형이 들어있는 케이크야. 근데 아무
도 그것이 어디에 있는지 몰라. 먹는 동안에 누군가가
자신의 케이크 조각 안에서 그걸 발견할 거야.
남: 재미있겠다! 그 인형을 찾는 게 좋은 거야?
여: 응. 그걸 찾은 사람은 온종일 왕처럼 행동할 수 있어.
또, 그 사람은 한 해 동안 운이 좋을 거야. 자, 여기 널
위한 케이크 한 조각이 있어.
남: 고마워. (잠시 후에) 오, 나 뭔가 딱딱한 걸 깨물었어.
와, 이게 그 인형이야?
여: 응! 네가 왕이야!

어휘 hand out 나눠 주다 piece[piːs] 명한 조각 inside
[insáid] 부안에 act[ækt] 동행동하다 finder[fáindər]
명발견자 bite[bait] 동(이로) 물다 (bit-bitten)
hard[hɑːrd] 형단단한, 딱딱한

해설 케이크 속에 든 인형을 찾는 사람은 그 날의 왕이 되고 한 해 동
안 행운이 따를 것이라고 했으므로, 인형을 발견한 남자는 기분
이 좋을 것이다.

13 ────────────────────────────── ⑤

여: 서울 국제 불꽃 축제가 이번 주말에 열릴 거야!

남: 오, 그게 뭔데?

여: 그건 매년 한강 공원에서 열리는 축제야. 캐나다나 이탈리아 같은 많은 나라들이 그 행사에 참가해. 많은 종류의 불꽃놀이를 볼 수 있는데 그것들은 정말 믿을 수 없는 광경을 연출하지. 백만 명 이상의 사람들이 그 축제를 보기 위해 모여들어.

남: 대단하구나! 그곳에 가고 싶어지는 걸.

여: 나랑 같이 갈래?

남: 물론. 그걸 보는 것이 정말 기다려져!

어휘 international[ìntərnǽʃənəl] ⑱국제적인 firework [fáiərwə̀ːrk] ⑲폭죽; *pl.* 불꽃놀이 participate in …에 참가하다 unbelievable[ʌ̀nbilíːvəbl] ⑱믿기 어려운, 믿을 수 없는 sight[sait] ⑲시력; *광경

해설 Q 대화에 따르면 여자는 무엇을 제안했는가?
① 캐나다 여행하기
② 폭죽 사기
③ 주말 계획 세우기
④ 한강 공원에서 캠핑하기
⑤ 함께 불꽃 축제 보기

14 ────────────────────────────── ⑤

남: 많은 국가들은 전쟁에서 죽은 군인들을 기억하기 위한 날이 있다. 호주와 뉴질랜드에서는 매년 4월 25일에 Anzac 기념일이 열린다. 이 날에는 노병들을 포함하여 많은 사람들이 대규모의 퍼레이드를 한다. 그들은 거리를 행진한다. 가정에서는 사람들이 Anzac 비스킷을 굽는다. 그것은 전투를 하기 위해 멀리 가는 군인들에게 주려고 처음 만들어졌다. 로즈메리를 사는 것은 또 다른 전통인데, 그것은 '부디 기억해 주세요.'를 의미하기 때문이다. 이런 일들을 함으로써 사람들은 나라를 위해 목숨을 바친 군인들에게 감사를 드린다.

어휘 soldier[sóuldʒər] ⑲군인 war[wɔːr] ⑲전쟁 including[inklúːdiŋ] ⑳…을 포함하여 parade[pəréid] ⑲행진, 퍼레이드 march[mɑːrtʃ] ⑧행진하다 bake [beik] ⑧굽다 far away 멀리 give one's life for …을 위해 목숨을 바치다 [문제] meaning[míːniŋ] ⑲의미, 뜻 grave[greiv] ⑲무덤, 묘

해설 Q 담화에 따르면 Anzac 기념일에 관한 것으로 옳지 <u>않은</u> 것은?
① 매년 호주와 뉴질랜드에서 열린다.
② 노병들은 퍼레이드를 한다.
③ 비스킷은 전쟁에 나가는 병사들에게 주어졌다.

④ 로즈메리는 그 의미 때문에 구입된다.
⑤ 많은 사람들이 전쟁에서 사망한 병사들의 묘를 방문한다.

15-16 ────────────────────── **15** ③ **16** ①

여: 러시아의 겨울은 매우 길고 춥다. 그래서 러시아 사람들은 겨울의 끝자락에 봄이 오는 것을 축하하는 축제를 연다. 이 축제는 'Maslenitsa'라고 불리며, 일주일 동안 열린다. 축제 기간 동안 사람들은 팬케이크를 먹는다. 그것의 동그란 모양은 사람들이 태양을 떠올리게끔 한다. 또, 사람들은 여러 다른 행사들을 즐긴다. 흥미로운 행사들 중 하나는 남자들이 싸우는 것이다. 남자들은 두 무리를 지어 서로를 때린다. 그들은 싸움에서 나오는 힘과 에너지가 봄이 더 빨리 오게 한다고 믿는다. 마지막 날에 사람들은 그들이 지난해에 잘못한 모든 것에 대해 용서를 구한다. 그리고 마지막으로 그들은 커다란 인형을 태우며 겨울에 작별 인사를 한다.

어휘 celebrate[séləbrèit] ⑧기념하다, 축하하다 round [raund] ⑱둥근 shape[ʃeip] ⑲모양 hit[hit] ⑧때리다, 치다 ask for …을 요구하다 forgiveness [fərgívnis] ⑲용서 burn[bəːrn] ⑧불타다; *태우다 [문제] origin[ɔ́(ː)ridʒin] ⑲기원, 유래 welcome [wélkəm] ⑧맞이하다, 환영하다

해설 **15** 러시아 사람들이 봄이 오는 것을 축하하기 위해 여는 Maslenitsa 축제에 대해 이야기하고 있다.
Q 화자는 주로 무엇에 대해 이야기하고 있는가?
① 러시아 팬케이크의 유래
② 러시아 남자들의 전통 스포츠
③ 러시아 사람들이 봄을 맞이하는 방식
④ 러시아 전통 인형의 역사
⑤ 러시아 사람들이 겨울에 용서를 구하는 이유

16 Maslenitsa 축제 동안에 먹는 팬케이크의 둥근 모양은 태양(sun)을 연상하게 한다고 했다.
Q 담화에 따르면 팬케이크는 무엇을 상징하는가?
② 눈 ③ 봄 ④ 돈 ⑤ 에너지

Dictation 본문 pp. 176~181

01 what a beautiful mask, gave it to me, during a festival, how colorful, a lot of beautiful masks, late at night

02 on a special day, in winter, keep ghosts away, move around easily, have a similar idea

03 to give thanks for, gather together, is served, is sometimes called, have their biggest sale

04 coming soon, eat out at a nice restaurant, what we did last year, making breakfast

05 is coming, feel lonely, a romantic day, really different, with their family, What do you do, exchange gifts

06 are you ready to start, 12 grapes, each time the clock's bell rings, what is this tradition for, symbolize the 12 months, will be lucky, I'm nervous, begin the countdown

07 for winter vacation, two million people, visit it every February, 15 meters tall, What else can you do, a fashion show and concert

08 traditionally use, fits their climate, wear this, from the hot sun, very useful, dries quickly

09-10 My German friend, bring old dishes and cups, before the wedding, wishing for good things, any wedding customs, throw rice, as they leave, It is to wish, lots of money

11 took in Spain, are covered in something red, throw tomatoes, started by accident, throwing tomatoes at each other, Lots of people visit

12 hand out a piece, a small doll inside, in his or her piece, act like a king, be lucky for a year, a piece of cake, bit something hard

13 will be held this weekend, held every year, participate in the event, an unbelievable sight, gather to watch, can't wait to see

14 who died in wars, on April 25th, march on the streets, went far away to fight, By doing these things, gave their lives for their country

15-16 to celebrate, for a week, round shape, think of the sun, two groups, make the spring come faster, ask for forgiveness, say goodbye to winter

2 상상하다: ⓓ 마음속으로 무언가에 대해 그림을 갖거나 형성하다

3 행진, 퍼레이드: ⓗ 중요한 날이나 행사를 즐기기 위해 사람들 또는 자동차들이 어떤 장소를 지나가는 대중적인 행사

4 풍습, 관습: ⓑ 사람들이 행하는 전통적이거나 일상적인 것

5 공휴일, 명절: ⓕ 사람들이 직장이나 학교에 가지 않는 것이 허용되는 날

6 기후: ⓒ 한 국가나 지역이 가지는 일반적인 날씨의 형태

7 기념하다, 축하하다: ⓔ 어떤 일이 특별함을 보여주기 위해 무언가 즐거운 일을 하다

8 용서: ⓖ 무언가 잘못한 사람에게 더 이상 화를 내지 않음

B ──────────────────────── **1** ⓑ **2** ⓑ

1 너는 어머니 날이 언제인지 알고 있니?
ⓐ 나는 아직 무엇을 할지 결정하지 못했어.
ⓑ 5월 둘째 주 일요일 아니야?

2 왜 결혼식에서 그들은 접시와 컵을 깨는 거야?
ⓐ 나는 신부와 신랑에게 아름다운 접시를 보낼 거야.
ⓑ 그렇게 함으로써, 그들은 나쁜 것들을 깨뜨릴 수 있다고 믿어.

Review Test

A 1 ⓐ 2 ⓓ 3 ⓗ 4 ⓑ 5 ⓕ 6 ⓒ 7 ⓔ 8 ⓖ
B 1 ⓑ 2 ⓑ
C 1 keeps, away 2 hand out 3 participated in

A

──────────── 1 ⓐ 2 ⓓ 3 ⓗ 4 ⓑ 5 ⓕ 6 ⓒ 7 ⓔ 8 ⓖ

1 모이다: ⓐ 한 무리에 모여들다

062 정답 및 해설

실전모의고사 1회

본문 pp. 186~189

01 ④	02 ②	03 ⑤	04 ③	05 ①	06 ④	07 ④
08 ③	09 ④	10 ③	11 ③	12 ③	13 ⑤	14 ③
15 ⑤	16 ⑤	17 ②	18 ④	19 ④	20 ④	

01 ···· ④

남: 다음 목요일은 핼러윈이야! 정말 신이 나.

여: 나도 그래! 나는 우리 언니와 함께 호박등을 만들 거야.

남: 나는 이미 하나 만들었어. 우리 집 앞에 둘 거야.

여: 오, 정말 좋다! 너는 그날 무엇을 입을 거니?

남: 아직 결정 안 했어. 너는?

여: 엘사 공주처럼 입을 거야.

남: 우아, 너 아름답겠다! 그러면 나는 왕자 의상을 입어야 할까?

여: 아니, 그것은 너무 평범해. 괴물은 어때? 모두들 너를 무서워할 거야.

남: 오, 정말 좋은 생각이야!

어휘 Halloween[hǽlouíːn] 몡 핼러윈(10월 31일 밤) jack-o'-lantern[dʒǽkəlæ̀ntərn] 몡 호박등 already [ɔːlrédi] 븻 이미, 벌써 decide[disáid] 통 결정하다 dress[dres] 통 옷을 입다[입히다] prince[prins] 몡 왕자 costume[kástjuːm] 몡 의상[복장] normal[nɔ́ːrməl] 혱 보통의, 평범한 monster[mánstər] 몡 괴물 be scared of …을 무서워하다

해설 괴물 의상을 제안한 여자의 말에 남자가 좋은 생각이라고 동의했다.

02 ···· ②

여: 배낭 싸는 것 끝냈니?

남: 음… 거의 됐어요.

여: 우비 챙겼니? 그게 우산보다 더 간편할 거야.

남: 그게 필요할까요?

여: 비 오는 날을 위해 준비하는 게 더 나아.

남: 하지만 일기 예보에서 오늘 오후에는 그저 흐릴 거라고 해요.

여: 누가 아니? 구름이 비로 바뀔 수도 있어. 요즘 날씨가 변덕스럽잖니.

남: 좋아요, 가지고 갈게요.

어휘 finish[fíniʃ] 통 끝내다[마치다] backpack[bǽkpæk] 몡 배낭 almost[ɔ́ːlmoust] 븻 거의 raincoat[réinkòut] 몡 우비 convenient[kənvíːnjənt] 혱 편리한, 간편한 prepare for …을 준비[대비]하다 weather report 일기 예보 change[tʃeindʒ] 통 변하다[바뀌다] crazy[kréizi] 혱 정상이 아닌, 말도 안 되는 these days 요즘에는

해설 일기 예보에서 오늘 오후에 흐릴 거라고 했다고 했다.

03 ···· ⑤

(휴대폰이 울린다)

남: 안녕, 나 Jake야. 너 어디니?

여: 어, 안녕. 집에 있어.

남: 나와 영화 보러 가지 않을래?

여: 그러고 싶은데, 피곤해.

남: 너 우울한 것 같아. 무슨 일이니?

여: 교환 학생 프로그램에 지원했는데, 떨어졌어.

남: 저런. 어째서? 너 아주 열심히 그것을 준비했잖아.

여: 많은 학생들이 지원했다고 들었어.

남: 실망하지 마. 다음 번에는 성공할 거야.

어휘 seem[siːm] 통 (…인 것처럼) 보이다, …인 것 같다 depressed[diprést] 혱 우울한 apply for …에 지원하다 get in 도착하다; *(시험 등에) 합격하다 how come 어째서 (…인가) disappointed[dìsəpɔ́intid] 혱 실망한, 낙담한 make it 성공하다 next time 다음 번에

해설 남자는 교환 학생이 되지 못한 여자에게 다음 번에는 성공할 거라고 격려하고 있다.

04 ···· ③

여: 제 소개를 하겠습니다. 제 이름은 김제희입니다. 저는 27세입니다. 저는 부산에서 태어났지만 서울에서 혼자 살고 있습니다. 제 생활은 모든 것이 좋습니다만, 가끔 가족이 그립습니다. 저는 대학에서 생물학을 공부했습니다. 인체에 대해 매우 관심이 있습니다. 저는 2년 동안 의료 회사에서 일했습니다. 그곳에서의 제 경력이 귀사에서 도움이 되기를 바랍니다.

어휘 alone[əlóun] 븻 혼자 miss[mis] 통 놓치다; *그리워하다 biology[baiálədʒi] 몡 생물학 be interested in …에 관심이 있다 human body 인체 useful[júːsfəl] 혱 유용한, 도움이 되는

05 ─────────────────────── ①

남: 항공편 240번에 대한 탑승 안내입니다. 2시 20분에 출발하는 런던행 비행기는 현재 12번 게이트에서 탑승 중입니다. 모든 승객들은 그 시각 10분 전에 탑승하셔야 합니다. 항공편 240번의 마지막 탑승 안내 방송입니다. 서둘러 12번 게이트로 가셔서 비행기에 탑승해 주시기 바랍니다.

어휘 board[bɔːrd] 동탑승하다 announcement [ənáunsmənt] 명발표, 알림 flight[flait] 명항공기[항공편] depart[dipáːrt] 동떠나다[출발하다] gate[geit] 명출입구, 게이트 passenger[pǽsəndʒər] 명승객 final[fáinəl] 형마지막의 boarding call 탑승 안내 방송 hurry[hə́ːri] 동서두르다

해설 비행기는 2시 20분에 출발하고, 10분 전까지 탑승해야 한다고 했다.

06 ─────────────────────── ④

여: 우아, 대단했어! 너 노래 정말 잘하는구나. 피아노 연주도 훌륭해!

남: 정말 고마워.

여: 너는 훌륭한 가수가 될 거야. 분명히 많은 사람들에게 사랑받을 거야.

남: 사실은, 나는 많은 사람들에게 알려지고 싶지 않아. 사람들이 나를 바라보고 있을 때 기분이 좋지 않아.

여: 그러면 미래에 뭐가 되고 싶니?

남: 나는 혼자 힘으로 노래를 만들고 싶어. 사람들이 내가 쓴 노래를 즐길 수 있다면 행복할 거야.

어휘 actually[ǽktʃuəli] 부실제로; *사실은 be known to …에 알려지다 in the future 장차, 미래에 for oneself 혼자 힘으로

해설 남자는 혼자 힘으로 노래를 만들고 싶다고 했다.

07 ─────────────────────── ④

남: 무엇 때문에 지금 바쁘니?

여: 우리 내일 중간고사 보잖아. 시험 공부하고 있어.

남: 시험 일정 바뀐 거 못 들었어?

여: 어, 정말? 몰랐어!

남: 중간고사는 일주일 미뤄졌어.

여: 그러면 준비할 시간이 더 많겠다.

어휘 midterm[mídtə̀ːrm] 형(한 학기) 중간의 exam[igzǽm] 명시험 delay[diléi] 동미루다, 연기하다

해설 여자는 내일이라고 알고 있던 시험이 일주일 미뤄졌다는 말을 들

08 ─────────────────────── ③

여: 안녕하세요! 예약하셨습니까?

남: 아니요.

여: 몇 분이신가요?

남: 두 명이에요.

여: 지금은 만석이라서요, 바 테이블은 가능합니다. 그것들 중 한 자리를 원하세요?

남: 아니요, 괜찮습니다. 그냥 기다릴게요.

여: 알겠습니다, 그러면 10분 정도 기다리셔야 할 것 같은데요. 괜찮으시면, 대기자 명단에 올려 드리겠습니다.

남: 네, 금연석으로 부탁해요.

여: 알겠습니다, 차례가 되면 불러 드리겠습니다. 그리고 원하시면 자리에 앉으시기 전에 주문하실 수 있습니다.

남: 좋아요.

여: 여기 메뉴입니다.

어휘 have a reservation 예약되어 있다 full[ful] 형가득한, 빈 공간이 없는 bar[baːr] 명바, 카운터 available [əvéiləbl] 형구할[이용할] 수 있는 waiting list 대기자[후보자] 명단 non-smoking[nansmóukiŋ] 형(장소가) 금연의 turn[təːrn] 명돌리기; *차례, 순번 order [ɔ́ːrdər] 동명령하다; *주문하다 have a seat 자리에 앉다, 착석하다

해설 남자는 자리에 앉기 전에 주문 가능하다는 말에 좋다고 대답했고 여자가 메뉴를 건넸으므로, 남자는 음식을 주문할 것이다.

09 ─────────────────────── ④

남: 안녕하십니까, 관리실입니다. 음식물 쓰레기 처리 방법과 관련하여 중요한 안내 말씀 드립니다. 우선, 음식물 쓰레기를 다른 쓰레기와 분리하셔야 합니다. 그리고 아파트 건물 앞에 있는 음식물 쓰레기통에 넣으셔야 합니다. 유념하셔야 할 것들이 몇 가지 더 있습니다. 음식물 쓰레기통에는 음식물 쓰레기만 담아야 합니다. 비닐봉지를 제거하는 것을 잊지 마십시오. 그리고 뼈와 같이 딱딱한 것들은 거기에 버리시면 안 됩니다. 제대로 처리되지 못합니다. 환경을 위해 이 점을 기억해 주십시오.

어휘 management office 관리실 deal with …을 처리하다 waste[weist] 명쓰레기 first of all 우선 separate [sépəreit] 동분리하다 trash bin 쓰레기통 apartment [əpáːrtmənt] 명아파트 keep in mind 명심[유념]하다 hold[hould] 동잡다; *담다 forget[fərgét] 동잊다 remove[rimúːv] 동제거하다 plastic bag 비닐봉지

throw[θrou] 통던지다   hard[hɑːrd] 형단단한, 딱딱
bone[boun] 명뼈   process[prɑsés] 통가공[처리]하다
properly[prɑ́pərli] 부제대로, 적절히   remember
[rimémbər] 통기억하다   environment[inváiərənmənt]
명환경

해설 음식물 쓰레기 처리 방법을 안내하는 아파트 관리실의 안내 방송
이다.

10 ⋯⋯⋯⋯⋯⋯⋯⋯⋯⋯⋯⋯⋯⋯⋯⋯⋯⋯⋯⋯⋯⋯ ③

남: 안녕하세요!
여: 안녕하세요! 저는 지금 여행 중인데요. 관광안내소에 가
  려고 해요. 어디서 내려야 하나요?
남: 여기서 다섯 정거장이에요. 공항 다음 정거장이요.
여: 아, 감사합니다!
남: 정거장 직전에 다시 말씀드릴게요.
여: 정말 감사합니다. 정말 친절하시네요!
남: 천만에요. 즐거운 여행 되시길 바랄게요.

어휘 tourist information center 관광안내소   get off 내리
다, 하차하다   stop[stɑp] 명멈춤; *정거장   next to
⋯ 다음의   right[rait] 부정확히, 바로   thanks a
million ((표현)) 대단히 고맙습니다

해설 내려야 할 정거장에 대해 묻고 답하고 있으므로, 버스 기사와 승
객의 대화임을 알 수 있다.

11 ⋯⋯⋯⋯⋯⋯⋯⋯⋯⋯⋯⋯⋯⋯⋯⋯⋯⋯⋯⋯⋯⋯ ③

남: 이제 연장전에 들어가. 우리 팀이 이기면 좋겠어.
여: 물론, 나도 그래. 하지만 우리가 이기든 지든, 그것은
  중요하지 않아. 우리 선수들이 최선을 다하고 있잖아.
  그걸로 됐어.
남: 어, 어, 경기가 다시 시작한다!
여: 안 돼! 저 선수가 거의 숫을 넣을 뻔 했는데.
남: 상대팀이 반칙을 하지 않았다면, 우리 팀이 이길 수 있
  었을 텐데.
여: 정말 안타까워! 스포츠에서 공정성이 가장 중요한 것이
  잖아.
남: 네 말에 전적으로 동의해.

어휘 overtime[óuvərtàim] 명초과 근무; *연장전   matter
[mǽtər] 통중요하다, 문제되다   do one's best 최선을
다하다   that will do ((표현)) 그것으로 됐어   shot[ʃɑːt]
명발사; *숫   foul[faul] 통파울[반칙]을 범하다
fairness[féərnis] 명공정성

해설 여자는 상대팀에서 반칙을 한 것에 대해 스포츠에서는 공정성이

가장 중요하다며 안타까워하고 있다.

12 ⋯⋯⋯⋯⋯⋯⋯⋯⋯⋯⋯⋯⋯⋯⋯⋯⋯⋯⋯⋯⋯⋯ ③

여: 도와드릴까요?
남: 네. '빅 히어로'의 이른 아침 표를 한 장 사고 싶은데요.
  20% 할인되죠, 맞아요?
여: 네, 손님. 표가 있는지 확인해 보겠습니다. (잠시 후에)
  아, 죄송합니다. 이른 아침 표들은 이미 매진되었습니
  다.
남: 알겠습니다. 그러면, 가장 빠른 가능한 영화가 뭔가요?
여: 오전 11시 30분과 오후 12시 10분 영화가 있습니다.
남: 둘 사이에 차이가 있나요?
여: 더 빠른 것은 4D이고 나중의 것은 2D입니다. 4D 영화
  가격은 7달러이고, 2D 영화는 5달러입니다.
남: 12시 10분 영화로 택할게요. 4D 영화는 토할 것 같아
  서요.
여: 알겠습니다, 표 여기 있습니다.

어휘 check[tʃek] 통확인하다   sold out 표가 매진된
difference[dífərəns] 명차이   later[léitər] 형뒤의, 나
중의   price[prais] 명값, 가격   choose[tʃuːz] 통택하
다, 고르다   feel sick 구역질 나다

해설 11시 30분 4D 영화는 7달러이고 12시 10분 2D 영화는 5달
러라고 했으며, 남자는 12시 10분 영화를 택했다.

13 ⋯⋯⋯⋯⋯⋯⋯⋯⋯⋯⋯⋯⋯⋯⋯⋯⋯⋯⋯⋯⋯⋯ ⑤

남: 무슨 일이니? 다리 다쳤니?
여: 신발 굽이 망가졌어. 왼쪽 다리가 오른쪽보다 짧게 느
  껴져.
남: 아, 저런! 새것을 사야겠구나. 여기서 멀지 않은 곳에
  백화점이 있어.
여: 이 신발 거의 새 거야. 구두 수선소에 가는 게 낫겠어.
  가장 가까운 데가 어디지?
남: 이 거리 끝에 있어.
여: 약국 옆에?
남: 맞아. 찾기 쉬워.
여: 알겠어, 고마워. 지금 당장 가야겠어.

어휘 hurt[həːrt] 통다치게 하다   heel[hiːl] 명발뒤꿈치; *굽
break[breik] 통고장내다, 망가뜨리다 (broke-broken)
department store 백화점   repair shop 수선소
pharmacy[fɑ́ːrməsi] 명약국   have got to do ⋯해야
한다

해설 여자가 가려고 하는 구두 수선소는 거리 끝, 약국 옆에 있다고 했
다.

14 ························· ③

남: 안녕하세요, 프런트입니다. 어떻게 도와드릴까요?

여: 여쭤볼 게 있는데요. 아침 뷔페는 언제 제공되나요?

남: 뷔페는 7시부터 11시까지 엽니다.

여: 알겠습니다. 그리고 내일 아침 7시에 모닝콜을 해 주셨으면 해요.

남: 네, 그때 모닝콜을 해 드리겠습니다. 몇 호에 묵고 계시죠?

여: 1103호에요. 감사합니다.

남: 편히 주무십시오.

어휘 front desk 프런트[안내 데스크] serve[sə:rv] ⑧제공하다 buffet[bəféi] ⑲뷔페 wake-up call 모닝콜 stay[stei] ⑧머물다, 묵다

해설 여자는 호텔 프런트의 남자에게 내일 아침 7시에 모닝콜을 해 달라고 부탁했다.

15 ························· ⑤

남: 멋진 여행이야, 그렇지 않니?

여: 물론이지, 하지만 굉장히 피곤해. 가방이 너무 무거워.

남: 아, 저런. 일정에 의하면, 우리는 공항에 가기 전에 사원을 둘러볼 건데.

여: 미안하지만, 나는 더 이상 못 걸겠어. 휴식을 취하고 싶어.

남: 이런, 탑승 수속을 더 일찍 하는 게 어때? 도심 공항 터미널에서 우리 수하물을 부칠 수 있어. 그러면 편안하게 돌아다닐 수 있어.

여: 좋아! 가자!

어휘 according to …에 의하면 look around 둘러보다 temple[témpl] ⑲사원 anymore[enìmɔ́:r] ⑨이제, 더 이상 take a break 휴식을 취하다 check in 탑승 수속을 하다 luggage[lʌ́giʤ] ⑲짐[수하물] terminal [tə́:rminl] ⑲공항 터미널 walk around 돌아다니다 easily[íːzəli] ⑨쉽게; *편안하게

해설 남자는 짐이 무거워서 더 이상 걷기 힘들다는 여자에게 도심 공항 터미널에서 수하물을 부치자고 했다.

16 ························· ⑤

① 남: 나 새로운 머리 모양을 했어.
   여: 아, 아주 멋져 보여.

② 남: 진료받으려고 합니다.
   여: 예약하셨나요?

③ 남: 주문 받아도 되겠습니까?

여: 아직 결정하지 않았어요.

④ 남: Robinson 씨와 통화할 수 있을까요?
   여: 아, 죄송한데요, 통화 중이세요.

⑤ 남: 다른 색으로 있나요?
   여: 20% 할인받으실 수 있습니다.

어휘 haircut[héərkʌ̀t] ⑲이발; *머리 모양[헤어스타일] have an appointment 약속하다, 예약하다 take an order 주문을 받다 yet[jet] ⑨아직 be on the phone 통화 중이다 get a discount 할인을 받다

해설 다른 색 물건이 있는지 물었으므로, 물건이 있는지에 관한 응답이 이어져야 한다.

17 ························· ②

여: 저는 방송국에서 일합니다. 저는 전국의 사람들에게 중요한 소식을 전합니다. 저는 사람들에게 세상에서 벌어지고 있는 일을 알리는 것에 대해 보람을 느낍니다. 하지만 때때로, 안 좋은 소식을 전하는 데 어려움이 있습니다. 제 감정을 보여줄 수 없기 때문입니다. 예를 들어, 끔찍한 사고에 대해 슬픔을 느낄 때에도, 제 감정이나 의견을 공유할 수 없습니다. 항상 사람들에게 사실을 전달해야 합니다.

어휘 broadcasting station 방송국 report[ripɔ́:rt] ⑧알리다, 전하다 all around … 도처에 happen[hǽpən] ⑧발생하다[벌어지다] have a problem *doing* …하는 데 문제가 있다 feeling[fíːliŋ] ⑲느낌, 감정 even[íːvən] ⑨…도[조차] terrible[térəbl] ⑱끔찍한 accident [ǽksidənt] ⑲사고 share[ʃɛər] ⑧나누다, 공유하다 opinion[əpínjən] ⑲의견[견해, 생각] deliver[dilívər] ⑧배달하다, 전하다 fact[fækt] ⑲사실

해설 방송국에서 일하며 사람들에게 소식을 전하는 일을 하는 사람은 뉴스 앵커이다.

18 ························· ④

남: 이것은 사무용품의 한 종류다. 문구점에서 이것을 살 수 있다. 이것은 종이 몇 장을 함께 고정하려고 할 때 유용하다. 그리고 종이를 분리해야 할 때, 그것을 빼낼 수 있다. 하지만 조심할 필요가 있다. 손가락으로 그것을 제거하려고 하면, 다칠 수 있다. 이것을 제거하는 도구를 사용하는 것이 좋다.

어휘 office supply 사무용품 stationery[stéiʃənèri] ⑲문구류 hold[hould] 잡다; *유지[고정]하다 take apart 분리[해체]하다 pull out 빼내다 tool[tuːl] ⑲도구

remove[rimúːv] ⑧없애다, 제거하다

해설 종이를 철하는 사무용품으로, 도구를 사용하여 이를 빼내야 하는 것은 스테이플러(stapler)이다.

19 ·· ④

여: 너 피곤해 보여. 어젯밤에 잘 못 잤니?
남: 응, 잘 못 잤어.
여: 뭐가 문제였니?
남: 아내가 독감에 걸렸어. 아내를 돌보느라 잘 못 잤어.
여: 유감이구나. 진료는 받았니?
남: 아니 아직. 아내 말로는 며칠 동안 쉬면 괜찮을 거라고 해. 그런데 침대에서 나오려 하지 않아.
여: 내 생각에는 그녀를 병원에 데려가야 할 것 같아.

어휘 **catch a bad cold** 독감에 걸리다 **take care of** …을 돌보다 **rest**[rest] ⑧쉬다 **a few** 약간의[여러, 몇] **get out of** …에서 떠나다[나가다]

해설 심한 감기에 걸린 남자의 아내가 병원에 가지 않았다는 말 뒤에, 병원에 데려갈 것을 권유하는 내용이 이어지는 것이 가장 적절하다.
① 네가 집을 나서는 게 좋을 것 같아.
② 네가 곧 나으면 좋겠다.
③ 때로는 약이 전혀 효과가 없어.
⑤ 그녀는 일주일에 세 번 약을 먹어야 해.

20 ·· ④

남: 실례합니다만, 도와주시겠어요?
여: 네!
남: 더 작은 사이즈의 이 셔츠를 찾고 있어요.
여: 어떤 사이즈를 원하세요?
남: 스몰 사이즈요.
여: 여기 있습니다.
남: 감사합니다. 입어 봐도 될까요?
여: 물론이죠, 저쪽 탈의실을 이용하시면 됩니다.

어휘 **try on** …을 해[입어] 보다 **fitting room** 탈의실 **over there** 저쪽에

해설 셔츠를 입어 봐도 될지 묻는 말에 이어질 응답으로 탈의실 위치를 알려주는 것이 가장 적절하다.
① 손님께 잘 맞지 않아요.
② 저희는 더 큰 사이즈가 없습니다.
③ 죄송합니다만 그게 마지막 물건이에요.
⑤ 두 개를 사시면 하나를 반값에 사실 수 있어요.

Dictation

본문 pp. 190~197

01 put it, What will you wear, I haven't decided yet, dress like, a prince costume, How about a monster, a great idea

02 packing your backpack, pack your raincoat, prepare for a rainy day, be cloudy, change into rain, having crazy weather

03 go to a movie, You seem depressed, applied for, get in, prepared very hard, be disappointed, make it

04 was born in, live alone, miss my family, studied biology, worked for, will be useful

05 departing at 2:20, ten minutes, the final boarding call, hurry to, board the plane

06 a great singer, be loved by, be known to, want to be, write songs for myself

07 have a midterm test, the exam schedule, has been delayed, more time to prepare

08 have a reservation, We're two, have bar tables available, We'll just wait, about ten minutes, on our waiting list, it's your turn, have a seat, Here's the menu

09 deal with food waste, separate food waste, a food trash bin, keep in mind, remove the plastic bag, throw hard things, be processed properly

10 a tourist information center, get off, Five stops, tell you again, So kind of you, have a nice trip

11 go into overtime, doing their best, is on, made the shot, hadn't fouled, have won the game, couldn't agree with you more

12 I'd like to buy, if tickets are available, are already sold out, the earliest available movie, Is there any difference, feel sick

13 hurt your legs, is broken, get a new one, a department store, a shoe repair shop, at the end, can't miss it

14 How can I help you, serve the buffet breakfast, from seven to eleven, a wake-up call, staying in, Room 1103

15 too heavy, According to the schedule, look around the temple, take a break, check in our luggage, walk around easily

16 got a new haircut, see a doctor, take your order, on the phone, get a 20% discount

17 report important news, what's happening, have a problem, can't show my feelings, a terrible accident, my feelings or opinion

18 office supply, hold some pieces of paper, take apart the paper, pull it out, remove it, hurt yourself, use a tool

19 Didn't you sleep well, caught a bad cold, taking care of, rests for a few days

20 can you help me, looking for, What size do you want, try it on

실전모의고사 2회

본문 pp. 198~201

01 ④	02 ④	03 ④	04 ④	05 ②	06 ①	07 ⑤
08 ⑤	09 ③	10 ④	11 ⑤	12 ②	13 ①	14 ③
15 ④	16 ⑤	17 ②	18 ③	19 ④	20 ⑤	

01 ····································· ④

남: Kathy가 다음 주에 집들이를 할 거라는 거 들었니?

여: 응, 들었어.

남: 그녀에게 무엇을 사 줘야 할까?

여: 꽃 어때?

남: 좋은 생각이야. 하지만 꽃은 그렇게 특별하지는 않아.

여: 그렇긴 해. 더 좋은 생각 있니?

남: 양초 어때?

여: 그거 좋겠다. 그녀의 새집에 좋은 냄새가 나게 도와줄 거야.

어휘 housewarming party 집들이 candle[kǽndl] 몡 양초 smell[smel] 동 냄새[향]가 나다

해설 새집에 좋은 냄새가 나게 도와줄 양초를 사기로 했다.

02 ····································· ④

(전화벨이 울린다)

남: 여보세요, Happy 보트 투어입니다.

여: 여보세요, 오늘 오후 보트 투어 관련해서 전화했어요.

남: 네, 어떻게 도와드릴까요?

여: 지금 비가 오고 있어서 보트 투어가 위험할 것 같은데요.

남: 사실, 비는 문제가 되지 않아요. 저희는 바람을 걱정하고 있어요.

여: 아, 알겠습니다.

남: 계속해서 날씨를 살피겠습니다. 바람이 너무 많이 불면, 전화로 취소 관련해서 알려 드리겠습니다.

여: 감사합니다. 전화 기다리고 있을게요.

어휘 be worried about …에 대해 걱정하다 keep *doing* 계속 …하다 inform[infɔ́ːrm] 동 알리다 cancelation [kæ̀nsəléiʃən] 몡 취소 wait for …을 기다리다

해설 여자는 비가 오고 있어서 보트 투어가 위험할 것 같다고 했다.

03 ·· ④

여: 안녕하십니까, 무엇을 도와드릴까요?

남: 탑승 수속을 하려구요.

여: 네, 여권을 보여주세요.

남: 여기요. 창가 자리로 부탁드려요.

여: 아, 죄송합니다. 창가 자리는 모두 예약되어 있습니다.

남: 뭐라고요? 제가 표를 살 때, 항공사에서는 수속 창구에서 자리를 고를 수 있다고 말했는데요.

여: 맞습니다. 하지만 탑승 수속을 하시기 전에 온라인으로 자리를 선택할 수도 있습니다.

남: 정말요? 그러면 왜 항공사에서는 그때 제게 말하지 않았죠?

어휘 check in 탑승[투숙] 수속을 하다 passport[pǽspɔ:rt] 몡여권 window seat 창가 자리 reserve[rizə́:rv] 동예약하다 airline[έərlàin] 몡항공사 pick[pik] 동고르다, 선택하다 choose[tʃu:z] 동선택[선정]하다 online[ɔ̀nláin] 분온라인으로 at that time 그때

해설 남자는 사전에 온라인으로 자리를 선택할 수 있다는 것을 안내받지 못한 것에 항의하고 있다.

04 ·· ④

여: 안녕하십니까. 일자리 공시입니다. ABC 은행이 새로운 직원을 찾고 있습니다. 여러분은 고객 서비스를 담당할 것입니다. 이 분야에서 경력은 필요하지 않습니다. 관련 전공도 필요하지 않습니다. 친절하고 성실하기만 하면 됩니다. 여러분은 능력에 근거하여 보수를 지급받을 것입니다. 지원자들은 3월 12일까지 이 자리에 지원해야 합니다. 이 자리에 관심 있으시면, 1층에 있는 게시판에서 공고문을 확인하시기 바랍니다. 또는 추가 정보에 관해서는 학생회관으로 오시면 됩니다. 감사합니다.

어휘 job posting 일자리 공시 worker[wə́:rkər] 몡노동자[근로자] be responsible for …에 책임이 있다 customer service 고객 서비스 field[fi:ld] 몡들판; *분야 related[riléitid] 톙관련된 major[méidʒər] 몡전공 diligent[dílidʒənt] 톙근면한, 성실한 pay[pei] 동지불하다, 보수를 지급하다 based on …에 근거하여 ability[əbíləti] 몡능력 applicant[ǽplikənt] 몡지원자 apply for …에 지원하다 position[pəzíʃən] 몡위치; *(일)자리 notice[nóutis] 몡공고문[안내문] bulletin board 게시판 information[ìnfərméiʃən] 몡정보

05 ·· ②

남: 우리 내일 야구 경기 보러 가네.

여: 응. 경기가 언제 시작하지?

남: 2시에 시작할 거야.

여: 좋아, 그러면 너희 집에서 1시에 만나자.

남: 음, 경기장까지 가는 데 한 시간이 걸리잖아. 약간 늦을 것 같아.

여: 알겠어. 30분 더 일찍은 어때?

남: 좋아! 그때 보자!

어휘 baseball[béisbɔ̀:l] 몡야구 stadium[stéidiəm] 몡경기장 a little bit 조금

해설 1시에 만나자는 여자의 최초 제안보다 30분 더 일찍 만나기로 했다.

06 ·· ①

남: 이번 주말에 뭐 할 거니?

여: 도서관에서 스페인어 공부할 거야.

남: 왜 스페인어를 공부하니?

여: 스페인에서 유학하려고.

남: 너 스페인에 관심 있니?

여: 응. 작년에 스페인을 여행했는데, 가우디가 만든 아주 멋진 건물들을 많이 봤거든.

남: 아, 환상적이라고 들었어!

여: 응, 그래. 나는 그것들에 반했어. 언젠가 멋진 건물을 설계하고 싶어.

남: 그러길 바랄게.

어휘 Spanish[spǽniʃ] 몡스페인어 study abroad 유학하다 fantastic[fæntǽstik] 톙환상적인 fall in love with …와 사랑에 빠지다, …에 반하다 design[dizáin] 동디자인[설계]하다 someday[sʌ́mdèi] 분언젠가

해설 건물을 설계하는 것은 건축가이다.

07 ·· ⑤

여: 얘, Mark! 너를 위한 놀라운 소식이 있어!

남: 어, 뭔데?

여: 축구 결승전 표 두 장을 얻었어. 함께 갈 수 있어?

남: 물론, 가능하지. 경기가 언제니?

여: 다음주 토요일이야. 너무 기다려져!

남: 어, 어, 잠깐! 다음 주말에 네 사촌이 결혼할 거라고 했잖아. 그게 토요일이니 일요일이니?

여: 이런! 네 말이 맞아. 다음주 토요일에 사촌의 결혼식이 있어. 잊고 있었어.

남: 아, 이런. 축구 경기는 이다음에 가야겠네.

어휘 surprise[sərpráiz] 명 놀라운 일[소식] final[fáinəl] 명 결승전 join[dʒɔin] 통 함께 하다 get married 결혼하다 wedding[wédiŋ] 명 결혼(식) another time 언제 다시 한번, 이다음에

해설 여자는 사촌의 결혼식 때문에 축구 결승전을 보러 갈 수 없게 되었으므로 실망스러울 것이다.

08 ·· ⑤

남: 파티에 입을 새 정장 샀어. 나 어때 보여?

여: 검은색 정장이 정말 잘 어울린다.

남: 아, 고마워!

여: 음… 그런데 너한테 조금 딱 붙는 것 같아 보여.

남: 그래?

여: 응, 좀 더 큰 것으로 교환하는 게 낫겠어.

남: 내가 가게에서 마지막 것을 산 거야. 품절되었을 것 같아. 환불받아야 할까?

여: 아니, 그러지 마. 사이즈를 바꿀 수 있는 다른 가게로 가는 게 어때?

남: 좋은 생각이야.

어휘 suit[sjuːt] 명 정장 tight[tait] 형 단단한; *(옷이 몸에) 꽉 쪼이는[딱 붙는] had better do …하는 편이 낫다 exchange[ikstʃéindʒ] 통 교환하다 last[læst] 형 마지막의 out of stock 품절[매진]이 되어 get a refund 환불받다

해설 다른 가게로 가서 옷을 더 큰 사이즈로 교환하기로 했다.

09 ·· ③

남: 지난 주말에 뭐 했니?

여: 영화 '마다가스카'를 봤어. 나는 만화 영화를 좋아하거든.

남: 영화 어땠어?

여: 줄거리는 좋았어. 등장인물들도 모두 좋았고. 하지만 영화에 집중할 수가 없었어.

남: 왜?

여: 내 앞에 있던 남녀가 영화 내내 계속 서로 이야기했거든.

남: 정말 무례하다!

여: 어떤 사람들은 전화로 이야기하기도 했어.

남: 그 사람들은 영화관에서의 더 알맞은 예절을 갖춰야 해.

어휘 animation[ænəméiʃən] 명 만화 영화 story[stɔ́ːri] 명 이야기; *줄거리 character[kǽriktər] 명 성격; *등장인

물 focus on …에 집중하다 couple[kʌ́pl] 명 남녀, 커플, 부부 each other 서로 during 전 …동안[내내] rude[ruːd] 형 무례한 manner[mǽnər] 명 pl. 예절 theater[θí(ː)ətər] 명 영화관

해설 영화관에서 무례한 행동을 하는 사람들에 관해 이야기하고 있다.

10 ·· ④

여: 추석에 부모님 댁에 어떻게 가야 할까?

남: 우리는 보통 기차를 타잖아.

여: 하지만 분명 표가 이미 매진되었을 거야. 늦었어.

남: 아, 이런. 그러면 버스를 타야겠다.

여: 정말이야? 분명 도로에서 꼼짝 못할 거야. 자전거가 더 빠를지도 몰라.

남: 아, 맞아. 차들이 도로 위에 긴 줄로 꼼짝 못했던 거 기억나.

여: 그러면 유일한 해결책은 비행기야.

남: 내 생각도 그래. 온라인으로 확인해 보자.

어휘 sure[ʃuər] 형 확신하는 serious[sí(ː)əriəs] 형 심각한, 진지한 stuck[stʌk] 형 갇힌[빠져나갈 수 없는] only[óunli] 형 유일한 answer[ǽnsər] 명 대답; *해결책

해설 기차는 매진되었을 것이고 버스는 밀릴 것이기 때문에, 유일한 해결책은 비행기라고 했다.

11 ·· ⑤

여: 얘, Andrew!

남: 어, 안녕! 왜 이렇게 늦었니?

여: 미안해.

남: 늦잠 잤니?

여: 버스를 탔는데….

남: 도로에 차가 너무 많았니?

여: Andrew, 내가 말하고 있잖아. 말을 끝내게 해 줘. 버스에서 잠들었어. 그래서 내려야 할 버스 정거장을 놓쳤어. 몇 정거장을 지나쳤어.

남: 오, 너 너무 피곤했구나!

여: 응, 요즘 자주 피곤함을 느껴.

남: 네가 건강 문제가 있는지 걱정스럽네.

여: 나도 그래. 곧 병원에 가는 게 좋겠어.

어휘 sleep late 늦잠을 자다 fall asleep 잠들다 miss[mis] 통 놓치다 stop[stɑp] 명 정거장 get off 내리다 pass[pæs] 통 지나가다 several[sévərəl] 형 몇몇의 health[helθ] 명 건강

해설 버스에서 잠들어서 내려야 할 정거장을 놓쳤다고 했다.

12 ·· ②

남: 계산서 주세요.

여: 여기 있습니다.

남: 11달러라니요? 뭔가 잘못된 것 같아요.

여: 아, 확인해 보겠습니다. 리소토 하나와 콜라 한 잔 주문
하셨네요. 맞죠?

남: 네, 그러면 10달러야 하는데요.

여: 아, 10% 세금이 추가됩니다, 손님.

남: 그 정보를 메뉴에 넣으셔야죠.

여: 혼란스럽게 했다면 죄송합니다, 손님.

어휘 bill[bil] 몡 계산서   wrong[rɔ(:)ŋ] 혱 틀린, 잘못된
risotto[risɔ́:tou] 몡 리소토   coke[kouk] 몡 콜라
tax[tæks] 몡 세금   add[æd] 동 추가하다, 덧붙이다
confuse[kənfjúːz] 동 혼란시키다

해설 주문한 음식에 대한 계산을 확인하고 있으므로, 식당에서의 대화
임을 알 수 있다.

13 ·· ①

남: 실례합니다. 제가 이곳에 처음인데요. 복통이 심해서
요. 좀 도와주시겠어요?

여: 아, 구급차 부를게요.

남: 구급차는 필요 없을 것 같아요.

여: 그래요, 그러면 병원에 가시겠어요? 병원에 데려다 드
릴게요.

남: 감사하지만, 약을 먹으면 괜찮을 것 같아요. 약국에 가
는 길 좀 알려주시겠어요?

여: 그럼요. 한 블록 직진하셔서 좌측으로 도세요. 오른쪽에
약국이 보일 거예요.

남: 한 블록 직진해서 좌회전, 맞죠?

여: 네. 소방서 옆에 약국이 보일 거예요.

남: 감사합니다.

어휘 bad[bæd] 혱 나쁜; *심한   stomachache[stʌ́məkeik]
몡 위통, 복통   ambulance[ǽmbjələns] 몡 구급차
drugstore[drʌ́gstɔ̀:r] 몡 약국   straight[streit] 뷔 똑바
로, 일직선으로   block[blɑk] 몡 사각형 덩어리; *구역, 블
록   turn[təːrn] 동 돌다   fire station 소방서

해설 한 블록 직진 후 좌회전하면 소방서 옆에 있다고 했다.

14 ·· ③

여: 다 됐나요, 여보?

남: 아니 아직이에요.

여: 배가 정말 고파요. 언제 점심을 먹을 수 있는 건가요?

남: 잠시만 기다려 줘요.

여: 텐트 설치하는 방법을 모르나요?

남: 시간을 좀 줘요. 쉽지가 않다고요.

여: 제가 인터넷에서 설명을 찾아볼까요?

남: 아니, 괜찮아요. 대신, 이곳 근처 누군가한테 망치를 빌
려올래요? 우리 망치가 별로 좋지 않네요.

어휘 set up 세우다; *설치하다   search for …을 찾다
instruction[instrʌ́kʃn] 몡 설명, 지시   borrow[bɑ́rou]
동 빌리다   hammer[hǽmər] 몡 망치   someone
[sʌ́mwʌn] 때 어떤 사람, 누구

해설 텐트를 설치 중인 남자는 여자에게 근처 사람한테서 망치를 빌려
올 것을 부탁했다.

15 ·· ④

여: 너 피곤해 보여.

남: 며칠 동안 위가 안 좋아.

여: 뭐가 잘못 됐니?

남: 모르겠어. 의사한테 가 봤는데 아무런 의학적인 문제도
없대.

여: 스트레스 받았니?

남: 아마도. 너무 바빠서 먹을 시간이 없었어.

여: 아, 저런. 식사를 거르면 안 돼. 규칙적으로 식사를 하
려고 노력해 봐. 그러면 위가 더 좋아질 거야.

어휘 stomach[stʌ́mək] 몡 위, 복부   right[rait] 혱 옳은;
*좋은[정상인]   a couple of 두서너 개의   stressed
[strest] 혱 스트레스를 느끼는   maybe[méibiː] 뷔 어쩌
면, 아마   skip[skip] 동 깡충깡충 뛰다; *거르다[빼먹다]
meal[miːl] 몡 식사   regularly[régjələrli] 뷔 정기[규칙]
적으로

해설 여자는 규칙적으로 식사를 하면 위가 좋아질 거라고 했다.

16 ·· ⑤

① 여: 나랑 같이 갈 수 있어?
남: 물론, 갈 수 있어.

② 여: 그는 어떻게 생겼니?
남: 그는 아주 잘생겼어.

③ 여: 이 셔츠 어때?
남: 너한테 잘 어울려.

④ 여: 난방기 꺼도 될까요?
남: 네, 좋습니다!

⑤ 여: 집에서 학교까지 얼마나 걸리니?
남: 300m 정도야.

어휘 **mind**[maind] 동 언짢아하다, 상관하다 **turn off** 끄다 **heater**[híːtər] 명 난방기, 히터

해설 시간이 얼마나 걸리는지 물었으므로, 300m 정도라는 거리에 대한 응답은 어색하다.

17 ··· ②

(전화벨이 울린다)

남: 여보세요, 관리사무실입니다.
여: 여보세요, 여쭤볼 게 있어요.
남: 네. 뭘 도와드릴까요?
여: 제게 소포가 왔는지 궁금해서요. 집을 비운 사이에 하나 배달된 것 같아요.
남: 확인해 볼게요. 몇 호인가요?
여: 102호예요.
남: 네, 잠시만요. (잠시 후에) 아, 있네요. 책 같아 보여요.
여: 아, 맞아요. 금방 찾으러 갈게요.

어휘 **management**[mǽnidʒmənt] 명 운영, 관리 **wonder**[wʌ́ndər] 동 궁금하다 **parcel**[páːrsl] 명 소포 **arrive**[əráiv] 동 도착하다; *배달되다 **be out** 집을 비우다 **pick (something) up** …을 찾다[찾아오다]

해설 여자는 관리실에 전화를 걸어 소포가 도착했는지 묻고 있다.

18 ··· ③

남: 요즘 공기가 깨끗하지 않다. 공기 중에 짙은 황사가 있다. 당신은 이것을 사용하는 게 좋다. 나쁜 공기를 호흡하는 것은 건강에 좋지 않다. 목을 아프게 할 수 있다. 그러니, 외출할 때 이것을 착용해서 입을 가리기를 권한다. 나쁜 공기를 막고 자신을 보호하도록 도울 수 있다.

어휘 **thick**[θik] 형 두꺼운; *짙은 **yellow dust** 황사 **breathe**[briːð] 동 호흡하다, 숨을 쉬다 **throat**[θrout] 명 목구멍, 목 **advise**[ædváiz] 동 조언하다, 권고하다 **cover**[kʌ́vər] 동 씌우다[가리다] **block**[blak] 동 막다, 차단하다 **protect**[prətékt] 동 보호하다

해설 황사로부터 안전하기 위해 입을 가리려고 쓰는 것은 마스크이다.

19 ··· ④

여: 무슨 일이니? 너 안 좋아 보여.
남: 내일 중요한 발표가 있어. 어젯밤에 못 잤어.
여: 밤새도록 발표 준비했니?
남: 사실은, 아니야. 너무 불안해서 잠들 수가 없었어. 나는 아주 많은 사람들 앞에서 편안하지 않아.
여: 네가 전문가이고 그 방 안에 있는 사람들이 네가 무슨

말을 하고 있는지 모른다고 생각하려고 해 봐. 네게 자신감을 주고 네가 침착함을 유지하는 데 도움이 될 거야.
남: 알았어. 조언 고마워.

어휘 **presentation**[prìːzəntéiʃən] 명 발표 **prepare**[pripέər] 동 준비하다 **all night** 밤새도록 **nervous**[nə́ːrvəs] 형 불안해[초조해]하는 **expert**[ékspəːrt] 명 전문가 **confidence**[kánfidəns] 명 자신(감) **calm**[kaːm] 형 침착한 [문제] **advice**[ədváis] 명 조언, 충고

해설 여자가 발표를 앞두고 불안해하는 남자에게 조언을 하고 있으므로, 이에 대해 고마움을 표하는 응답이 가장 적절하다.
① 효과가 있을지 궁금해.
② 네가 상관할 일이 아니야.
③ 네가 생각하는 것보다 쉽지 않아.
⑤ 모든 일이 잘되길 바라.

20 ··· ⑤

(초인종이 울린다)

남: 누구세요?
여: 피자 배달입니다.
남: 얼마죠?
여: 새우 피자와 채소 샐러드 주문하셨죠. 14달러입니다.
남: 아, 지금 현금이 없네요. 신용 카드로 계산해도 되나요?
여: 죄송해요. 카드 기계 가져오는 것을 잊었어요.
남: 아, 이런. 어떻게 해야 하죠?
여: 기계 가지고 금방 돌아올게요.
남: 네, 그렇게 해 주세요. 번거롭게 해서 죄송해요.

어휘 **delivery**[dilívəri] 명 배달 **shrimp**[ʃrimp] 명 새우 **green salad** 채소 샐러드 **cash**[kæʃ] 명 현금 **credit card** 신용 카드 **bring**[briŋ] 동 가져오다 **machine**[məʃíːn] 명 기계 **come back** 돌아오다[가다] [문제] **bother**[báðər] 동 귀찮게 하다

해설 남자가 현금이 없어서 여자가 신용 카드 기계를 가지고 와야 하는 상황이므로, 번거롭게 한 데 대해 미안함을 표현하는 응답이 가장 적절하다.
① 당신은 은행에 가는 게 좋겠어요.
② 제 거스름돈을 잊지 마세요.
③ 계산서를 다시 확인해 주세요.
④ 더 이상 기다리고 싶지 않아요.

01 have a housewarming party, How about flowers, not that special, What about a candle, smell nice

02 I'm calling, it's rainy now, doesn't matter, worried about the wind, checking the weather, waiting for your call

03 check in, show me your passport, a window seat, are all reserved, pick my seat, choose a seat, why didn't the airline tell me

04 looking for new workers, don't need any experience, a related major, kind and diligent, based on your ability, apply for, are interested in, for more information

05 see a baseball game, start at 2, it takes about an hour, a little bit late, 30 minutes earlier

06 study Spanish, study abroad, traveled around Spain, fell in love, design great buildings

07 have a surprise, tickets for a soccer final, join me, can't wait, getting married, next Saturday, another time

08 look really great, a little bit tight, you'd better exchange, the last one, out of stock, get a refund, change the size

09 watched a movie, focus on the movie, kept talking, How rude, talked on the phone, have better manners

10 take a train, are already sold out, take a bus, be stuck on the road, in a long line, the only answer is an airplane

11 so late, sleep late, too many cars, fell asleep, missed the bus stop, passed several stops, feel tired, go to a hospital

12 Bill, please, something is wrong, ten dollars, tax is added, if it confused you

13 a bad stomachache, call an ambulance, see a doctor, take some medicine, get to the drugstore, turn left, Go straight one block, next to the fire station

14 have lunch, Wait a moment, set up a tent, search for instructions, borrow a hammer

15 look tired, felt right, What's wrong, any medical problem, been stressed, skip meals, feel better

16 Can you go with me, look like, looks good on you, How long does it take

17 the management office, What can I do for you, any parcels, I was out, your house number, pick it up

18 thick yellow dust, Breathing in bad air, hurt your throat, cover your mouth, block the bad air

19 don't look good, prepare your presentation, so nervous, don't feel comfortable, you're an expert, give you confidence, you stay calm

20 You ordered, pay by credit card, forgot to bring, come back soon

실전모의고사 3회

01 ⑤	02 ③	03 ④	04 ②	05 ①	06 ⑤	07 ⑤
08 ②	09 ①	10 ②	11 ②	12 ②	13 ③	14 ③
15 ④	16 ⑤	17 ②	18 ⑤	19 ④	20 ③	

01 ⑤

남: Lisa, 뭐 하고 있니?
여: 허리 통증이 있어서 운동을 좀 하고 있어.
남: 나도 허리에 문제가 있어. 운동이 필요할 것 같아. 나한테 가르쳐 줄래?
여: 물론이지. 쉬워. 내가 보여줄게. 나를 따라 해 봐.
남: 좋아. 준비됐어.
여: 우선, 손과 무릎을 대고 엎드려. 다리를 어깨 너비로 벌려.
남: 알았어.
여: 팔도 어깨 너비로 둬. 따라 하고 있니?
남: 응. 이렇게?
여: 좋아. 이제 고개를 위로 들어.
남: 응.
여: 허리가 늘어나는 느낌이 드니? 그 자세로 잠시 가만히 있어. 도움이 될 거야.

어휘 back[bæk] 몡 등, 허리 pain[pein] 몡 통증 follow [fálou] 통 따라가다; *따라 하다 crawl[krɔːl] 통 엎드려 기다 shoulder-width[ʃóuldərwidθ] 혱 어깨 너비의 apart[əpáːrt] 뷔 떨어져 raise[reiz] 통 들어올리다[들다] upward[ʌ́pwərd] 뷔 위쪽으로 stretch[stretʃ] 통 늘어나다 position[pəzíʃən] 몡 위치; *자세 for a while 잠시

해설 엎드린 채 다리와 팔을 어깨 너비로 벌리고 고개를 위로 들어 허리가 늘어나는 느낌이 들게 하는 자세이다.

02 ③

남: 캠핑 가기까지 3일 남았어. 너무 기다려져!
여: 나도. 그런데 날씨가 걱정이 돼.
남: 왜?
여: 일기 예보에서 이번 주말에 비가 눈으로 바뀔 거래. 화창한 날이길 바라는데.

남: 들었어. 그게 나를 들뜨게 해. 흰 눈으로 덮인 캠프장을 상상해 봐. 환상적일 거야. 안 그래?
여: 맞아. 하지만 나는 추운 날씨가 싫어.
남: 걱정 마. 괜찮을 거야.

어휘 leave[liːv] 통 떠나다; *남기다 go camping 캠핑 가다 be afraid of …을 두려워하다; *…을 걱정하다 camping site 캠프장, 야영지 covered with …으로 덮인

해설 주말에 비가 눈으로 바뀔 거라고 했다.

03 ④

남: Ellie, 너 바빠 보여.
여: 조금. 여행 관련 정보를 찾는 중이야.
남: 여행가니?
여: 응, 배낭여행 갈 거야.
남: 네가 부러워. 어디로?
여: 유럽으로.
남: 정말 멋진 것 같아!
여: 응, 하지만 혼자 갈 것 같아. 같이 여행 할 사람이 없어.
남: 왜 없니? 나는 어때? 나 유럽을 여행하고 싶어.

어휘 go on a trip 여행을 가다 go backpacking 배낭여행 을 가다 envy[énvi] 통 부러워하다 sound[saund] 통 …인 것 같다 wonderful[wʌ́ndərfəl] 혱 아주 멋진, 훌 륭한 alone[əlóun] 뷔 혼자 feel like doing …을 하고 싶다

해설 같이 여행갈 사람이 없다는 여자의 말에 남자가 같이 갈 것을 제 안하고 있다.

04 ②

남: 안녕, Linda! 방학 잘 보냈니?
여: 어, 안녕! 응, 푸켓에 갔었어.
남: 우와, 좋은 시간 보냈니?
여: 물론! 수영이랑 서핑을 즐겼어.
남: 멋진 것 같다! 그런데 너 햇볕에 안 탔네. 자외선 차단 제를 많이 발랐니?
여: 실은, 아니야. 나는 햇빛에 대해 완벽하게 대비를 했어. 모자, 선글라스, 그리고 긴 소매 수영복을 샀어. 그리고 자외선 차단제도 물론이고. 하지만 그것들 중 어느 것도 필요 없었어. 그곳에 있던 매일 매일 구름이 끼고 비가 왔어.
남: 유감이다.
여: 그래. 선글라스가 아니라 우산을 준비했어야 했어.

074 정답 및 해설

남: 정말 그렇네.

surfing[sə́:rfiŋ] 몡파도타기, 서핑 get a tan 햇볕에 태우다 wear[wɛər] 통입다; *바르다 sunscreen [sʌ́nskri:n] 몡자외선 차단제 perfectly[pə́:rfiktli] 튀완벽하게 sunlight[sʌ́nlàit] 몡햇빛 hat[hæt] 몡모자 long-sleeved[lɔ́:ŋslíːvd] 혱긴 소매의 swimsuit [swímsjùːt] 몡수영복 agree[əgríː] 통동의하다

해설 여자는 우산을 준비했어야 했다고 말했다.

05 ① ────────────────

남: 여기 약 있습니다.
여: 아, 감사합니다. 얼마나 자주 약을 먹어야 하죠?
남: 하루에 두 번, 12시간마다 먹어야 합니다.
여: 알겠습니다. 물 좀 주시겠어요? 지금 약을 먹으려고요.
남: 네, 여기요.
여: 감사합니다. 아, 시간을 확인해야겠어요. 지금 몇 시인지 아세요?
남: 네, 정확히 정오예요.
여: 네, 그럼 오늘 밤에 다음 약을 먹어야겠네요.

어휘 often[ɔ́:fn] 튀자주 twice[twais] 튀두 번 pill[pil] 몡알약 noon[nuːn] 몡정오, 낮 12시 exactly[igzǽktli] 튀정확히

해설 약을 12시간마다 먹어야 한다고 했고 정오에 약을 먹었으므로, 12시간 후인 자정에 다음 약을 먹어야 한다.

06 ⑤ ────────────────

여: Jack, 안녕. 오랜만이야!
남: 안녕. 너를 여기서 보다니 기분 좋은 걸. 어디에 가는 중이니?
여: 집에 가는 길이야. 이제 막 비행을 마쳤거든.
남: 출장 간 거니 아니면 그냥 여행?
여: 아, 아니. 실은 비행기를 운행했어.
남: 정말? 너 공군이었잖아, 아니니?
여: 응, 맞아, 하지만 이제는 아니야. 군 복무를 끝냈거든.
남: 우아, 조종사가 됐구나!

어휘 long time no see ((표현)) 오랜만이야 somewhere [sʌ́mwɛ̀ər] 튀어딘가 on one's way 도중에 flight [flait] 몡비행 go on a business trip 출장을 다니다 fly[flai] 통날다; *비행[운행]하다 soldier[sóuldʒər] 몡군인, 병사 Air Force 공군 not … anymore 더 이상 … 아니다, 이제는 … 아니다 service[sə́:rvis] 몡서비스; 군대, *군 복무 pilot[páilət] 몡조종사, 비행사

해설 군 복무를 끝내고 비행기를 운행했다고 했다.

07 ⑤ ────────────────

여: 우와! 흰 슬로프를 봐! 내려가자!
남: 그래, 하지만 간단하지 않아. 어떻게 해야 할지 모르겠어….
여: 오, Eric. 겁먹지 마.
남: 알겠어, 알겠어, 노력하고 있어. 하지만 다리가 전혀 움직이려고 하지 않아.
여: 심호흡을 해. 그냥 앞으로 한 발을 내디뎌. 이제 슬로프를 내려갈 수 있어.

어휘 slope[sloup] 몡경사지; *(스키장의) 슬로프 go down 내려가다 simple[símpl] 혱간단한 take it easy ((표현)) 진정해라[겁먹지 마라] take a deep breath 심호흡하다 take a step 걸음을 내디디다 forward [fɔ́:rwərd] 튀앞으로

해설 남자는 겁이 나서 슬로프를 내려가지 못한 채 걱정하고(worried) 있다.
① 슬픈 ② 화난 ③ 지루한 ④ 신 나는

08 ② ────────────────

여: 탑승할 시간이야. 여권이랑 탑승권 꺼내.
남: 알았어. 어어, 기다려 봐. 여권을 못 찾겠어. 어떻게 해야 하지?
여: 아, 저런! 침착하고 잘 찾아 봐.
남: 아, 찾았어.
여: 다행이다. 그러면 탑승구로 가자.
남: 우리 뭐 잊은 거 없니?
여: 음, 기념품 좀 살까? 동전이 좀 있잖아. 그걸로 작은 거 몇 개 사자.
남: 좋은 생각이야! 곧바로 가자! 시간이 많지 않아.

어휘 take out 꺼내다 boarding pass 탑승권 stay calm 침착함을 유지하다 gate[geit] 몡출입구; *게이트[탑승구] souvenir[sùːvəníər] 몡기념품 coin[kɔin] 몡동전

해설 탑승하기 전에 기념품을 사기로 했다.

09 ① ────────────────

남: 어젯밤에 다큐멘터리 봤니?
여: 무엇에 관한 거?
남: 얼마나 많은 사람들이 자신의 개를 포기하는지, 그리고 얼마나 많은 개들이 위험에 처했는지에 관한 거.
여: 끔찍한 것 같아.
남: 그리고 거리에 버려진 개들의 사진을 보여줬어. 아무도

돕지 않는다면 그것들은 목숨을 잃을 거야. 정말 슬퍼 보였어.

여: 너무 측은해! 사람들은 그들의 개를 돌봐야 해. 그게 그들의 책임이야.

어휘 documentary[dὰkjəméntəri] 몡 다큐멘터리, 기록물 give up 포기하다 in danger 위험에 직면해서 pitiful[pítifəl] 혱 측은한, 가련한 responsibility [rispὰnsəbíləti] 몡 책임

해설 유기견 관련 다큐멘터리에 관해 이야기하고 있다.

10 ·· ②

여: 여보, 서둘러야겠어요. Lena가 기다리고 있어요.

남: 알아요. 거의 다 됐어요. 택시 좀 불러 줄래요?

여: 좋은 생각이 아닌 것 같아요. 교통 체증에 꼼짝 못할 거예요. 지하철을 타는 게 낫겠어요.

남: 지하철 근로자들이 파업 중인 거 모르나요? 택시를 타는 게 최선이에요.

여: 그래요 그럼, 그게 버스보다 빠르겠네요.

어휘 traffic[trǽfik] 몡 교통(량) had better do …하는 편이 낫다 on strike 파업 중인

해설 여자가 지하철을 탈 것을 제안했지만 지하철이 파업 중이므로 택시가 최선이라고 했다.

11 ·· ②

여: 교통 정보입니다. 도시 곳곳에 교통 체증이 있습니다. 특히, 시청 근처 도로를 이용하지 않으시길 요청드리고 싶습니다. 시청 근처 도로에 넓고 깊은 구덩이가 있습니다. 도로는 완전히 폐쇄되었습니다. 더욱이, 오후에 시청에서 큰 행사가 있을 예정입니다. 따라서 많은 사람들이 그곳에 모여들 것입니다. 시청 근처에 가셔야 한다면, 미리 지하철을 이용할 것을 권장합니다.

어휘 traffic report 교통 정보 traffic jam 교통 체증 throughout[θru(:)áut] 쩐 … 도처에 city hall 시청 wide[waid] 혱 넓은 deep[di:p] 혱 깊은 hole[houl] 몡 구덩이 close[klouz] 동 닫다; *폐쇄하다 completely[kəmplí:tli] 뷴 완전히 moreover [mɔːróuvər] 뷴 게다가, 더욱이 event[ivént] 몡 사건; *행사 gather[gǽðər] 동 모이다 recommend [rèkəménd] 동 추천하다; *권고[권장]하다 in advance 미리

해설 시청 근처에 넓고 깊은 구덩이가 있어서 도로가 폐쇄되었다고 했다.

12 ·· ②

여: Jeffrey, 밀가루 좀 사다 줄 수 있겠니? 케이크를 만드는 중인데, 밀가루 사는 것을 잊었구나.

남: 저 지금 바쁜걸요.

여: 그렇게 바빠 보이지 않는데. 그냥 TV 보고 있잖니.

남: 맞아요. 제가 좋아하는 가수가 노래 부를 거예요.

여: 집에서 슈퍼마켓이 멀지 않잖니. 시간 맞춰 올 수 있어.

남: 알겠어요, 그럴게요.

어휘 flour[fláuər] 몡 가루, 밀가루 far away 멀리 be back 돌아오다 in time 제 시간에, 늦지 않게

해설 집에서의 대화이고 밀가루를 사다 달라고 부탁하는 것으로 보아, 어머니와 아들의 대화임을 알 수 있다.

13 ·· ③

남: 도와드릴까요?

여: 네. 쓰기 수업을 신청하고 싶어요.

남: 전에 쓰기를 공부한 적이 있나요?

여: 아니요. 하지만 몇 달 동안 읽기 수업을 들은 적이 있어요.

남: 그럼, 초보자 쓰기 수업을 수강할 것을 권해드려요.

여: 음, 등록 전에 레벨 테스트를 치고 싶어요.

남: 네. 상담소에서 시험을 칠 수 있어요. 문법 교실 옆에 있어요.

여: 네, 감사합니다! 그런데 먼저 화장실을 사용해야겠어요. 가는 길을 알려 주시겠어요?

남: 복도 끝 시청각실 바로 맞은편이에요.

어휘 sign up for …을 신청하다 writing[ráitiŋ] 몡 (글)쓰기 course[kɔːrs] 몡 강의, 강좌 take[teik] 동 듣다[수강하다]; (시험을) 치다 several[sévərəl] 혱 몇몇의 beginner[bigínər] 몡 초보자 registration [rèdʒistréiʃən] 몡 등록 counseling center 상담소[실] grammar[grǽmər] 몡 문법 restroom[réstrùːm] 몡 화장실 across from …의 바로 맞은편에 audiovisual lab 시청각실 hall[hɔːl] 몡 복도

해설 여자는 먼저 화장실에 가겠다고 했으며, 화장실은 복도 끝 시청각실 맞은편에 있다고 했다.

14 ·· ③

여: Matthew, 왜 시무룩한 얼굴이니?

남: 나 휴대전화를 잃어버린 것 같아. 교실 곳곳을 둘러봤지만, 못 찾았어.

여: 네가 그것을 마지막에 사용한 때를 기억하려고 해 봐.

남: 기억이 안 나.

여: 분실물 보관소 확인했니?

남: 그럼. 이미 확인했어.

여: 그러면 방과 후에 집을 확인해야겠다.

남: 너무 걱정스러워서 기다릴 수가 없어.

여: 그래 그럼. 가방이랑 주머니를 확인해 보자.

남: 내 휴대전화로 전화해 줄래? 아마 그것이 울리는 소리를 들을 수 있을 거야.

어휘 long face 시무룩한 얼굴 all over 곳곳에 last[læst] 🔈마지막으로 Lost and Found 분실물 보관소 pocket [pɑ́kit] 몡주머니 ring[riŋ] 통울리다

해설 남자는 잃어버린 휴대전화를 찾기 위해 자신의 휴대전화로 전화해 달라고 했다.

15 ·········· ④

여: 에취!

남: 축복이 있기를! 너 감기 걸렸니?

여: 고마워! 하지만 감기 걸린 거 아니야.

남: 그럼 왜 재채기를 하니?

여: 알레르기가 있는 것 같아.

남: 아, 이런. 신선한 공기를 좀 마시는 게 어때? 공기가 나쁜 실내에서 머무르면, 계속해서 재채기할 거야. 창문을 활짝 열어.

여: 알았어, 신선한 공기를 좀 마시는 게 좋겠어.

어휘 bless you ((표현)) 축복이 있기를 catch a cold 감기에 걸리다 sneeze[sniːz] 통재채기하다 allergy[ǽlərdʒi] 몡알레르기 all the way 완전히 fresh[freʃ] 혱신선한 indoors[ìndɔ́ːrz] 🔈실내에서

해설 신선한 공기를 마시기 위해 창문을 활짝 열라고 했다.

16 ·········· ⑤

① 남: 우리와 함께 하는 게 어때?
   여: 그러고 싶지만, 그럴 수 없어.

② 남: 마감 일자가 언제죠?
   여: 다음 주 월요일이에요.

③ 남: 얼마나 자주 식물에 물을 주니?
   여: 일주일에 한두 번.

④ 남: 우리 이번 주말에 뭘할까?
   여: 소풍 가자.

⑤ 남: 어떻게 지내?
   여: 직진해서 모퉁이에서 왼쪽으로 돌아.

어휘 deadline[dédlàin] 몡마감 시간[일자] due[djuː] 혱

···하기로 되어 있는[예정된] water[wɔ́ːtər] 통물을 주다 plant[plænt] 몡식물

해설 안부를 묻는 질문에는 자신의 근황을 말하는 것이 자연스럽다.

17 ·········· ②

(전화벨이 울린다)

남: 여보세요! 새로운 이웃인 Ethan입니다.

여: 아, 안녕하세요! 처음 전화하시네요. 무슨 일이세요?

남: 음, 제가 부탁드려야 할 게 있어서요. 지난 밤에, 그 집에서 나는 소음 때문에 잠들 수가 없었어요.

여: 아, 죄송해요. 조카들이 방문해 있어서요. 어린 아이들이라 통제하기가 쉽지 않아요.

남: 음….

여: 어쨌든, 시끄럽지 않도록 더 조심할게요. 신경 쓰이게 해서 죄송해요.

남: 알겠어요. 이해해 주셔서 감사해요.

어휘 neighbor[néibər] 몡이웃 move[muːv] 통움직이다; *이사하다 go to sleep 잠들다 noise[nɔiz] 몡소리, 소음 nephew[néfjuː] 몡남자 조카 control [kəntróul] 통지배[통제]하다 anyway[éniwèi] 🔈어쨌든 noisy[nɔ́izi] 혱시끄러운

해설 지난밤에 소음 때문에 잠들 수 없었다고 항의하고 있다.

18 ·········· ⑤

여: 사람들은 이것을 주머니 속에 가지고 다니다가 여행할 때 사용할 수 있다. 이것은 그들이 새로운 장소를 찾을 수 있도록 돕는다. 이것은 그들이 어느 방향으로 가야 할지 보여준다. 이것은 사람들에게 거리, 장소, 건물들의 실제 사진을 보여준다. 그러므로, 이것은 걷거나 운전할 때 매우 유용하다. 이것 덕분에, 사람들은 종이 지도 없이 쉽게 여행할 수 있다.

어휘 carry[kǽri] 통휴대하다, 가지고 다니다 direction [dirékʃən] 몡방향 real[ríːəl] 혱진짜의, 실제의 useful [júːsfəl] 혱유용한 thanks to ··· 덕분에 map[mæp] 몡지도

해설 장소와 방향을 일러주고, 걸을 때와 운전할 때 사용할 수 있고, 종이 지도 없이 여행하게 해주는 것은 스마트폰 지도 앱이다.

19 ·········· ④

남: 도와드릴까요?

여: 오페라 글라스를 빌리고 싶은데요.

남: 몇 개 필요하시죠?

여: 두 개요. 대여료가 얼마인가요?

남: 한 개에 2달러입니다.

여: 네. 여기 4달러요.

남: 다른 도와드릴 일은 없나요?

여: 가방과 코트를 맡아줄 수 있나요?

어휘 rent[rent] 통빌리다 opera glasses 오페라 글라스(관극용 쌍안경) rental fee 임대료, 사용료

해설 더 도움이 필요한 일이 없는지 물었으므로, 구체적인 요청 내용이 이어지는 것이 자연스럽다.
① 무료인가요?
② 여기 있어요.
③ 시간이 많지 않아요.
⑤ 이 극장에 회원 카드를 갖고 있어요.

20 ──────────────────────────────── ③

여: 여보세요. Top 보험사입니다. 뭘 도와드릴까요?

남: 문제가 있어서 전화드려요.

여: 고객님, 무슨 일이시죠?

남: 차 사고가 났어요.

여: 괜찮으신가요? 누가 다쳤나요?

남: 모두 괜찮아요. 하지만 차가 고장 났어요. 엔진 시동을 걸 수 없어요.

여: 지금 어디 계시죠?

남: 4번가예요.

여: 만약을 위해 고객님의 전화번호가 필요합니다.

남: 010-1234-9008이에요.

여: 알겠습니다. 곧바로 견인차를 보내드리겠습니다.

어휘 insurance[inʃú(:)ərəns] 명보험 accident[ǽksidənt] 명사고 injure[índʒər] 통부상을 입히다 break[breik] 통고장 내다 start the engine 엔진의 시동을 걸다 just in case 만약을 위해서 tow truck 견인차 car repair shop 정비소

해설 남자가 차 사고로 차 엔진 시동을 걸 수 없어서 보험 회사에 신고 전화를 했으므로, 사고 접수에 대한 응답이 이어져야 한다.
① 항상 곁에 있겠습니다.
② 911에 전화를 걸어야 할 것 같습니다.
④ 자동차 정비소에 가는 길을 알려드리겠습니다.
⑤ 교통 상황을 설명해 주시겠습니까?

Dictation

01 doing some exercise, in my back, Let me show you, on your hands and knees, Put your arms, raise your head upward, feel your back stretching

02 go camping, afraid of the weather, change into snow, a sunny day, makes me excited, covered with white snow

03 searching for information, going on a trip, going backpacking, Sounds wonderful, going alone, feel like traveling

04 have a nice vacation, enjoyed swimming and surfing, wear a lot of sunscreen, prepared for the sunlight, didn't need any of them, should have prepared an umbrella

05 take the medicine, twice a day, every 12 hours, check the time, take the next pill

06 Long time no see, finished my flight, go on a business trip, flying a plane, were a soldier, you became a pilot

07 the white slope, Take it easy, won't move at all, go down the slope

08 Take out your passport, find my passport, look for it, go to the gate, why don't we buy some souvenirs, right away

09 watch the documentary, give up their dogs, That sounds terrible, were left on the streets, How pitiful, take care of their dogs

10 you have to hurry, call a taxi, be stuck in traffic, on strike

11 There are traffic jams, not to use the road, a wide, deep hole, a great event, be gathering there, you use the subway

12 buy some flour, forgot to buy, look so busy, is going to sing, far away from, do it for you

13 sign up for, taken a reading class, take the beginner writing class, take a level test, use the restroom, how to get there, at the end of the hall

14 Why the long face, looked all over the classroom, Try to remember, check your house, I'm so worried, call my cell phone

15 Bless you, don't have a cold, have allergies, How about some fresh air, keep sneezing, all the way, get some fresh air

16 When is the deadline, How often do you water, What shall we do, How is it going, Go straight

17 your new neighbor, ask you something, go to sleep, not easy to control them, not to be noisy

18 in their pockets, find a new place, in which direction, walking or driving, without a paper map

19 How many do you need, the rental fee, I can help you with

20 I'm calling, had a car accident, Is anyone injured, start the engine, need your phone number

Credits

즐겁게 충전되는 영어 자신감

Junior
LISTENING
TUTOR

입문